大衆文化とナショナリズム

朴順愛
谷川建司……編
山田奨治

森話社

［カバー図版］（右上より時計回り）

力道山

千利休（長谷川等伯「利休居士像」一五九五年）

外国人参政権に反対するデモ（二〇一〇年一月二四日、新宿）

宮城道雄

日本選手団の入場行進（一九六四年一〇月一〇日、東京オリンピック開会式）

『シベリア物語』（一九四八年日本公開、ソビエト映画、パンフレット）

大衆文化とナショナリズム　＊目次

Ⅲ 外来文化／在日文化

まえがき――大衆文化とナショナリズムの深い関係

日本は一九九〇年代初頭に「失われた二〇年」の時代に突入した。二〇一二年一二月の第二次安倍政権の誕生以後、政府はデフレからの脱却を唱えて大幅な金融緩和や円安誘導、公的資金を投入しての株価上昇を演出してきたにもかかわらず、この文章の執筆時点（二〇一六年一月）で景気は完全に回復したとはいえない。

学術の世界に目を向けるならば、日本経済の停滞を一因とする東アジア地域のパワー・バランスの明確な変化によって、世界中の東洋学・東洋言語への関心が日本から中国にシフトしている。大学においてはそうしたシフトはまず、その分野を希望する学生数の変化となってあらわれ、やがてそれが大学組織や教員ポストの見直しにつながり、海外の日本研究者を直撃している。日本について学ぶことの経済的な魅力は、一九八〇年代と比較すれば大きく失われている。そんななかで、日本の大衆文化に対する外国の若者の関心の高いことが、日本研究の「最後の砦」になっている。

本書のもとになっている共同研究会を主宰した朴順愛さんは、韓国の研究者である。研究会が催されていた期間、日本と韓国は政治的にはたいへん難しい状態にあった。そうした政治状況を反映してか、互いの国への攻撃的な言論が一部の市民のあいだに存在し、インターネットを通して拡散していた。しかし、そんな韓国においても日本の大衆文化への若者の関心には根強いものがある。日本での韓国大衆文化への関心は、一時の韓流ブームの頃とくらべたら見る影もないが、コアなファン層は定着している。そうした時代の流れのなかで、それでもなお大衆文化には時代をよい方向に変える力があるはずだという確信が、朴順愛さんとこの研究会に集った研究者にはあった。

＊

ナショナリズムについての研究会をするならば、その語をどう定義するかの共通理解を作ることが通常の手順だろう。しかし朴研究会ではあえてそうした手順を踏まず、班員それぞれが思い思いに「ナショナル」や「ナショナリズム」を定義して論じた。その結果、本書ではさまざまなレベルの意識がすべて「ナショナリズム」で括られている。

ナショナリズムの語には、極めて排他的・暴力的な国粋主義もあれば、郷土愛の延長にあるような素朴なパトリオティズム（愛国主義）というべきものも、ときに含まれる。ネイション（しばしば国民と訳される）は文化・言語・歴史・宗教などを共有するグループで、近代ではそれがステイト（国家）を形成する。同時にステイトはさまざまな手段で、一体的で均質なネイションを作ろうとする。そうした均質なネイションを作るためにステイトが使う、もっとも暴力的な手段が大量虐殺であり、もっとも平和的な手段が大衆文化だろう。

文化・言語・歴史・宗教などを共有する集団には、ネイションのほかにエスニック・グループもある。二〇世紀以後の民族紛争の多くは、エスニック・グループがネイション・ステイト（国民国家）によって分断され、異なるエスニック・グループが共存させられたことに原因がある。一方で、大衆文化にはネイションやエスニック・グループをも越えてひとびとを結び付ける力が備わっている。近代以後の世界秩序を作っているネイション・ステイトの境界を溶かす力があるから、それを恐れる権力は、大衆文化を自覚的・無自覚的にナショナルな枠のなかに押し込めようとする。

ナショナルな枠組みに回収されることや、ナショナリズムの文脈で自己を語られることを受け入れたひとびとも、それを拒んだひとびともいる。朴研究会で扱ったのは、そうした種類の問題だったとわたしは理解している。

本書の各論文を読むにあたっては、民族概念の捉え方の違いに留意しなくてはならない。民族をネイションとみなすか、それともネイションからは独立したエスニック・グループとみなすかの違いである。ことに日本文化を対象にする場合は、それが単一ネイションの文化なのか、多様なエスニック・グループが織りなす文化なのかの認識の違いとなってあらわれる。しかし、研究会では概念定義を批判することに時間を浪費するのを避け、そのかわりに「大衆が楽しんでいる文化」の分析を議論の中心にしていた。それは一年しか時間を与えられない研究会としては、生産的な研究戦略だったと思う。

*

大衆文化とナショナリズムとは、しばしば共犯関係を取り結ぶ。ナショナルなものが大衆文化を利用することもあれば、大衆文化そのものがナショナルな意識を創り出すこともある。当事者がそのことに自覚的な場合もそうでない場合もある。とりわけ、大衆文化の享受者には、自らの嗜好がナショナリズムを形作っていることに無自覚なことが多いように思える。たとえばアニメの『ガールズ&パンツァー』やゲームの「艦隊これくしょん」のファンに、それはナショナリズムを醸成する作品だといってみても、自分たちはただその作品が好きなだけで、現実の軍事のことなど考えていないと彼らは答えるだろう。とくに前者の「聖地」になった茨城県・大洗港界隈は、戦前のテロ集団である「血盟団」の本拠地・立正護国堂に至近である。地域のそんな血なまぐさい記憶には、作品の関係者もファンもあまり関心がないようだ。

一見、政治性のないような大衆文化は、その政治性のなさゆえに政治的に利用可能なものになる。萌え系美少女が戦っているというだけで、彼女たちの駆使する兵器が軍国主義の時代のものであることへの疑念が覆い隠される。政治性のないようにみえる大衆文化に若者が埋没し、現実の政治への関心をなくして選挙に行かなくなれば、小選挙区制のもとでは与党に有利になるという「大衆文化の政治利用」も可能である。サッカー観戦で日の丸のフェイスペイントをし、ニッポン、ニッポンと叫びつづける身体は、有事のさいに国家に利用されやすいものだ。

大衆文化が持つ根源的な力、すなわち共感でひとびとを結び付ける力は、国民国家がその内側に留めておくことのできないものでもある。大衆文化は国境を越えて「共感の共同体」を生み出す。大衆文化は、ネイションやエスニック・グループのように自らの意志で選ぶことが難しい属性や、どこかの国民国家に属さなければ地球人として生きることができない運命に、あらがうためのチャンネルにもなる。どのようなひとびとが、どのような運命にあらがおうとして／あらがうことなしに大衆文化に身を投じたのか、そうした観点で本書を読んでいただけたら、読者それぞれの発見があるはずだ。

＊

国際日本文化研究センター（日文研）の共同研究会「日本大衆文化とナショナリズム」（代表者：朴順愛、幹事：山田奨治）は、平成二六年四月から翌年三月まで開催された。同研究会は外国で活躍する研究者が組織する共同研究会として、毎年一〜二件を国際公募で採択しているなかのひとつだった。代表者の朴順愛さんは韓国・湖南大学校の教授で、共同研究会のあいだは日文研の外国人研究員として滞在し、研究を深めておられた。この書物はその研究会の報告書にあたる。わたしはほとんど名ばかりの幹事で、本書の取りまとめにあたっては、早稲田大学客員教授で日文研客員教授でもあった谷川建司さんが力を尽くされた。この場を借りて御礼を申し上げたい。

山田奨治

序論

「日本大衆文化とナショナリズム」学際的研究の必要性

朴 順愛

ナショナリズムの行方

ナショナリズムという用語は、国家と民族の形成過程と結びつけて定義されてきた。そのため、ナショナル・アイデンティティの理解がエスニック・アイデンティティを理解する前提とされた。そして日本の神話や国学を抜きに日本のナショナル・アイデンティティの理解は出来なくなっている感がある。しかしながら、ナショナリズムとは文化現象である。ナショナリズムは政治や経済の手段として利用されることはあっても、本質的には文化的側面を内包している。

戦後、日本でナショナリズムと言えば、国粋主義を連想する傾向が強い。単一民族論が台頭することによって、日本人のアイデンティティと日本文化論が活性化した。文化的アイデンティティの創造や再構築をめぐって展開される文化ナショナリズムが、日本文化と日本社会の独自性という観点からの日本人論に重点をおいて論じられてきた。

戦前と戦後の「日本人論」に対して次のような分析がある。

戦前には「混合民族論」が、戦後には「単一民族論」が、それぞれ「民族の伝統」の名の下に正当化されてきた。[*1] 戦前の「混合民族論」は、帝国主義国家日本の、植民地拡張政策の正当化のために動員された。古事記・日本書紀まで持ち出して、日本民族がもともと「異族協和」の得意な民族である、という主張が行われた。戦後になるとそれがみごとに逆転して、万世一系によって「単一民族」が続いていた、と「新たな歴史の捏造」が行われた。[*2] 戦後の「日本人論」は、ほんの半世紀の過去を忘れたかのように、日本人の超歴史的な「同質性」「集団志向」をまつりあげてしまう結果になったのである。[*3]

ナショナリズムは、つまり国家や民族に対する国民の意識である。

NHK世論調査「現代日本人の意識構造」[*4]には、日本人のナショナリズムの意識に対する次のような項目がある。国に対する意識（ナショナリズムの意識）については、日本の国や日本の伝統・文化・自然などに対する「愛着心」と対外的な「優越感」という、大きく分けて二つの側面から質問がなされている。「愛着心」は自分の国に対する帰属意識であり、情緒的一体感である一方、対外的な「優越感」は、感覚的帰属意識を基盤とした他国や他民族との比較優位ということであり、極端な場合は「戦前のナショナリズムに色濃くみられた覇権主義に繋がる」ものである。[*5] 一九七八年の調査では、自分の国に対する帰属意識であり、情緒的一体感である「日本に生まれてよかった」が九〇％以上と圧倒的に高かったのであるが、日本人のナショナリズムの意識は、国際的に比較してもかなり高い。[*6]

大澤真幸はナショナリズムは保守主義や保守化とは異なる概念であり、同一視することはできないとした上で、「ナショナリズムの強度」をチェックするために、「保守化」の指標として「現代日本人の意識構造」の調査データをもちいている。「日本は一流国だ」「日本人は、他の国民に比べてすぐれた素質をもっている」という項目が、ともに一九八三年に最高の数値であったものが、その後下がり続け、二〇〇〇年代初頭から再び上がっている。[*7] 大澤によれば、これは「ナショナリズムの強度」が「微増」しているだけで、「一九九〇年代から二〇〇〇年代にかけて、日本人の意識が急速に保守化してきたという印象」を裏付けるものではないという。[*8] たしかに、調査結果は八〇年前後をピークとしているものの、数値が緩やかに上昇してきているのも事実である。グローバル化という時代的な環境からいうと、上昇傾向は決して無視できないはずである。

さらに大澤は、二一世紀に入り、日本人の「ナショナリズムの程度を高めているのは、若者ではなくむしろ高年層である」と強調しつつも、若者らの行動については「どんなマンガやアニメに熱狂し、ネットにどんな書き込みをするかといったことに示される彼らの行動を見れば、そこには、ナショナリズム的な没入を認めないわけにはいかない」としている。[*9] 現代日本で、保守化、右傾化が顕著に進んでいるのは、一九九〇年代初頭の歴史教科書書き換えの動きを端緒としており、若者の右傾化を象徴する事実として、小林よしのりの『戦争論』の圧倒的な流行を挙げる。[*10]

戦後のナショナリズムの高揚の経過をみると、日本人は優秀だという「優越感」が、一九六〇年代半ばのアジア初の東京オリンピックが成功裡に終わった頃から上昇しはじめた。一九七〇年代後半の経済力の高まりだけでなく、国内の政治意識の保守化傾向などが、優越感の浸透に関連している。「上からのナショナリズム」は、一九八〇年代半ば、中曽根康弘政権の「戦後総決算」により表面化したと言える。一方、「普通の市民」たちによる「草の根ナショナリズム」を見ると、一九九〇年代初頭の歴史教科書書き換え運動を推進した「新しい歴史教科書をつくる会」の登場など、「不安を癒す渇望からナショナリズムに吸引されてゆく」現象が起きた。[*11]

グローバル化時代のパラドックス

こうした状況の背景には、冷戦体制の終焉とグローバリゼーションがある。グローバリゼーションの起点を近代に求めることも出来るが、[*12] 狭義のグローバリゼーションは、冷戦体制終焉後の国際秩序の再編に伴い、地球的相互依存の必要性が高まった一九九〇年代の、新自由主義の台頭、情報化の進展がその背景にあるだろう。グローバリゼーションという言葉は、ひとつのキャッチフレーズになってはいるが、その内実は必ずしも明らかにされているわけではない。一九九〇年代初頭の日本では、様々な国際的活動および国際志向の動きが活発になるにしたがって、政治経済領域においても国際化が必須項目として登場するようになった。

日本における一九九〇年代は、昭和時代の終焉、国際貢献、経済低成長というキーワードに収斂される時代でもある。国際的には冷戦の終結した一九九〇年代初頭に湾岸戦争が勃発すると、日本の国際貢献が問われる事態となった。日本の国際的役割の多角的な模索のなかで、「国際貢献」は、軍事的用語として使われるようになった。そして、一九九一年に自衛隊ペルシャ湾派遣が行われ、九二年にはPKO協力法案（国際平和協力法）が成立した。これが今や安倍政権の集団的自衛権問題にまで拡大してきている。一方、国内的には、昭和時代の終焉がもたらした皇国史観や歴史修正問題が浮上し、経済的にはバブルが弾け低成長時代へと進んだ。このことが日本社会の変化、あるいは「保守化」と言えるナショナリズムの深化をもたらす結果となる。

このような二一世紀におけるグローバリゼーションとローカリゼーションの同時進行のなかで、顕著になってゆく日本のナショナリズムの行方を究明し得る対象として、大衆文化が有用であるという認識から本書は編まれた。日本社会および大衆の価値観と生活相の変化を、最も直接的に反映する分野が大衆文化であると考えるからである。

日本大衆文化——日本人の価値観の反映

本書を構成する諸論文に共通するテーマは、大衆文化である。近代から現代までの日本の大衆文化について、多様な視角から分析を行う。大衆文化を時系列的に分析することで、多くの社会的変化と大衆的価値観の変化が連動していることを知ることが出来るだろう。日本大衆文化のコンテンツに表出されるナショナリズムの諸様相を把握すること、コンテンツが大衆に受容される過程でのナショナリズムの顕在的波長を検出すること、コンテンツそのものにナショナリズムがどのように投影されているのかを探ることなどを通じて、日本大衆文化を単なるコンテンツとして扱うのではなく、学問的アプローチによって、表象学、文化史、メディア史、歴史学、政治学、思想史、さらに美学、社会学、人類学や文学などに跨る学際的な研究が必要であることを提示する。

大衆文化は、今やマスカルチャー、ポピュラーカルチャー、サブカルチャーなどと多様に称される。これらの言葉の誕生と時代的な変遷が、厳密な定義を困難にさせる。二〇世紀以来、大衆社会を迎え、大衆文化の位置づけは変化し続けている。大衆化された社会が成熟した市民社会をもたらし、ハイカルチャーの大衆化が進み、ハイカルチャーとポピュラーカルチャーの境界も、時代により変化し曖昧である。現代という大衆社会において、多様な文化に容易に接触し楽しめるということは、すなわち文化というものの大部分が、大衆文化の範疇に存在しているということである。

一定の教養と経済力を要求していたかつてのハイカルチャーが、知識の大衆化、つまり高度の専門的知識の大衆化によってマスカルチャー化したのである。大衆化されたからと言って質が落ちるとか、レベルが低くなるということを意味することは決してない。さらに、鑑賞や楽しむための知識が必要でなく、感傷的に楽しめるような一般大衆が広く愛好する文化も――マイナー領域に位置づけられる分野は別として――大衆文化の領域に括ることが出来るだろう。いまやクールジャパンを代表するマンガやアニメがそのよい例である。一九六〇年代まではマイナーな領域に位置づけられ、その後もオタク文化と呼ばれていた、マンガやアニメなど、知識人がその影響を看過出来ず、研究対象としての意義を積極的に評価するようになった大衆文化のよい例であろう。

1――小熊英二『単一民族神話の起源――〈日本人〉の自画像の系譜』（新曜社、一九九五年）。

2――上野千鶴子『ナショナリズムとジェンダー』（青土社、一九九八年）一七頁。

3――同右。

4――「現代日本人の意識構造」は、一九七三年から五年ごとに行われ、その結果は二〇一五年度第八版まで出版されている。

5――ＮＨＫ放送世論調査所編『現代日本人の意識構造』（ＮＨＫブックス、一九七九年）一二八頁。

6――韓国人の場合は、二〇一五年八月一三日の統計庁の社会統合実態調査によると、一九～二九歳の六七％が「韓国人としてプライドを感じる」と答えた。三〇代（六四・四％）、四〇代（六九・五％）と比較しても大きな差はない。六〇代（八〇・七％）よりは一三・七％低い。二〇一三年や二〇一四年もあまり変りはない。http://go.seoul.co.kr/news/newsView.php?id=20150814012015

7――「日本に対する自信」（『現代日本人の意識構造』ＮＨＫブックス、二〇一〇年）一一〇頁。

8――大澤真幸『近代日本のナショナリズム』（講談社選書メチエ、二〇一一年）一七五頁。

9――注8書、二一四頁。

10――注8書、一七二～三頁。

11――小熊英二『〈癒し〉のナショナリズム』（慶應義塾大学出版会、二〇〇三年）九頁。

12――正村俊之『グローバリゼーション』（有斐閣、二〇〇九年）。

Ⅰ　伝統文化／文学

I　伝統文化／文学

茶の湯文化の政治性

あるいは茶の湯文化をポピュラー文化で扱うことの政治性

谷川建司

1

茶の哲学は、世間で普通に言われている、単なる審美主義ではない。それは倫理と宗教に結びついて、人間と自然に関するわれわれの全見解を表現しているからである。それは衛生学である。清潔をつよく説くから。それは経済学である。複雑奢侈よりはむしろ単純さの中に慰安を定義するが故に。それは茶道のあらゆる信奉者を趣味の貴族にすることによって、東洋民主主義の真精神を表している。

（岡倉天心『茶の本』）[*1]

この漫画（アニメ）好きだと言ったら「〇〇さんって右翼なの？」と言われました。どうやら日本文化や和風に興味を持つと、右翼認定されるようです

（アニメ『へうげもの』についてのネット上のコメント。二〇一一年六月二日）[*2]

はじめに

茶の湯というものが戦国時代の日本で独特の発展を遂げてゆき、「茶の湯文化」と呼ぶべき高みに到達したことはおそらく異論を挟む余地のないことであろうし、千利休やその弟子古田織部らによってそれが「茶道」というある種の哲学（「道」とは「way of life」のことに他ならない）にまで昇華したこともまた一般的に理解されていることのように思われる。その共通の理解の形成に大きな意味をもったのが二〇世紀初頭における岡倉天心による情報発信であったろう。

では、日本で独特の発展を遂げた「文化」に強い関心を持つということは、ナショナリスティックな感情の発

露と呼ぶべきものなのだろうか。ネット上で活発に発言を繰り返す、いわゆる「ネトウヨ（ネット右翼）」の人たちが排他的ナショナリズムに陥りやすいことは今日的なテーマとして多くの研究の対象となっているが、確かに二〇一三年に映画『利休にたずねよ』が公開されたときに、同作品が「韓国押し反日映画」として多くの「ネトウヨ」のやり玉に挙げられたことは記憶に新しい。[*3] 同作品では、千利休がその生涯を通じて慕い続けた女性が「高麗の女」であることが拒絶反応に結びついたのだと推察できるが、その背景には、日本で独特の発展を遂げた「文化」のルーツが朝鮮半島であってはナショナルな感情との整合性を保つことが難しいという事情があるのだろう。

筆者には、茶の湯のそもそものルーツが朝鮮半島にあることは自明の理のように思われるが、ここではその証明や歴史学的考察をするつもりはなく、むしろポピュラー・カルチャーに表象された「茶の湯文化」を語るということが少なからず政治的な意味を持つという事実そのものに注目したい。

織田信長・豊臣秀吉・徳川家康による天下統一の物語は日本人の間には古くから親しまれてきたし、その三人と同時代に生きた千利休や古田織部らの物語についても、今日に繋がる日本の「茶の湯文化」の始祖として広く知られている。秀吉に切腹を命じられた利休、家康に切腹を命じられた織部らの物語は、かつては単純に時の権力者と対立した結果の文化人の悲劇としてのみ捉えられがちだったものの、今日ではむしろ茶の湯そのものがこの時代の政治の中心であり、利休も織部も茶の湯を通じて権力を手中にした者たちとして捉えられる傾向が高まってきたように思われる。こうした、「茶の湯文化の政治性」への認識が強まってきた背景として、映画、テレビドラマ、テレビアニメといったポピュラー・カルチャーにおける利休や織部の表象がより政治的なものへとシフトして来た影響が少なからず存在するのではないだろうか。

一方、そういったポピュラー・カルチャーはそれ自体が「クールな」現在の日本のカルチャーであるとみなされると同時に、それらのコンテンツにおいて描かれる日本のイメージは、海外へ輸出されるのに相応しい日本オリジナルの伝統文化としての「日本的なるもの」との親和性が高いとみなされ、「茶の湯文化」を含む日本伝統文化を扱ったコンテンツは、ある程度意図的な選択として国の文化政策において後押しされてきたのかもしれない。だとすると、ポピュラー・カルチャーにおいて「茶の湯文化」を扱うこと自体が政治性を帯びたことだと言えるのではないか。――以上が、本論考の前提となる考え方だが、まずは映像作品を軸に、ポピュラー・カルチャーにおける「茶の湯文化」の表象がより政治的なものへとシフトして来た、という仮説を検証する必要がある。

一　映像作品における「茶の湯文化」表象

日本で娯楽としての映像作品が製作されるようになった二〇世紀初頭以来、部分的にせよ「茶の湯文化」を扱った作品の数は膨大なものであろうと思われる。時代を「茶の湯文化」が成立した戦国時代に絞った場合でも、信長・秀吉・家康による天下統一のプロセスを扱ったものの数は相当数に上ると思われる。だが、単に登場人物の一人として千利休や古田織部が出てくるというだけでなく、彼らが物語上、大きなウェイトを以て扱われている作品ということになると、戦後七〇年間の中で劇場用長編映画作品、NHK大河ドラマ、TVアニメーション作品を含めてもおおよそ次に挙げる一〇作品ということになると思われる。

ちなみに、NHK大河ドラマに関しては、戦国時代を扱ったものとしては一九六五年の『太閤記』から二〇一四年の『軍師官兵衛』までで一六作品あるが、これらのうち一部しか映像の保存されていない『太閤記』を除き、筆者は全ての作品を放送時、またはビデオやＤＶＤによって確認している。逆に言うと、内容の確認はできないものの、新国劇の重鎮、島田正吾が利休を演じている『太閤記』（原作は吉川英治『新書太閤記』）が本来ここに含まれるべき作品内容であったという可能性はある。劇場用長編映画作品に関しては文化庁による「日本映画情報システム」、一般社団法人日本映画製作者連盟の「映連データベース」ほか、ウェブ上の各種データベースを利用して、原作のあるものを中心に作品の目星をつけ、ビデオやＤＶＤなどによって可能なものはすべて内容を確認しているが、「日本映画情報システム」「映連データベース」にしても、個々の作品の内容については雑誌『キネマ旬報』の作品紹介の文章などに依拠しており、それが必ずしも正確なものとは限らないという事情がある。したがって、ここで対象として絞り込んだ六作品（一〇作品のうち劇場用長編映画作品）以外にも、千利休や古田織部を主要な登場人物として描いている作品があるという可能性は否定できない。

まず、一〇作品それぞれについての基本データ（製作年、製作・配給、原作、脚本、監督、配役）を整理しておく。

①『お吟さま』（にんじんくらぶ・松竹、一九六二年）原作：今東光、脚本：成沢昌茂、監督：田中絹代、主演：仲代達矢（高山右近）、中村鴈治郎（千利休）、有馬稲子（お吟さま）、滝沢修（豊臣秀吉）

②『黄金の日日』（ＮＨＫ大河ドラマ、一九七八年）原作：城山三郎、脚本：市川森一、長坂秀佳、監督：宮沢俊樹、高橋康夫他、主演：市川染五郎（呂宋助左衛門）、栗原小巻（美緒）、緒形拳（豊臣秀吉）、鹿賀丈史（高山右近）、鶴田浩二（千利休）

③『お吟さま』（宝塚映画・東宝、一九七八年）原作：今東光、脚本：依田義賢、監督：熊井啓、主演：志村喬

（千利休）、中野良子（お吟さま）、三船敏郎（豊臣秀吉）、中村吉右衛門（高山右近）

④『利休』（勅使河原プロ・松竹、一九八九年）原作：野上彌生子、脚本：赤瀬川原平、勅使河原宏、監督：勅使河原宏、主演：三國連太郎（千利休）、山崎努（豊臣秀吉）、井川比佐志（山上宗二）、三田佳子（りき）

⑤『千利休　本覺坊遺文』（西友・東宝、一九八九年）原作：井上靖、脚本：依田義賢、監督：熊井啓、主演：奥田瑛二（本覺坊）、三船敏郎（千利休）、芦田伸介（太閤秀吉）、加藤剛（古田織部）、萬屋錦之介（織田有楽斎）、上條恒彦（山上宗二）

⑥『豪姫』（勅使河原プロ・松竹、一九九二年）原作：富士正晴、脚本：赤瀬川原平、勅使河原宏、監督：勅使河原宏、主演：仲代達矢（古田織部）、宮沢りえ（豪姫）、笈田勝弘（豊臣秀吉）、井川比佐志（徳川家康）

⑦『秀吉』（NHK大河ドラマ、一九九六年）原作：堺屋太一、脚本：竹山洋、監督：黛りんたろう、佐藤幹夫他、主演：竹中直人（豊臣秀吉）、沢口靖子（おね）、渡哲也（織田信長）、仲代達矢（千宗易）

⑧『江〜姫たちの戦国』（NHK大河ドラマ、二〇一一年）原作・脚本：田渕久美子、監督：伊勢田雅也他、主演：上野樹里（江）、宮沢りえ（茶々）、岸谷五郎（豊臣秀吉）、北大路欣也（徳川家康）、古澤巌（古田織部）、石坂浩二（千利休）

⑨『へうげもの』（NHK BS、二〇一一年）原作：山田芳裕（第一一話より「原案」）、監督：高田昌宏、黒川智之他、声の主演：大倉孝二（古田織部）、田中信夫（千利休）、小山力也（織田信長）、江原正士（豊臣秀吉）

⑩『利休にたずねよ』（東映、二〇一三年）原作：山本兼一、脚本：小松江里子、監督：田中光敏、主演：市川海老蔵（千利休）、大森南朋（豊臣秀吉）、市川團十郎（武野紹鷗）、川野直輝（山上宗二）、伊勢谷友介（織田信長）、クララ（高麗の女）

以下、それぞれの作品について、それらの作品の中における千利休や古田織部といった主人公の描かれ方がいかなるものであるか、という点を中心に簡単に整理してみたい。

①『お吟さま』は直木賞を受賞した今東光『お吟さま』（一九五六年）の映画化作品。物語の中心となるのはお吟と高山右近の結ばれない恋についてであり利休はあくまでも脇役だが、利休は秀吉に対して、消極的ながらも批判的な立場を示しており、またヒロインであるお吟を側女として差し出すよう迫る三成（つまり秀吉）に対しては利休自身も切腹を覚悟の上ではねつける。利休の描かれ方の特徴としては、秀吉に対して積極的に反抗的な態度をとるということはないものの、自らの美意識である「詫《わ》び」については妥協せず、秀吉や淀君から黄金茶室の感想を求められても、慎重に言葉を選びつつも自分の志向する「詫び」の価値観とは相いれないものだ、ということを隠そうとはしない、というもの。あくまでも、自らの守りたいものに対して殉じた悲劇的人物という描かれ方である。

②『黄金の日々』は史実に残る堺の商人で、呂宋に渡った後に帰国したという謎の人物、納屋助左衛門を主人公とした大河ドラマ。利休は同じ堺の納屋衆の一つ千家出身の元商人千宗易として、助左衛門が敬愛する人物との位置づけで、また助左衛門と秀吉を繋ぐ人物として描かれる。堺の商人を主人公としたドラマだけに、利休の役割が過去のどの大河ドラマよりも大きい。特に、助左衛門の提案を受け入れる形で、粗末なルソン壺を名器に仕立て法外な値段で秀吉に買わせるなど、政治的に立ち回る策略家としての利休像を初めて提示した作品と言え

る。監修の桑田忠親は戦前からの利休研究の第一人者で、その桑田史観に対して利休を神聖化せず自由に論じる必要性が指摘されてはいたものの、ここでは、利休役に鶴田浩二という大物中の大物俳優をキャスティングしていることからも明白なように、その桑田史観に基づいた、秀吉に劣らぬ大きな人物としての利休像を描いている。

③『お吟さま』は一九六二年版と同じ今東光の原作に基づくが、少なくともプレスシート上におけるトップビリングが利休役の志村喬であることからも判るように、熊井啓監督はタイトルロールであるお吟の悲恋についてよりも、利休と秀吉との避けがたい対立にこそ主たる関心を寄せている。高山右近はキリシタン大名としての苦難が描かれるのみである。利休や山上宗二が朝鮮出兵に反対するのはヒューマニズム的な観点と秀吉の老人性妄想を諌めるためというのが明確である。ラストでは、秀吉への憤懣やるかたない気持ちから、利休は賜死を覚悟に秀吉に花を叩きつける意地を見せるが、結局は〝権力に屈して死ぬしかない芸術家の悲哀〟の域を出ていない。志村喬の利休は残されている利休の肖像画と瓜二つで、道を極めた者の重厚さがあり、一九六二年版の鴈治郎より出番や見せ場も多い。

④『利休』は野上彌生子のベストセラー小説『秀吉と利休』（一九六四年）を原作に、前衛芸術家として、また生け花の草月流第三代家元として活躍していた勅使河原宏が一七年振りの監督作品として挑んだもの。三國連太郎が抑えた演技で演じる利休と、山崎努によって過剰なまでにデフォルメされた秀吉との息詰まる対決が主題。細川護熙熊本県知事（当時）が織田有楽斎役でゲスト出演していたり、表千家、裏千家、武者小路千家が後援するなど、話題作りにおいても万全の態勢で取り組まれた作品であると言えよう。石田三成による讒言という形を

とっているにせよ、秀吉による朝鮮出兵（唐御陣）に対する批判的態度こそが利休切腹に至る決定的要因であるという立場をとっているのが特徴。同時にまた、冒頭の朝顔を一輪だけ生けて残りをすべて摘んでしまうエピソードに見られる極端な美意識と、秀吉の求めに応じて黄金の茶室も作り出すスケールの大きな人物としての利休像を提示している。利休が権力者秀吉と対立することをあたかも自ら望んでいるかのように描かれたのは、NHK大河ドラマ『黄金の日日』に次ぎ、劇映画では初めてと考えられる。

⑤『千利休　本覺坊遺文』は作家としての充実期に『利休の死』（一九五九年）を書いた井上靖の、最晩年の作『本覺坊遺文』（一九八一年）に基づいている。生き残った者＝織田有楽斎と本覺坊の交流を通じて、利休の死の真相、そして宗二、利休、織部の、侘茶を全うし魂の再生に必要な積極的死を誓い合った同志としての姿を明らかにしている。本作は「千利休四百年遠忌特別作品」として、松竹の『利休』同様に表千家、裏千家、武者小路千家による後援を得て、松竹の『利休』公開の三週間後に公開された。熊井啓監督としては、『お吟さま』で描き得なかった利休の内面への探求の再チャレンジとも言える。利休賜死の真相を本覺坊（利休晩年の弟子）と織田有楽斎の対話を通じて追究するという謎解き形式になっているが、利休・宗二・織部の三人の、「切腹倶楽部」とでも呼ぶべき同志の絆を描いているのが特徴的。一時の感情で下した利休に対する切腹の命を取り消そうとする秀吉に対して、単に意地を通すというのではなく、切腹によって権力者に打ち勝つという強い意志を示した利休像が描かれる。

⑥『豪姫』は富士正晴『たんぽぽの歌』（一九六一年）に基づき、利休の後継者となった古田織部の反骨の生き

方を描いているが、勅使河原宏が前作『利休』のスタッフを再結集してその続編を作った形である。様々な国宝級の焼き物の現物を使った撮影は『へうげもの』のプロトタイプとも言える。利休は冒頭に切腹後の首だけしか登場せず、高山右近は二本の『お吟さま』同様キリシタンとしての苦悩のみしか描かれない。その分、織部のエキセントリックなまでの美意識への執着と死への渇望が際立って見える。利休が描かれた映画と比べて、その弟子古田織部を描いた映画はほとんどなく、少なくとも戦後では『千利休　本覺坊遺文』に次ぎ二度目、主役として描いたのは本作が最初であろう。映画で既に高山右近を演じていた仲代達矢は、この後大河ドラマ『秀吉』で利休も演じることになるが、本作では自らの創造精神を貫くために、わざわざ家康を刺激して賜死へと己を導こうとするかの如き、激しい織部像を提示した。また本作には古儀茶道藪内流宗家が後援している。

⑦『秀吉』は堺屋太一の『秀吉　夢を越えた男』（一九九六年）、『豊臣秀長　ある補佐役の生涯』（一九八五年）、『鬼と人と～信長と光秀～』（一九八九年）の三冊の著作に基づく秀吉一代記だが、仲代達矢を配したキャスティングからいっても利休は信長と共に本作の最重要人物という扱いである。歴代大河ドラマの中でも視聴率が高く、影響力も大きかった。竹中直人は二〇一四年の大河ドラマ『軍師官兵衛』で再び秀吉を演じたが、同作品で伊武雅刀演じる利休の役割はさほど大きなものではなかった。本作での利休像は、演じる仲代達矢によれば「商人、茶人、芸術家、策略家と幅広い利休」[*4]、茶道指導の鈴木宗卓によれば「独創的で、尊厳さや、人間的魅力を十分に持った人物」[*5]ということだが、家康が光秀に謀反をけしかけていることを気づいていながら己の野心ゆえに敢えて静観するような冷酷さ、政治的な立ち回りも見せ、秀吉と弟の小一郎秀長が持ってきた砂金を「茶道にも銭がかかります」と受け取るような商人的貪欲さをも見せる。

⑧『江〜姫たちの戦国』は第一回新潮ラズベリー賞（最低ドラマ賞）に選ばれるなど、近年の大河ドラマの中では稀にみる悪評高き一作で、時代考証の無視などがその要因と考えられる。ただし利休に関しては大河ドラマ常連の重鎮、石坂浩二を配し、ヒロインである江の良きアドバイザーとして、ぶれずに高所から全体を見渡せる人物として描いている。利休は信長とは肝胆相照らす関係であったものの、秀吉に対しては常にシニカルに見ている人物という造形である。石坂浩二曰く「切腹を命じられたときも「ついにお前には私が考えていることを理解できなかったね」という気持ちで死を受け入れた」[*6]という解釈。ちなみに、古田織部も大河ドラマとしては初めてそこそこの役として登場し、著名なバイオリニストの古澤巌が演じるという異色のキャスティングとなっている。

⑨『へうげもの』は桑田忠親著『古田織部』（一九六八年）の漫画化作品である。漫画版でもアニメ版でも毎回「この物語はフィクションにて候」と断りがあるものの、大胆な仮説がある一方で、登場人物や名品などのディテールは、この時代を扱った過去の様々な漫画作品よりも史実に忠実である。アニメ版は利休切腹まで（漫画版単行本でいうと第九巻の途中まで）で物語が終わっているため、物語全体が「織部の成長物語」であると同時に「織部の目から見た利休の物語」でもある。最後は切腹を言いつけられた利休の介錯人として秀吉から織部が指名され、織部は師匠の首をはねることで茶の湯の天下人の後継者となる。利休の描かれ方は非常に特徴的で、秀吉と共謀して、自らの侘び茶の天下のために明智光秀をそそのかして謀反を起こさせ、主君である織田信長を葬り去ろうとする陰謀の張本人である。また、茶の湯の席を利用して諸大名を懐柔し、自らの野望に同調する者と

そうでない者とを線引きするなど、極めて政治的に立ち回る。身体そのものの馬鹿でかさ（『南方録』によれば、実際に利休は巨体だったという）[*7]とともに、自らの美意識を完成させるためには手段を選ばないというどす黒い欲望のかたまり的人物という描かれ方である。一方、主人公である織部だが、タイトルとなっている「へうげもの」とは、織田信長が古田佐介（後の織部）を評して「瓢げた奴」（ふざけた奴／おどけた奴）と呼んでいたことからくる彼のキャラクター性を表す形容で、物欲という煩悩に翻弄される憎めない人物として造形されている。漫画版では次第に利休とは別の意味で数寄における大人物へと変貌を遂げていく。

⑩『利休にたずねよ』は直木賞を得た山本兼一の原作を元に、表千家、裏千家、武者小路千家の協力、伊藤園の後援、人気若手歌舞伎役者市川海老蔵の利休で描いた話題作である。権力者秀吉からの賜死を渇望しているかの如く見える利休の心の底に、若き日に心中しようとして果たせず、自分だけが生き残った苦い思い出があるというロマンチックな解釈。利休の描かれ方については、物語上の焦点は若き日の利休と高麗から売られてきた女（クララ）との恋に絞られているものの、「美は私が決めること」と言い放つ自意識の強い利休像を提示している。利休の心には常に若き日の高麗の女の面影が棲みついていて、それが美を求め続ける利休のモチベーションにもなっている。お吟ではなく娘おさんを欲する秀吉に対しても、拒絶するのは利休の妻宗恩で、自死を選ぶのはおさん自身である。

以上の一〇作品に関して、その時系列的な変化が認められると言えるかどうかを、恣意的であるという批判を免れずに述べることは難しいが、それでも個人の感覚の問題と片付けてしまうのではなく、個々の作品において採用している立場、具体的な描写の違いという部分を比較することで、ある程度は時系列的な変化を把握することが出来るはずである。

まず、利休に関してだが、NHK大河ドラマの②『黄金の日日』、⑦『秀吉』の二作品を節目として、それぞれその前と後とでは描かれ方が変化してきているように思われる。三つの時期の描かれ方を簡単に表①にまとめた。

政治的な人物、つまり自らの目的のために政治的な立ち回り方をする人物であるかどうかという基準で考えれば、当然ながら第一期よりも第二期、第二期よりも第三期の描かれ方のほうがより政治的と言えるわけであり、基本的には時系列的な変化の傾向として捉えることができると考えられるが、注意しなければならないことは、最近の二作品、すなわち⑧『江～姫たちの戦国』と⑩『利休にたずねよ』については、そこで描かれる利休像がむしろそれぞれ第二期、第一期のそれと近いという点である。これはつまり、全体の傾向としては徐々に利休像のイメージがより政治的なものにシフトしている傾向はあるものの、一方でそれは個々の作品次第でもあり、時代に逆行するかのような古典的な描かれ方をするケースも依然として存在する、という理解で差し支えないと思われる。

表①　映像作品における利休像のイメージの変化と主な作品

第一期（一九六二年～一九七八年）	第二期（一九七八年～一九八九年）	第三期（一九九二年～二〇一一年）
侘びの美意識に殉じた悲劇的人物としての利休。	権力者秀吉との対立を自ら望んでいるかのような利休。	己の野心のために陰謀詭計の限りを尽くす策略家利休。
①『お吟さま』、③『お吟さま』	②『黄金の日々』、④『利休』、⑤『千利休　本覺坊遺文』	⑦『秀吉』、⑨『へうげもの』

一方、古田織部の描かれ方に関して言えば、織部を扱った映像作品の絶対数が少ないため傾向といったようなものを分析することは難しいものの、利休の場合の第二期に製作された⑥『豪姫』での織部は同じ時期に作られた②『黄金の日々』、④『利休』、⑤『千利休　本覺坊遺文』における利休イメージとほぼ等しい描かれ方（権力者家康との対立を自ら望んでいるかのような織部）をしており、また利休の場合の第三期に製作された⑨『へうげもの』の主人公としての織部もまた、利休に負けず劣らずの策略家として描かれていることから、上記の利休像の時系列的変化というのは織部にもあてはまり、それはそのまま「茶の湯文化」の描かれ方の時系列的変化と置き換えることも可能であろう。

よって、仮説として提示した、ポピュラー・カルチャーにおける「茶の湯文化」の表象が次第に政治的なものへとシフトして来た、という見立ては、少なくとも映像作品においては妥当であると言えそうである。だが、本節にて検証した映像作品というのは、そのすべてが原作としての小説（⑨『へうげもの』のみ桑田忠親著『古田織部』の漫画化作品が原作）に基づいて製作されたわけであり、原作小説との関係性や学術的な出版物における「茶の湯文化」の理解のされ方というものが映像作品として反映された結果だとも言える。そこで、次節においてはそれらの時系列的な変化を確認したい。

二　映像作品とその原作、映像作品と漫画作品との関係

『利休大事典』（一九八九年、淡交社）に収録されている熊倉功夫「千利休研究の歩み」などの先行研究を参照して、映像作品の元となった原作小説や学術的な出版物における利休イメージ、そして「茶の湯文化」の理解の

され方を俯瞰するために二〇世紀以降の時系列的変化を整理してみると表②「茶の湯文化／利休関連研究書・小説・映画・大河ドラマ・漫画年表」[*8]のようにまとめることができるが、ここでまず気が付くことは、初めに利休や「茶の湯文化」を広く海外に紹介した岡倉天心『茶の本』において、前節で見てきたような映像作品に現われている利休イメージのベーシックな形が既に示されているという点である。具体的には、天心は利休と秀吉の関係について次のような記述をしている。

利休と太閤秀吉の友誼は長く、この偉大な武将が茶人に抱く尊敬の念も厚かった。（中略）利休は卑屈な佞臣ではなかったので、彼の気性の激しい庇護者にしばしば異をとなえる勇気があった。一時、太閤と利休のあいだに生まれたひややかな関係につけこんで、利休の敵たちは、利休が太閤を毒殺する陰謀に加担しているといって非難した。利休の点てた緑色飲料の碗の中に、命にかかわる毒を入れて、太閤に飲ませようとしているということが、ひそかに秀吉の耳に入った。秀吉にとって疑心を抱くことだけで、即時死刑執行の充分な根拠となった。[*9]

ここで描かれている利休のイメージは、権力者＝秀吉に対して意見する気概を持ちつつも、結局は讒言によって死に追い込まれ、自らの芸術に殉じた人物、という点で、前節で紹介した映像作品で言えば第一期の③『お吟さま』での志村喬演じる利休に近いものだが、その後もこうしたイメージに対して、新たな利休イメージ、新たな「茶の湯文化」イメージを提示する形で研究（特に利休研究）が提示され続けてきたわけである。そして、表②からは、これまでに戦前の一九四〇年（昭和一五）頃、戦後の一九五六年（昭和三一）頃の二つの時期に大き

表② 茶の湯文化／利休関連研究書・小説・映画・大河ドラマ・漫画年表

一九〇六年	岡倉天心『The Book of Tea』ＮＹフォックス・ダフィールド社。
一九二九年	岡倉天心『茶の本』日本語翻訳版刊行。
一九三五年	創元社『茶道』全集一五巻刊行開始。第一回配本が茶人編（二）「千利休」。
一九四〇年	利休居士三百五十年遠忌法要が大徳寺にて大々的に挙行される。↓この前後に、竹内尉『千利休』、西堀一三『千利休』、桑田忠親『千利休』など数多くの利休研究書が刊行され、利休を神聖視する茶道界に対して実証的研究が進む。海音寺潮五郎『茶道太閤記』朝日新聞社。↓娘を差し出せと迫る秀吉に対して「（利得のため）娘を売るは恥ずべき事」と断固としてはねつける利休像を提示。
一九四二年	井上友一郎『千利休』大観堂。
一九五六年	淡交社『茶道古典全集』全一二巻刊行開始。↓これに呼応して、小宮豊隆『茶と利休』、唐木順三『千利休』、芳賀幸四郎『千利休』などの利休研究書が再び多く刊行される。今東光『お吟さま』淡交社（直木賞受賞）。↓利休の娘お吟と高山右近の悲恋と、お吟を欲する秀吉に対して自刃・切腹の受け入れによって抗議の意思表示を示す父娘。
一九五七年	松本清張『千利休』新潮社（『小説日本芸譚』所収）。
一九五九年	井上靖『利休の死』筑摩書房（『新選現代日本文学全集』第一一巻所収）。
一九六一年	富士正晴『たんぽぽの歌』河出書房新社。
一九六二年	①田中絹代監督『お吟さま』にんじんくらぶ・松竹（六月三日）
一九六四年	野上彌生子『秀吉と利休』中央公論社。
一九六八年	桑田忠親『古田織部』徳間書店。
一九七一年	村井康彦『千利休』日本放送出版協会。↓権威としての桑田忠親の利休書状の業績を批判（利休右筆鳴海問題）し、利休を神聖化せず自由に論じる必要性を指摘。
一九七六年	山崎正和『木像磔刑』河出書房新社。
一九七八年	②ＮＨＫ大河ドラマ『黄金の日日』（桑田忠親監修） ③熊井啓監督『お吟さま』宝塚映画・東宝（六月三日）
一九八〇年	三浦綾子『千利休とその妻たち』主婦の友社。

一九八一年	井上靖『本覺坊遺文』講談社（日本文学大賞受賞）。
一九八九年	④勅使河原宏監督『利休』勅使河原プロ・松竹（九月一五日） ⑤熊井啓監督『千利休　本覺坊遺文』西友・東宝（一〇月七日） 田中彬原作・清水庵画『千利休 R・I・K・Y・U』辰巳出版。
一九九〇年	隆慶一郎原作・原哲夫画『花の慶次――雲のかなたに』集英社。→利休と秀吉は勅使河原『利休』の三國連太郎、山崎努を流用。
一九九二年	⑥勅使河原宏監督『豪姫』勅使河原プロ・松竹（四月一一日）
一九九六年	⑦ＮＨＫ大河ドラマ『秀吉』（茶道指導・鈴木宗卓表千家教授）
一九九八年	里中満智子原作・村野守美画『古田織部――乱世を駆け抜けた生涯』岐阜県によるＰＲ刊行物として日本語版・英語版刊行。
二〇〇四年	清原なつの『千利休』本の雑誌社。
二〇〇五年	山田芳裕『へうげもの』連載開始（講談社『モーニング』八月一八日～）。
二〇〇六年	山本兼一『利休にたずねよ』連載開始（ＰＨＰ研究所『歴史街道』二〇〇六年七月号～二〇〇八年六月号）。
二〇〇八年	山本兼一『利休にたずねよ』ＰＨＰ研究所（直木賞受賞）。 西崎泰正・工藤かずや『闘茶大名　利休七哲』リイド社。
二〇一〇年	桑田忠親『古田織部』の新装改訂版『へうげもの　古田織部伝――数寄の天下を獲った武将』ダイヤモンド社。
二〇一一年	⑧ＮＨＫ大河ドラマ『江～姫たちの戦国』（歴史考証・小和田和男） ⑨テレビアニメ版『へうげもの』放送開始（ＮＨＫ　ＢＳプレミアム。四月七日～二〇一二年一月二六日まで）全三九話 早川光原作・連打一人画『私は利休』連載開始（集英社『ジャンプ改』六月一〇日～二〇一三年一一月号で打ち切り）。
二〇一二年	早川光原作・連打一人画『私は利休』集英社。全四巻。 黒鉄ヒロシ『新・信長記』（信長遊び 人の巻・天の巻・地の巻）ＰＨＰ研究所。
二〇一三年	⑩田中光敏監督『利休にたずねよ』東映京都撮影所・東映（一二月七日） 山本兼一原作・ＲＩＮ画『コミック　利休にたずねよ』ＰＨＰ研究所。

な利休研究のブームがあったこと、その研究のブームと呼応する形で小説などにおいても「茶の湯文化」あるいは利休を扱ったものがそれぞれの時期に登場していることが判る。

　次に、小説の形で提示された利休イメージ、あるいは「茶の湯文化」イメージが、映画・大河ドラマ・アニメなどのポピュラー・カルチャー（映像メディア）に形を変え、マス・オーディエンスに提示されるまでの時間的経過（時間差）について見ておきたい。なぜなら、純文学にしろ、大衆小説にしろ、文学という形で提示された時のイメージと、それが映像作品化されて提示された時のイメージとでは、人々のイメージの共有において圧倒的に後者の影響力の方が強いはずだし、映像による視覚的イメージとして提示された時期以降のほうが、より普

表③　茶の湯文化／利休関連映像化作品における原作刊行年と映画製作年との時間差

原作（刊行年）	映像化作品（製作年）	時間差
今東光『お吟さま』（一九五六年）	①田中絹代監督『お吟さま』（一九六二年）	六年
	③熊井啓監督『お吟さま』（一九七八年）	二二年
富士正晴『たんぽぽの歌』（一九六一年）	⑥勅使河原宏監督『豪姫』（一九九二年）	三一年
野上彌生子『秀吉と利休』（一九六四年）	④勅使河原宏監督『利休』（一九八九年）	二五年
桑田忠親『古田織部』（一九六八年）	漫画版『へうげもの』（二〇〇五年）	三七年
	⑨テレビアニメ版『へうげもの』（二〇一一年）	四三年
城山三郎『黄金の日日』（一九七八年）	②NHK大河ドラマ『黄金の日日』（一九七八年）	同時
井上靖『本覺坊遺文』（一九八一年）	⑤熊井啓監督『千利休　本覺坊遺文』（一九八九年）	八年
堺屋太一『豊臣秀長　ある補佐役の生涯』（一九八五年）		一一年
同『鬼と人と～信長と光秀～』（一九八九年）	⑦NHK大河ドラマ『秀吉』（一九九六年）	七年
同『秀吉　夢を越えた男』（一九九六年）		同年
山本兼一『利休にたずねよ』（二〇〇八年）	⑩田中光敏監督『利休にたずねよ』（二〇一三年）	六年

遍的なイメージとして受容される可能性が高いと考えられるからだ。表③は映像化作品における原作刊行年と映画製作年との時間差をまとめたものである。

表③から判るように、原作小説刊行年と映画製作年とでは、数年のうちに映像化されるケースも存在するものの、かなりの確率で二〇年以上の長い時間差が存在する（⑨『へうげもの』だけは小説ではなく学術書が原作である）。この時間差の持つ意味については、むろんケース・バイ・ケースではあろうが、映画の製作準備に時間がかかるというような物理的理由というよりは、作り手としての映画作家たちの側の機が熟すまでに要する時間であると考えた方が合理的に思える。

整理してみるならば、まずは学術的な研究書として提示される新たな利休イメージ、あるいは「茶の湯文化」イメージ（それらは基本的には神聖視されていた利休を再検討するという方向性で提示されている）というものに触発される形で小説が発表され、それらをさらに時間をかけて熟成した形で視覚的イメージとして提示するのが映画やテレビドラマなどのポピュラー・カルチャーだということになるであろう。ちなみに②『黄金の日日』の場合は、大河ドラマとしての制作の話が先にあり、ＮＨＫ側のスタッフと原作者城山三郎、脚本家市川森一との合議でプロットを固め、実際に城山三郎が原作小説として執筆するプロセスと市川森一がドラマの脚本を書くプロセスとが同時進行的に進められたという珍しいケースである。[*10]

また、学術的研究書、小説、映像作品の三者の関係という観点でも、②『黄金の日々』では、「茶の湯文化」の代表的研究者である桑田忠親（『千利休』一九四〇年、『古田織部』一九六八年）が監修を務めている点が目を惹く。すなわち、「研究↔小説↔映像メディア」の三者の相互補完的な関係というものも、少なくともこのケースに関しては明らかに認められるのである。桑田忠親の著した学術書『古田織部』が『へうげもの』漫画版の原作とな

表④　茶の湯文化／利休関連映像化作品の製作年と主な漫画作品の発表年

映像化作品（製作年）	
④勅使河原宏監督『利休』（9・15）	一九八九
⑤熊井啓監督『千利休　本覚坊遺文』（10・7）	一九八九
⑦NHK大河ドラマ『秀吉』（1・7～）	一九九六
⑧NHK大河ドラマ『江～姫たちの戦国』（1・9～）	二〇一一
⑨テレビアニメ版『へうげもの』（4・7～）	二〇一一
⑩田中光敏監督『利休にたずねよ』（12・7）	二〇一三

	主な漫画作品（発表年）
一九八九	田中彬原作・清水庵画『千利休　R・I・K・Y・U』辰巳出版（11・15）
一九九〇	隆慶一郎原作・原哲夫画『花の慶次――雲のかなたに』集英社（3・26～）
一九九八	里中満智子原作・村野守美画『古田織部――乱世を駆け抜けた生涯』岐阜県（6月）
二〇〇四	清原なつの『千利休』本の雑誌社（12・25）
二〇〇五	山田芳裕『へうげもの』連載開始、講談社（8・18～）
二〇〇八	西崎泰正・工藤かずや『闘茶大名　利休七哲』リイド社（5・30）
二〇一一	早川光原作・連打一人画『私は利休』連載開始、集英社（6・10～）
二〇一二	黒鉄ヒロシ『新・信長記』（信長遊び　人の巻・天の巻・地の巻）PHP研究所（10・4～）
二〇一三	山本兼一原作・RIN画『コミック　利休にたずねよ』PHP研究所（12・9）

っている点も含めて、新たに提示されたイメージの伝播・拡散という観点で非常に重要なポイントであろう。

さらに、映画やテレビドラマと同じく視覚的なメディアである漫画において「茶の湯文化」を扱った作品が発表されているタイミングを映画やテレビドラマと比較してみる必要もあろう。表④は、茶の湯文化／利休関連映像化作品の製作年と主な漫画作品の発表年との関係を整理したものである。

両者の関係性については、サンプル数の少なさゆえに、直接的な関連性が有為に認められるとまでは言えないものの、基本的には漫画作品は映画・大河ドラマなど映像メディアにおいてそれが扱われてブームが起きたことを契機として出版されているケースが多いことが窺われる。判りやすい例を挙げるならば、たとえば、④『利休』（一九八九年）において山崎努扮する秀吉と三國連太郎扮する利休というキャスティングは、その完成度の高さゆえに、翌年から連載が開始された漫画作品『花の慶次——雲のかなたに』（隆慶一郎原作・原哲夫画）におけるキャスティングとして流用されている。[*11] つまり、漫画作品というメディアは、映像メディアで新たに提示されたイメージをさらに強化し、結晶化する役割を担っていることが推察されるのである。

三　ポピュラー・カルチャーが「茶の湯文化」を扱うことの政治性

「茶の湯文化」を扱ってきた映画、テレビドラマ、漫画、テレビアニメなどの視覚的なポピュラー・カルチャーは、かつては神聖視されてきた利休イメージを、茶の湯を通じて政治に強い影響力を持った人物として、あるいは更に策略家として権力そのものを志向する人物として上書きしてきた。そのことはつまり、「茶の湯文化の政治性」という観点への一般の認識を高めることに寄与してきたことだと言ってよい。

では、冒頭の問いに戻って、「茶の湯文化」という日本伝統文化を扱ったポピュラー・カルチャーのコンテンツというものが、「クールな」現在の日本のカルチャーであるとみなされると同時に、作品の背景として描かれる「茶の湯文化」のイメージが、海外へ輸出されるのに相応しい伝統文化としての「日本的なるもの」との親和性が高いとみなされ、ある程度意図的な選択として国の文化政策において後押しされてきた、という可能性について検討してみたい。

第一節にて紹介した、映像メディアにおける「茶の湯文化」を扱った主な作品のうち、茶道界または国などから何らかの公的な支援を得ているケースとしては、以下の五作品に関して下記のような事実が判っている。

③『お吟さま』（宝塚映画・東宝、一九七八年）では裏千家井口海仙宗匠が茶道監修を務めているほか、表千家家元の二男千政和とともに映画に特別出演している。また文部省選定作品である。

④『利休』（勅使河原プロ・松竹、一九八九年）では表千家・裏千家・武者小路千家が後援しており、劇中、数多くの国の重要文化財の茶器や屏風、掛け軸などが小道具として提供されている。文化庁優秀映画製作奨励金受賞作品である。

⑤『千利休　本覺坊遺文』（西友・東宝、一九八九年）も表千家・裏千家・武者小路千家が後援しており、文部省選定作品、文化庁優秀映画製作奨励金受賞作品である。

⑥『豪姫』（勅使河原プロ・松竹、一九九二年）は古儀式茶道藪内流宗家の後援、草月会の協力を得ており、劇中、数多くの国の重要文化財の茶器や屏風、掛け軸などが小道具として提供されている。

⑩『利休にたずねよ』（東映、二〇一三年）は表千家・裏千家・武者小路千家が後援しており、国の文化芸術振興基金からの援助を受けている。

茶道界、具体的には表千家・裏千家・武者小路千家といった家組織が監修なり後援なりの形で映画製作に協力していることの意味は、映画製作者サイドにしてみれば映画のクオリティに対する本物らしさ（Authenticity）の裏書の意味と同時に、彼らを巻き込むことでその家元制度に裏打ちされた映画前売り券の買い取りが期待できる、ということに他ならず、出資者に対して出資額に見合う収益を還元していく上で当然可能性があれば追求していくべきことであろう。だが、同時にこの茶道界とのタイアップによる本物らしさの追求が、たとえば④『利休』

や⑥『豪姫』のように映画における国の重要文化財の茶器その他の使用という果実として結実した時に、海外へ輸出されるのに相応しい伝統文化として国が支援する「日本的なるもの」との親和性が高くなることは当然の理屈であろう。

もちろん、文部省選定作品というお墨付きを得たり、その製作資金そのものが文化庁優秀映画製作奨励金や芸術文化振興基金という国による援助を受けていたりすれば、やはり国によるアシストを受けたコンテンツとして、国が海外に対してアピールする「日本的なるもの」として認定されたに等しい価値を持つはずである。

これらのうち、国や海外の公的な賞を受賞するなどのお墨付きを得ているものとしては少なくとも以下の四作品がある。

③『お吟さま』――モントリオール世界映画祭オープニング作品

④『利休』――文化庁芸術作品賞、芸術選奨文部大臣賞（映画部門＝勅使河原宏監督）、モントリオール世界映画祭芸術貢献賞、ベルリン国際映画フォーラム連盟賞

⑤『千利休　本覺坊遺文』――ヴェネツィア国際映画祭銀獅子賞・監督賞（熊井啓監督）、シカゴ映画祭銀賞

⑩『利休にたずねよ』――モントリオール世界映画祭芸術貢献賞

また、⑨『へうげもの』の原作（第一一話より原案）である山田芳裕の漫画作品も一四回手塚治虫文化賞マンガ賞受賞作であり、第一三回文化庁メディア芸術祭マンガ部門優秀賞を受賞している。

「茶の湯文化」を扱ったポピュラー・カルチャーのコンテンツが、国が海外に対してアピールする「日本的なるもの」として認定され、国の公的支援を受けることが、映画の作り手たちにとって国内外での公的な賞の受賞に繋がりやすくなり、また収益の増加に結び付くことが期待されるバックアップと認識されるのは間違いないと

して、ではそれが国の文化政策においてある程度意図的な選択として後押しされてきたと言えるのかどうかが問題となる。

国の対外文化政策の歴史を紐解けば、たとえば一九三〇年に設置された国際観光局が日本のPRのために製作した映画の中に『茶の湯』があるし、そういった文化映画は民間の国際文化振興会が製作した映画などと併せて、たとえば一九三九年のニューヨーク万国博覧会、サンフランシスコ万国博覧会などで、「日本的なるもの」の象徴として特設スクリーンで上映されたりしてきたことは言うまでもない。[*12]

現在の国の文化政策の方針に関して公的な見解を確認してみるならば、たとえば内閣官房・知的財産戦略本部（推進事務局）が公表しているコンテンツ専門調査会日本ブランド・ワーキンググループ報告書『日本ブランド戦略の推進――魅力ある日本を世界に発信』（二〇〇四年）において、以下の様に記されている。

(2)我が国の食、地域ブランド、ファッションなどのライフスタイルビジネスは、海外展開の潜在力はあるものの、これまで、どちらかというと国内市場を中心に考えられてきており、海外市場に対する関心が薄かった。今後は、積極的な海外展開とそれに必要な環境の整備が求められている。

(3)ライフスタイルビジネスの海外展開は、それぞれが単発で行われており、日本全体としてのブランドは形成されていない。したがって、日本ブランド構築のためには、食、地域ブランド及びファッションが相互に連携し、さらには観光やコンテンツビジネスとも連携しながら、戦略的に情報発信し、海外展開を図り、日本ブランドを確立・強化することが求められている。[*13]

これを踏まえての具体的な「日本ブランド」として「日本の食文化」が想定されているのだが、その提言の中には「総合的な食育」として「食育は、料理や食材だけではなく、食器やしつらい、もてなし、食事作法など、食の背景にある文化や歴史を含めて総合的に行うことが重要である」とされており、[*14]懐石料理のルーツでありもてなしの文化そのものである「茶の湯文化」もまたこうした考え方との親和性が高いものなのではないかと推察できる。

また、国が映画やアニメ、漫画などの視覚的メディアを中心とするコンテンツビジネスを振興することを国家戦略と位置付けて、いわゆる「クールジャパン」政策を推し進めている事実については改めて確認するまでもないと思われるが、念のため同じ知的財産戦略本部・コンテンツ専門調査会がまとめた報告書『コンテンツビジネス振興政策――ソフトパワー時代の国家戦略』（二〇〇四年）における記述を見ておきたい。

> 映画、音楽、アニメ、ゲームソフトといった我が国「コンテンツ」は、国際賞の受賞やキャラクターの世界的な人気などから、総じて高い評価を得ており、日本のイメージを「COOL JAPAN（クールジャパン：かっこいい日本）」へ大きく変化させ始めている。（中略）諸外国との競争に打ち勝つとともに、日本文化の発信を通して海外における日本理解の増進を目指すためには、これら法的対応（著者注――二〇〇四年に成立した「コンテンツの創造、保護及び活用の促進に関する法律案」のこと）をはじめとして、コンテンツビジネスの振興を国家戦略の柱として明確に位置付け、そのための抜本的な施策を迅速かつ積極的に展開すべきである。[*15]

こうした、国が国家戦略の柱として推し進めるコンテンツビジネスの代表的なフォームである映画、アニメなどで扱うべきテーマとして、やはり国が「コンテンツビジネスとも連携しながら、戦略的に情報発信」していくことを想定しているテーマの一つとしての「日本の食文化」の延長上にある「茶の湯文化」が扱われている場合、個々の作品内容を吟味して日本文化の発信として国が支援するに相応しい内容であるかどうか検討していく必要があるという前提に立てば、当然ながらある程度意図的な選択として国の文化政策において後押しされやすいと考えるのが当然であろう。

しかしながら、本稿の第一節で見てきた一〇作品のような例において、それが「茶の湯文化」を扱っているからという理由で国によるアシストを選択的に得るに至ったという具体的な確証を得ることは実際のところ難しい。国による映画作品に対する製作資金の援助制度である芸術文化振興基金の運営委員を二〇〇九年から二〇一四年まで務めた筆者の経験からいっても、支援すべき作品の選択においては、各委員の意見を集約し、全体のバランスを考慮した上で阿吽の呼吸で決められていくというのが実態的なところであり、特定のテーマを持っている作品を優先的に扱うということは、少なくとも形式上はないからである。

見方を少し変えれば、茶道界自体も、こうした国の立場と、それをビジネスにうまく利用したいコンテンツ産業側に対して、積極的にコミットしていくことで自らの立場をより確固たるものとしていくという方針を採っているとは言えないだろうか。

第一節で取り上げた一〇作品の最初の作品、すなわち①『お吟さま』が製作されてから七年後の一九六九年、裏千家第一五代家元千宗室宗匠が淡交会[*16]第三三回総会席上で、配下にある茶道指導者たちに対して述べた内容を部外秘の冊子としてまとめた、『鵬雲斎千宗室宗匠述　昭和四十四年度指導方針』では、次のような茶道界の方針が述べられている。

茶人は政治に関与してはならぬというようなことはございません。寧ろ政治、経済すべてを含めて、茶人というものが一盌のお茶をもって世の中を浄化してゆく、動に向って静をもって立ち向ってゆくということこそ、私は利休大居士の本当の和敬清寂の意義ではないかと思うのです。（中略）その和敬清寂が一辺で実行されるようになるためには、私共自らが政治的姿勢というものを正しくとらなければならないのではないか。最早正しくとらなければならない事態に来ているのではないでしょうか。

かかるが故に現時点において、私共はもっと今後政治的な面におきましても、政治政策というような上におきましても、私共の組織が全力をあげてそれに突進してゆくような態勢も、ボチボチ整えてゆかねばならないのではないかと存ずるのでございます。[*17]

裏千家第一五代家元鵬雲斎千宗室宗匠は、茶道のイメージアップのために自ら積極的にテレビや雑誌などのメディアに登場したことでよく知られているが、表千家や武者小路千家も含めて、現代の茶道界が映画やアニメといった視覚的メディアに対して協力姿勢を示していくことも、その延長線上にあると考えてよいだろう。実際のところ、③『お吟さま』では井口海仙（裏千家）が茶道監修を務め、千政和（表千家）ともどもそれぞれ津田宗及と細川忠興役にキャスティングされているし、⑦『秀吉』では鈴木宗卓（表千家）・秋山宗和（裏千家）が、また同じく⑧『江〜姫たちの戦国』では小澤宗誠（裏千家）が茶道指導を務めるなど、「茶の湯文化」を扱っているポピュラー・カルチャーは現代の茶道界と密接に連携しながら製作されていることは間違いないことなのである。

おわりに

本稿では、日本の「茶の湯文化」としての利休、織部らの物語が、単純に時の権力者と対立した結果の文化人の悲劇としてのみ捉えられがちだったかつてのイメージから、むしろ茶の湯そのものがこの時代の政治の中心であり、利休も織部も茶の湯を通じて権力を手中にした者たちとして捉えられる傾向が高まってきたという変化、すなわち「茶の湯文化の政治性」への認識が強まってきた背景として、映画、テレビドラマ、テレビアニメといったポピュラー・カルチャーにおける表象がより政治的なものへとシフトして来た影響を考察し、その仮説が正しかったであろうことをある程度検証することが出来た。

一方、そういったポピュラー・カルチャーにおいて「茶の湯文化」を扱うこと自体が、海外へ輸出されるのに相応しい日本オリジナルの伝統文化としての「日本的なるもの」との親和性が高いものとして積極的に国の文化政策において後押しされやすいとしたら、それは政治性を帯びたことと言えるのではないか、という観点での若干の考察を試みた。

この「茶の湯文化をポピュラー・カルチャーで扱うことの政治性」については、「茶の湯文化」を扱うこと自体により公的な支援を得やすくなることを証明するのは現実的に難しいものの、本物らしさ（Authenticity）のお墨付きを欲するポピュラー・カルチャーの作り手側や、これに積極的に協力する姿勢を示すことで自らの立場をより確固たるものとしていく方針を採っている茶道界の側が、そういった因果関係について自覚的であるという点において既に政治的である、ということは示し得たように思う。

とはいえ、まだまだ試論に過ぎない。因果関係をよりはっきりと示していくための方法論の開発を含めて、今後の更なる調査によって考察を深めていきたい。

1――岡倉天心『茶の本【英文収録】』（桶谷秀昭訳、講談社学術文庫、一九九四年）一三―一四頁。

2――http://tvanimedouga.blog93.fc2.com/blog-entry-10606.html（最終確認・二〇一五年三月二日）。

3――http://blog.livedoor.jp/aoba_f/archives/35773387.html（最終確認・二〇一五年三月二日）。

4――『NHK大河ドラマ・ストーリー　秀吉』後篇（NHK出版、一九九六年）四五頁。

5――『NHK大河ドラマ・ストーリー　秀吉』前篇（NHK出版、一九九六年）一三頁。

6――『NHK大河ドラマ・ストーリー　江～姫たちの戦国』前篇（NHK出版、二〇一一年）五二頁。

7――西山松之助校注『南方録』（岩波文庫、一九八六年）二三七頁（滅後、二七）。

8――熊倉功夫「〈参考文献解題〉千利休研究の歩み」（千宗左他監修『千利休事典』淡交社、一九八九年）七五七―七六二頁、「主要参考文献」（同）八〇一―八〇七頁、「さまざまに描かれたキャラクター「利休」。」（木村宗慎監修、ペン編集部編『pen BOOKS 千利休の功罪。』阪急コミュニケーションズ、二〇〇九年）一六一―一二一頁等を参考にし、筆者が作成した。

9――岡倉天心『茶の本【英文収録】』九五頁。

10――市川森一「未知への航海」（『NHK大河ドラマ・ストーリー　黄金の日日』日本放送出版協会、一九七八年）八四頁。

11――『花の慶次――雲のかなたに』における秀吉、利休の造型は、それぞれ明らかに山崎努、三國連太郎をモデルにしている。

12――山本佐恵『戦時下の万博と「日本」の表象』（森話社、二〇一二年）一〇六―一一九頁、及び二八五―二八六頁に掲載されている「ニューヨーク・サンフランシスコ万博出品映画リスト（国際観光局）」。

13――内閣官房・知的財産戦略本部・コンテンツ専門調査会・日本ブランド・ワーキング・グループ『日本ブランド戦略の推進――魅力ある日本を世界に発信』（二〇〇四年）三頁。http://www.kantei.go.jp/jp/singi/titeki2/tyousakai/contents/houkoku/050225hontai.pdf

14――同右、六頁。

15――内閣官房・知的財産戦略本部・コンテンツ専門調査会報告書『コンテンツビジネス振興政策――ソフトパワー時代の国家戦略』（二〇〇四年）一―三頁。http://www.kantei.go.jp/jp/singi/titeki2/tyousakai/contents/houkoku/040409houkoku.pdf

16――茶道諸流派の中で最大規模の流派である裏千家の全国統一の同門組織で、正式名称は「社団法人茶道裏千家淡交社」である。また、鵬雲斎千宗室宗匠は初代の利休から数えて第一五代目の家元に当たる。

17――社団法人茶道裏千家淡交社総本部発行『鵬雲斎千宗室宗匠述　昭和四十四年度指導方針』（一九六九年）四七―四八頁。

Ⅰ　伝統文化／文学

宮城道雄の庶民的ナショナリズム

申　昌浩

2

はじめに――宮城道雄の庶民的ナショナリズムへの序章

一九〇九年（明治四二）一〇月二六日の朝、中国北部のハルビン駅で数発の銃声が響きわたった。朝鮮初代統監を務めた枢密院議長伊藤博文が駅構内でその銃弾に倒れたのである。朝鮮の独立運動家安重根によって、六九歳の伊藤博文はその生命を奪われた。[*1] 伊藤博文は亡くなる数ヶ月前、仁川にある「浅岡」という料亭で一六歳の盲目の少年が弾くお箏《こと》を聞いていた。曲目は《水の変態》[*2]、少年が一四歳の時、異国の地朝鮮で初めて作曲した曲である。伊藤博文は少年が弾くお箏の音色の良さや才能を褒め、満州（ハルビン）の帰りに東京へ連れて帰ると約束した。[*3] 盲目で貧しいお箏弾きの少年は、東京へ行き、正式に音楽を学べる夢を数ヶ月間抱き続けていたに違いない。その夢は、国を失ったナショナリストの銃弾によって、一瞬にして消えてしまったのである。一方、少年が抱いた夢が実現していたなら、少年はどのような人生を送ったのだろうとも考えてしまう。

夢を見ていた少年の名前は、管道雄であった。[*4] 盲目の身で異国の地朝鮮で、大人を相手に三味線・お箏・尺八を教えながら一家の生計を立てていた。道雄は一八九四年（明治二七）四月に神戸で生まれ、明治、大正、昭和の時代を邦楽の世界で生きた。その道雄が亡くなるのは、一九五六年（昭和三一）大阪へ向かう夜行列車「銀河」からの転落によってであった。道雄は、死ぬまで、西洋化の波に押されていた邦楽の普及と大衆化のため、様々なメディアを通して音楽活動を行った人である。

管道雄がお箏や三味線を始めたのは、幼児期に煩った目の病気により、八歳のとき失明したためである。光を失った不憫な少年がこれから生きるための手段として、江戸時代の盲人男性の専業であったお箏の道を、祖母ミネが勧めたのである。[*5] 一九〇二年（明治三五）、管道雄は神戸で二代目中島検校に入門し、邦楽を学ぶようになった。邦楽を学び始めて間もない一九〇七年（明治四〇）、朝鮮にいた父の都合により家族の生計を支えるため、一三歳の時朝鮮に渡り、二三歳になるまで朝鮮で三味線・お箏を教えた。そして朝鮮第一の箏曲演奏家の座に上り詰めるまでになった。[*6] 宮城の苗字を名乗るようになったのは、二〇歳の結婚の時からであった。管道雄は、明治の廃藩で後代を継ぐものがなくなっていた宮城家の再建のため、結婚に際し姓を宮城に変えるのである。[*7] 二〇歳の宮城道雄の誕生である。

宮城道雄は日本の伝統音楽を代表する人物であり、「邦楽の父」「聖楽」と呼ばれる存在である。小学校でも、日本の伝統文化を教える際に取りあげられている。彼が作曲した《春の海》は、誰もが必ず耳にしたことがあり、正月になると、必ず街のどこかのスピーカーから流れてくる曲である。

これほどの人物である宮城道雄をどのように扱うべきか悩むところであるが、本稿では宮城道雄がもつ音楽の世界と日本の大衆文化におけるナショナリズムの関係に着目してみたい。その生年である一八九四年は「日清戦争」の年であり、一九〇五年の「日露戦争」、一九一〇年の「朝鮮併合」、それに続く「第一次世界大戦」「満州事変」「第二次世界大戦」「朝鮮戦争」という断続的に戦争が起こる時期に、邦楽の世界に生きたのが宮城道雄である。なおかつ、文明開化の波に呑まれ、西洋化一辺倒の流れによって、衰退の道に差しかかった邦楽の音楽家として活動していた中心人物である。そしてなによりも、日本の大衆メディアの主要人物を追うと、必ずどこかで接点があるのが宮城道雄である。

本稿は、宮城道雄がもつ大衆文化性とナショナリズムについての一考察である。その際、宮城道雄という人物を「庶民」として捉え、彼がもつナショナリズムの性格を「庶民的なナショナリズム」と位置づける。日本の政治情勢が激しく変動していた時期に、日本の大衆文化とナショナリズムがどのように関わりをもっていたのかを、大衆の支持を得ていた宮城道雄を通して見てみたいのである。

まず、「庶民」[*8]とはどんな存在であるのかについて論じなければならないが、「庶民」に明確な概念は今のところなく、論者たちの考えによって異なる定義付けがなされている。岩波書店の『広辞苑』[*9]では、「①もろもろの民。人民。②貴族などに対し、なみの人々。世間一般の人々。平民。大衆。」としている。また小学館の『日本国語大辞典』を見てみると、[*10]「①一般の民衆。人民。②貴族などに対して、身分がふつうの人々。平民。」とされている。さらに、平凡社の『世界大百科事典』の「庶民」という項目を見ると、[*11]「庶」とはもろもろの意で、「衆庶」「百姓」も「庶民」と同義であるという。

このように「庶民」の意味は明確に定められていない。ただ、おおむね「庶民」とは、一般の民衆を指すということはいえる。「庶民感覚」ということばに見られるように、知識人や政治家があまりに現実と乖離しているときには、生活者という意味でそれを批判するものとしてあらわれるのである。要するに「庶民」とは、身分、肩書き、財産、政治的地位などにあまり縁がなく、ささやかな生活を営む人々であるがゆえに、現実的意味をもちうるのである。

ここで論じる「庶民」とは、市民・人民が歴史的規定のもとにみずからの政治性や階級性を意識する存在とは異なる。産業社会にあって非組織的存在としての「大衆」や、民俗学で用いられる伝統的な生活様式、固有文化を保持する人々を指す「常民」とも異なる。そこで日高六郎の「庶民とは、伝統的な価値意識のなかに埋没している人々である」という概念を支持、取り入れたいと考えている。

本論を進める上で「庶民」は、政治的な被支配者、いわゆる国家の管理対象者としての存在であるとしたい。

社会を構成する大部分に相当する一般の人々であり、国民、臣民、人民、もしくは市民や消費者たる存在を指すことも出来る。[*12]その「庶民」に対して「官吏」という政治的な支配者が、庶民の管理者として対立の関係を持つ存在としておきたい。

そうすると、宮城道雄は富も権力もない庶民の家に生まれながら、社会的地位を形成した存在であるといえる。苦しい時代状況の中にありながら、邦楽によって、メディアを通じて大衆の支持を得た人物である。そのような意味で宮城道雄は複雑な存在であるが、本稿では、宮城道雄の庶民的ナショナリズムは、リーダーとしての自覚によるものではなく、普通の庶民的な感覚の表れであって、意図的、政治的な意識の下で行われたものではないと考える。それらについて論証を試みたい。邦楽演奏・作曲家・楽器発明者・教育者としての宮城道雄という人物を通して、日本の大衆文化とナショナリズムに関する新たな一側面をのぞけるのではないかと考えている。

一　先駆的なレコードメディア人宮城道雄

明治・大正・昭和前期までの大衆メディアといえば、明治期に普及し始めたレコードを筆頭に、日本全土を一つに結ぶラジオ放送、プロパガンダの役割を果たしていた映画をあげることができる。宮城道雄はこのすべてのメディアの黎明期に携わっていた珍しい人物なのである。にもかかわらず残念ながら、未だ日本のメディア史において、それほど高い評価を得ているようには思えない。以降、宮城道雄という大衆メディア人の足跡を、日本のメディア史のなかに位置づけていきたい。

まずは、レコード制作についてである。宮城道雄は日本の邦楽界の誰よりも早い時期にレコード制作に関わった、先駆的なレコードメディア人であるといえる。正規の学校教育や音楽教育を受けたことがないにもかかわらず、斬新な発想力を基に多くの革新的な音楽を作曲し、レコード化に成功していたのである。その成功の背景には、レコードを通して西洋音楽を学び、深く影響を受けていた事実がある。逆説的に言えば、当時の宮城道雄にとってレコードそのものが音楽の師だったのである。

特に、少年期に滞在していた朝鮮には邦楽や音楽を教えてくれる師もなく、独学しなければならない状況におかれていたのである。そんな時、ギリシャ人が経営する「日希商会」という外国たばこ店から流れるレコードの響きに魅了され、聞き惚れた。[*13]レコードから流れる音楽を通して、音の豊かさを学んでいたのである。

宮城道雄の随筆に「レコード雑話」[*14]というものがある。そこに書かれているレコードに関する逸話を読むと、「私が一番自分の楽しみにしているのは、レコードを聴くことである」と述べている。[*15]宮城道雄は、戦争中の疎開先においても人に頼み、東京の自宅からレコードを運んでもらうほどレコードを聞くのが好きであった。宮城道雄の死後遺品の整理を行った『この人なり宮城道雄傳』の著者吉川英史によれば、戦災で多くのレコードが失われたにもかかわらず、戦後宮城道雄は一二〇〇枚のレコードを持っており、そのうち約一〇〇〇枚が洋楽のレコードであったという。[*16]今日我々が知る高名な「箏」の演奏家、作曲家がいかに西洋音楽を好み、聴いていたかの証であるといえる。

宮城道雄の音楽は明治中期から始まる大衆のメディアとして普及したレコードという媒体がなければ、あれほどの知名度を得ることはなかったといえる。これもまた「日露戦争」以後、急速に成長し、日本の大衆メディアになったレコードの威力であった。宮城道雄の音楽の世界を凝縮したレコードが評価されず、売れていなかったら、聖楽と呼ばれている今日の宮城道雄は存在していないかもしれない。大衆化されるということ、文化として定着するということは、偶然の連続によるものかもしれないと言わざるを得ないのである。

宮城道雄がレコードを制作するようになった動機や経緯については、『この人なり宮城道雄傳』の「レコードになった宮城曲」[*17]が非常に分かりやすく説明している。日本で一番早く創立されたレコード会社は、「日米畜音器商会」であり、[*18]一九〇九年（明治四二）一〇月に資本金一〇万円で、神奈川県に設立された。この年は、宮城道雄の処女作《水の変態》が作曲された年でもある。初期の「日米畜音器商会」は、アメリカ製品を日本で販売するだけの商社であったが、翌一九一〇年（明治四三）一〇月に、会社名を「株式会社日本蓄音機商会（日畜）」と改めてから、レコード制作が始まった。「日畜」は、商標を「ニッポノホン」とし、鷲印のレコードを制作するようになった。このレコード会社で宮城道雄がレコードを作ったのは、一九一六年（大正五）に入社した新人の森垣二郎（当時、三〇歳）の尽力によるものであった。

宮城道雄は、自身の処女作《水の変態》を、一九一八年（大正七）、「日畜」でニッポノホンのレコード二枚四面に吹き込んでいる。[*19]このレコーディングによる発売は、冒険的であり、当時ではあり得ない出来事であったといえる。宮城道雄は特に人気があるわけでもない邦楽界の新人であったが、森垣はその宮城の音楽性を評価し、レコード化しているのである。そのため、森垣は上司にかなり文句を言われたという。その圧力に屈することなく、森垣は真っ向から抵抗をし、宮城道雄の音楽世界、日本の邦楽の可能性を重んじる形でレコードを制作したという。その後も、森垣は宮城道雄が作曲した《秋の調べ》《紅そうび》などをレコード化している。なお、先述のように宮城道雄は相当なレコード好きであったが、自身のレコーディング作業はあまり好きではなかったようである。

当時、無名であった新日本音楽の宮城道雄のレコードが売れたのは、「古典保存会」という、一〇〇人くらいの会員をもつ購買組織のお陰であった。「古典保存会」に売り込むことによって安定した販売が出来、これが宮城道雄芸術の普及と発展の第一歩としてだけでなく、音楽制作に専念する道にもつながるのであった。一九二一年（大正一〇）には「新日本音楽・蓄音機レコード・宮城道雄作品集」と題して、「芸術レコード社」が発行所となり、宮城道雄の新曲が発売されていく。森垣二郎は、宮城道雄に演奏料と作曲料で合わせて一〇〇円の御礼をしたという。

極貧の生活が続いていた宮城道雄の生活が良くなったのも、これらのレコード制作のおかげであった。姪で門弟の宮城喜代子の回想話によれば、宮城道雄の新曲が一時に大量にレコード化されたのは一九二一年（大正一〇）以後であり、それが貧乏生活に終わりを告げたといっている。「新日本音楽　宮城道雄作品集」のレコード広告が、一九二二年（大正一一）三月四日、大阪の中之島の中央公会堂で行われた「新日本音楽大演奏会」のプログラムにも載っている。[*20] また、宮城道雄は、新日本音楽として《桜変奏曲》《谷間の水車》を尺八家の吉田晴風とともにレコード化し、発売した。[*21]

宮城道雄を大衆メディアへ導いた森垣は、一九二四年（大正一三）に「日畜」を退社し、一九二七年（昭和二）二月九日に「日本ビクター蓄音機株式会社」を設立する。同年九月に、宮城道雄は盟友吉田晴風とともに「ビクター」の専属芸術家になるのである。ビクターの専属となった宮城道雄は、その生涯に一〇〇曲以上を吹き込んでいる。そのうち、七〇%以上が宮城道雄の新作曲であり、残りが生田流の古典という比率になっている。[*22] ビクター専属としてその作品が次々とSPレコード化され、発売されることによって、日本全国は無論、世界的に宮城道雄の名が知られるようになったのである。

数多くの宮城道雄曲の中でも《春の海》は、とりわけ有名な曲である。この曲は、一九三〇年（昭和五）の宮中新年歌会始めの勅題「海辺の巌」にちなんで、一九二九年一二月に作曲された。[*23]《春の海》は発表当初から宮城道雄を代表する曲だったわけではない。古典音楽を重視していた邦楽界の人々からは厳しい批判を受けていたのである。この《春の海》が、一九三二年（昭和七）来日していたフランスの女性バイオリニストのルネ・シュメーの目にとまり、尺八のパートをバイオリンに編曲し、[*24]宮城道雄と共に五月三一日に日比谷公会堂で演奏、発表することによって新たな注目を浴びるようになった。邦楽の世界からの厳しい批判に対し、洋楽の世界、それも外国人の演奏家に高い評価を受けることで、《春の海》は改めて日本の音楽として受け入れられていくのである。

シュメーと宮城道雄は、《春の海》演奏会の半月後、六月中旬に同曲をレコーディングする。この録音は一九三二年（昭和七）に日本・米国・英国のビクターから赤盤として発売され、以後世界的に好評を博したのである。[*25]このレコードには、《春の海》をはじめ、宮城道雄作曲の《高麗の春》《花園》、古典の《夕顔》《残月》が収録されている。大衆メディアとしてのレコードを媒介に、宮城道雄の音楽は、国境を越え、国際的に展開する機会を与えられたのであった。宮城道雄はレコードというマスメディアなくしては、大スターになれなかったのである。

二　ラジオの人気者宮城道雄

第一次世界大戦の通信兵器として急速に発展した無線は、戦争が終るとその技術がラジオへ利用されるようになった。日本でも一九一五年（大正四）「無線電信法」[*26]が公布されてから、ちょうど一〇年後の一九二五年（大正一四）三月一日九時三〇分に「社団法人東京放送局」（ＪＯＡＫ＝現在のＮＨＫラジオ第一放送東京）が、東京芝浦の東京高等工芸学校（現・千葉大学工学部）で初めてのラジオの試験放送をおこなった。[*27]この日は、この試験放送を記念して、今では「放送記念日」となっている。

同月二二日、東京高等工芸学校内に設けた仮放送所からラジオの放送が始まった。日本初のラジオ放送の有名な逸話として、京田武男アナウンサーの第一声が〝あーあー、聞こえますか〟だったと伝わる。この試験放送から約四ヶ月後の七月一二日から、愛宕山（東京都港区）の東京放送局（AK）において本放送がスタートしている。試験放送を機に、同年六月一日からは大阪放送局（JOBK）が、七月一五日からは名古屋放送局（JOCK）が、次々と開局した。東京放送にこの両放送局を合わせ、今のNHKとなったのである。一九三九年（昭和一四）五月一三日に、内幸町の放送会館に移転するまでの一四年間、愛宕山からラジオ放送が続いたのである。[*28]

愛宕山は新しいメディアの発信地としての役割を果たし、出演者からは親しみをこめて〝ヤマ〟と呼ばれ、放送局の代名詞となっていた。本放送開始とともに、ラジオ独自の芸術形式を創造しようと、ラジオドラマの制作など新しい試みも始まっていた。そして様々な模索の上、現在の放送の形態が少しずつ出来上がっていったという。[*29]

開局時の東京放送局の聴取契約数（受信許可数）は、三五〇〇世帯であったというが、[*30]七ヶ月後には早くも一〇万世帯を突破し、一三万一三七三世帯であったという。他に、大阪が四万七九四二世帯、名古屋が一万四二九〇世帯であったといわれている。三年後の一九二七年（昭和二）には、東京が二三万六二一三世帯、大阪が八万七五五二世帯、名古屋が四万八五四三世帯となり、さらに、熊本、広島、仙台、札幌の四放送局をスタートさせて、音波ネットワークが構築され、日本全国にはりめぐらされた。[*31]

なお、一九三二年（昭和七）には、受信契約数が一〇〇万件を突破している。放送開局一〇周年にあたる一九三五年（昭和一〇）には、学校放送もスタートしている。[*32] このように短い間に、ラジオは急速に普及し、日本人の生活になくてはならない大衆メディアとなっていたのである。

一九二〇年（大正九）一一月「新日本音楽」を旗揚げしていた宮城道雄は、先に述べた一九二五年（大正一四）三月一日の試験放送に参加した大衆メディアの先鋒的な存在であった。その試験放送に参加していた他のメンバーは、洋楽の山田耕筰、唄沢節の哥沢《うたざわ》寅右衛門《とらえもん》、新日本音楽の宮城道雄、琴古流尺八演奏家の吉田晴風などであった。試験放送にこそ参加したが、皮肉なことに、宮城道雄自身はラジオ放送に加わることに関してはそれほど積極的ではなく、出演をいやがっていた。

その理由に関して宮城道雄は、「人が一所懸命ラジオで箏を弾いていても、きいている人の中には、はばかりに入っていたり、床に寝そべって聞いたりしているのだと思うと、何だかいやで」と述べているが、もう一つの理由として、実験放送を通じてラジオからは宮城道雄の演奏が聞こえてこなかった、ということもあったようである。[*33] 初期のラジオ放送へ積極的に参加し、宮城道雄を道連れにしたのは、親友の吉田晴風であった。朝鮮で出会った吉田晴風は、宮城道雄の音楽の最大の理解者であり、宮城道雄の音楽を芸術的に認めると共に、その斬新な音楽の世界を大衆へ普及させた張本人であるといえる。

宮城道雄は、吉田晴風とラジオの試験放送の初日に出演して《六段》と《千鳥》を演奏している。[*34] この記念すべきラジオ試験放送第一日目には、後藤新平の挨拶に始まり、山田耕筰指揮のシンフォニー、哥沢寅右衛門の哥沢節などがあった。言うまでもなく一本勝負の生放送であった。

結局、宮城道雄はこの実験放送日以後も、次々とラジオに出演することになる。そして、次第に日本の大衆文化を担うラジオのメディア人の一人になっていくのであった。ラジオ放送では、自らが作曲した曲の演奏だけでなく、伝統的な日本の邦楽をも演奏していた。また、様々な交換放送や国際放送にも出演している。一九三〇年（昭和五）一一月三日に「明治節日米交換放送」に出演し、一二月二五日には「日米ラジオ交換放送」に出演している。その後にも、多くの国際放送に参加しているのである。

宮城道雄は、子どもが歌う邦楽「童曲」[*35]も多く作っており、当時の童曲作曲家の代表的な存在でもあった。一九三〇年（昭和五）九月八日に、ラジオ放送を通して「童曲講習会」を行っている。この「童曲講習会」が聴衆に大変歓迎されたので、第二回目が企画され、一九三二年（昭和七）一月二三日から東京放送局で「お琴のおけいこ」[*36]という講座が半年も続くことになった。毎週土曜日の午後二時半から三時までの三〇分間の放送であった。内容は、テキストとして楽譜を利用し、入門曲としての童曲、小曲、歌曲を順に教えるものであった。以後も、一九三七年（昭和一二）一月一三日から「放送箏曲講習」を、二月二六日まで週二回放送した。また、一九四一年（昭和一六）六月七日から、再び「放送箏曲講習」が週一回、七週にわたって放送された。[*37]宮城道雄は大衆メディアのラジオを利用して、邦楽の普及とともに教育活動をも行っていたといえる。三度にわたりくり返し企画されていることから、宮城道雄による箏曲講習の人気がずいぶん高かったことが窺える。

このように宮城道雄は、ラジオを通じて音楽の演奏活動以外にも様々に活躍していたといえる。国営放送局であるＮＨＫの開局に参画したことから、ＮＨＫの委嘱による作曲活動も次第に多くなっていき、全国的にも知名度をましていく。

宮城道雄の音楽活動は、レコードやラジオ以外にもその活躍の場が広がるようになっていた。すでに一九二五年（大正一四）には、舞台音楽「訶梨帝母《かりていも》」を手がけ、「新日本音楽」と「新舞踊」の融合を図る仕事もしていた。[*38]映画の分野への進出は遅かったが、一九三五年の『かぐや姫』（ＪＯ企画）、一九三八年の『藤十郎の恋映』

（東宝映画東京）、一九三九年の『ロッパの頬白先生』（東宝映画東京）、一九三九年の『友吉と馬』（大日本児童映画協会）、一九四二年の『すみだ川』（松竹）などの映画音楽制作にも関わっており、いくつかの映画音楽を担当してもいる。[*39] 劇音楽においては、一九四六年（昭和二一）、市川猿之助一座の『牡丹燈籠』と『千姫の阪崎』の二狂言に箏曲伴奏という形で新作を提供している。[*40]

このように、ラジオを中心に行ってきた音楽活動が、他の様々な大衆メディアでの活動と結びつくことで宮城道雄の評価が高まり、一九四九年（昭和二四）三月二二日の第一回「放送文化賞」[*41]の受賞という形で現れるのであった。

三　宮城道雄の作曲とナショナリズム

宮城道雄が生涯どれほどの曲を作曲していたのか、これにはいろいろな説があり、確かな作曲数は誰も分かっていないようである。七〇〇〜八〇〇曲という説もあれば、約三五〇曲ほどであるという人もいる。アメリカの自動車会社のクライスラー（Chrysler）ジャパンのオフィシャルサイトの「日本を変えたヒーローたち」[*42]という特集が宮城道雄を取りあげており、そこでは作曲数を四二〇曲ほどとしている。

一九六一年に発売されたVictor MUSIC BOOKの宮城道雄傑作選『箏と人生』の宮城道雄作曲年表は、箏曲、合奏曲、歌曲、童曲、映画音楽等を含めて、総作曲数を三四六としている。[*43] また、宮城喜代子の回想は、宮城道雄が実際に作った作品の数を、六〇〇〜七〇〇曲としている。[*44] 目録には載っているものの、すでに楽譜が消滅していて現存してない楽曲も相当数あるようである。宮城道雄の作品が消滅したもっとも大きな理由は、一九四五年（昭和二〇）三月の東京空襲だとされる。東京中町（新宿区）の自宅が空襲による火災で焼け[*45]、点字の原譜をはじめ様々な音楽資料が失われてしまったのである[*46]。そのため現在も、天才作曲家宮城道雄がどれほどの曲を生涯作曲していたのかは不明である[*47]。

宮城道雄が本格的に作曲を始めたのは、朝鮮に滞在していた大正初期のことである。当時、同居していた親友藤田斗南（地歌箏曲の研究家）が、詩や小説などを読み聞かせてくれたのである。宮城道雄はそれらを後で点字で書き起こして、それを題材に曲にしていたのである。例えば《春の夜》《初鶯》《都踊》といった作品も同様の方法で作られている[*48]。

また、童謡詩人として有名であった葛原しげるの作詞による共作の「童曲」が一〇〇曲近くもある。宮城と葛原コンビによる「童曲」作りは、一九一七年（大正六）の《春の雨》に始まる。また、宮城と葛原の二人は昭和の初め頃、邦楽の世界にまだ合唱曲というものが作られていないことを残念に思い、どうにかしてそういった分野を開拓してみようと相談していた。その最初の試みとして作られたのが、一九二八年（昭和三）の《花園》であった。

既存の邦楽界にはない斬新な作曲をすることで、注目をされるようになった宮城道雄は、仲間と共に「新日本音楽」[*49]の旗を揚げることになる。この新たな音楽活動が邦楽と洋楽の世界と大衆に認知されることによって、宮城道雄の知名度も次第に高まるようになったといえる。

一方、日本の政治情勢が反映された曲も多く存在している。宮城道雄は、天皇家に関わる曲や満州国に関わる曲、戦争に関わる曲も多数作曲しているのである[*50]。

まず、天皇家と関わる作品には、一九二三年（大正一二）の《雨》がある。この曲は、昌徳宮徳恵姫の作詞した童曲である。関東大震災直後である一九二三年（大正一二）一〇月、宮城道雄は大震災後の混乱状態の東京を避けて、古巣の朝鮮へ渡って京城に約一ヶ月滞在し、演奏会や講習会を催していた。この滞在中に作曲したのが《雨》と《蜂》という二曲の童曲である。《蜂》は、軍隊のラッパ風の旋律を用いて兵隊の気分を巧みに表現している[*51]。《雨》の作詞家である昌徳宮徳恵姫は、李王の妹姫であり、京城の日出小学校の五年生在学中であったという。昌徳宮徳恵姫は、日本語のかわいらしい詩を多く作っており、「朝鮮の澄宮さま」とも呼ばれていた人物であった。

一九二四年（大正一三）には、澄宮（三笠宮）作詞による童曲《青山の池》を作曲している。その後、一九二六年（大正一五）には、《豊年万作御代万歳》、昭憲皇太后作詞の歌曲《以歌護世《うたをもってよをまもる》》を作っているほか、一九二七年（昭和二）の三重奏《君が代変奏曲》[*52]、作詞家不明の合唱合奏曲《天女舞曲》、一九二八年（昭和三）のオーケストラとの協奏曲《越天楽変奏曲》、二重奏の《今日の喜び》なども皇室と関連のある曲である。

一九三四年（昭和九）、宮城道雄が勤めていた東京音楽学校では、両陛下御成婚一〇周年と皇太子御誕生を祝う音楽会が開かれることになった。宮城道雄は、「皇太子ご生誕奉祝歌」として高野辰之作詞の《さし添う光》[*53]を作曲した。この曲は流派の異なる山田流の中能島欣一教授と異例の合奏で発表され、邦楽界に新たな試みが披露されることになった。他にも、桜居女作詞の《御代の祝い》などが、天皇家と関わる作品としてあげられる[*54]。

次に、満州に関わる曲としては、一九三六年（昭和一一）の合奏曲《満州調》[*55]をあげることができる。満州国は一九三一年（昭和六）の「満州事変」により、翌一九三二年（昭和七）に中国東北部と内モンゴルを主な領域として建国された日本の傀儡国家であった。当時、政府の奨励のもとに、新天地満州で一旗揚げようとする機運がおこり、日本国中に大陸への関心が大きく広まっていたが、この曲はちょうどこうした時期に作曲されたものである。

宮城道雄の音楽とナショナリズムの関係を考える上で大きな意味を持つ、第二次世界大戦に関わる戦時的な曲は、一九三七年（昭和一二）九月ごろから作られることになった。一九三七年に《愛国行進曲》《歓迎歌（語り章）》、土岐善磨作詞の《杭州湾敵前上陸》《神苑の朝》、国民歌謡として佐藤春夫が作詞した《送別歌》、葛原しげる作詞で合唱合奏曲の《古戦場の月》など、戦局が深まるにつれて、歌詞や曲調にも変化を見せているのである。

特に、佐藤春夫の作詞による《送別歌》は、銃後の女性の意気を歌ったもので、女性が歌う曲ということで、箏の曲にすることになったものらしい。この《送別歌》は、宮城道雄の時局的な作品の第一号として、一〇月四日より九日まで、正午のニュース前の「国民歌謡の時間」に毎日放送されていた。[*56] この《送別歌》は、東京放送局の委嘱によるものであった。

一九三八年（昭和一三）には、《かちどき》《朝日さす島の曲》《すてきなお国》《靖国神社》《輝く大地》（後、「輝く大陸」に改名）を作曲しており、一九三九年（昭和一四）には、《皇后宮御歌》《東亜の黎明》《日本創世の曲》《軍人家族、戦死者、傷病軍人に給ひたる御歌三首（皇后御歌）》などを次々と作曲している。

一九四〇年（昭和一五）には、皇紀二千六百年祝典の芸能祭のために作曲された《紀元二千六百讃歌》《祝典箏協奏曲》《寄桜祝《さくらによせるいわい》》をはじめ、《銃後の女性》《大和の春》などを作曲している。《銃後の女性》は葛原しげる作詞で、一〇月一〇日神田の一ツ橋講堂で行われた「銃後奉公三曲新作発表演奏会」で発表されている。[*57] また、一〇月八日に東京宝塚劇場で開かれる「銃後奉公芸能大会」のために東京日日新聞と大阪日日新聞が公募し、軍事保護院が選定した歌曲《国民進軍歌》を編曲してもいる。

一九四一年（昭和一六）には、《希望の朝》《防人の歌》《刀工鍛錬》が、一九四三年（昭和一八）には《大東和楽》が、一九四四年（昭和一九）には《もんぺ姿》などがそれぞれ作曲される。[*58] 終戦を迎えた一九四五年（昭和二〇）には、疎開生活を送っており、作曲活動や演奏活動をしていないとされている。

第二次世界大戦中の宮城道雄の作曲と演奏活動は、多分に、戦意高揚のため、お国のためという、お上からの命令によるものであった。そのため、愛国的な感情を表す歌詞にのった、国家主義を主題とした作品を作曲していたのである。これは宮城道雄の個人的な心情からというよりは、むしろ時局を反映している側面もあっただろう。

四　戦間期における宮城道雄の「慰問演奏・公演活動」

第一次世界大戦に参戦をした一九一四年（大正三）から一九一八年（大正七）の世相について宮城喜代子は、「当時の東京は大変活気はあったものの、同時にインフレもひどく庶民の暮らしは、とても苦しく、楽なものではなかった。一部の特需成金の人たちを除けばみな似たり寄ったりの暮らし向きでした」[*59] と述べている。このように庶民の暮らしが一向に改善されることのない状況の中、一九三一年（昭和六）の「満州事変」を機に、日本社会は再び戦争の雰囲気に包まれていくのであった。

こうした雰囲気の中、宮城道雄の音楽活動も純粋な演奏活動から次第にナショナリズム色を深く帯びていく。一九三四年（昭和九）三月一日には、日満協会主催の「満州国建国一周年記念の音楽会」が日比谷公会堂で開催され、宮城道雄も演奏している。一九三七年（昭和一二）七月七日の「日華事変」突発以後は、ますます戦時色が日本全体を包むようになっていた。この年、大衆メディア人となっていた四四歳の宮城道雄は、五月二五日に高等官六等の「東京音楽学校」（現・東京芸術大学）の教授に任命されるのである。社会的な地位や威厳が付与され、邦楽の世界においても確固たる地位を築くことになった。それにともない、さらなる社会的貢献を要求されるのは、当然のことかもしれない。

宮城道雄は、同年九月一二日に浜松公会堂で行われた「三曲大会」に参加している。この「三曲大会」では「国防献金」も呼びかけられた。雑誌『三曲』の九月号には、「恤兵《じゅっぺい》資金募集に就いて」「皇軍慰問献金資金募集」という広告が掲載されている。なお、一〇月一一日に行われた演奏会の名称には「慰問献金」「出征家族慰問」という言葉も見られる。[*60]このように邦楽界の演奏会も当時の世相をよく反映し、様々な形で行われるようになっていた。[*61]

無報酬の「巡回慰問演奏会」も多数行われている。宮城道雄の巡回慰問の演奏会は、[*62]一九三八年（昭和一三）一月に開設されたばかりの「厚生省」の依頼によって始まり、戦争負傷兵がいる各地の軍人病院を回るものであった。当時、レコードやラジオといったメディアを通して高い知名度をもち、かつ盲人でもあった宮城道雄は、負傷兵の慰問には格好の人材であっただろう。同年四月には「国家総動員法」が可決され、日本は戦時体制に突入する。

以下に、具体的に宮城道雄の慰問活動を見ていきたい。厚生省の依頼のよる第一次慰問は、東京近在の陸軍病院の巡回であった。一九三八年（昭和一三）三月二八日、牛込の「東京軍医学校病院」を振り出しに、翌二九日は「東京第一陸軍病院」、三〇日は佐倉の「千葉陸軍病院」、四月四日には伊豆半島の「陸軍病院」へ行き、四月九日には習志野の「国府台陸軍病院」に出かけ慰問活動を行っている。[*63]三月三〇日の慰問講演の速記が「私の体験」と題して残っている。

私は自分が生まれてから今まで不自由な生活をして居りますので、今回の事変に依って失明なすった方や手や足の御不自由な方のことは人一倍感じられますので、一度各病院を個人として伺って、色々と親しくお話をと思って居りました所へ、病院へ行って何か話して呉れと申されましたので、直ちに御引受け致しました。

（中略）

目明きの方は一寸停電でも致しますと燐寸だ、蠟燭だと大騒ぎなさいます。

（中略）

慣れて参りますと耳で聞いて何でもよく分かる様になります。眼が見えなくなってかえって人の心なども、誰かの小説にも出て居りましたが、非常に宜く分かって来るのであります。其の人の声で心が分かるのであります。[*64]

宮城道雄は負傷兵たちに明るく接し、ユーモア混じりの話し方で、病院の暗い空気を吹き払って行ったという。そのユーモアの合間合間に、障害を持つものとしての体験から得た教訓を忘れず織り込むのであった。

第二次の慰問旅行は、一九三八年六月中、関西地方で行われた。六月一三日は大津で、一四日は京都で三ヶ所、加えて堺市、金岡でも慰問活動が行われた。すべて陸軍病院または赤十字病院においてであった。

その際、生まれ故郷の兵庫へは慰問をしていないが、「ある時、兵庫公論の人が見えて、各県で県人の人が「第三陸軍病院」に慰問に行くのであるが、兵庫県はまだ一度も慰問を行ってない。私が兵庫県の生まれであるので、今度県人で県から出征をされた方の慰問をするので是非行ってくれといわれた。私はたいへん喜しい事だと思ってすぐに引き受けた」といっている。[*65] 何か郷土愛的な側面も窺わせるものである。

これ以後も、宮城道雄は金沢、北海道（旭川）などで次々と「巡回慰問」の演奏会を行っている。[*66] 翌年の一九三九年（昭和一四）七月一七日から七月二七日までの間には各地陸軍病院を巡回し、講演と演奏で慰問活動を行っており、八月一日には東京都江東区の清澄庭園での「傷病兵慰問演奏会」に出演している。

九月に第二次世界大戦が勃発し、宮城道雄の慰問活動はさらに拡大していく。

慰問活動の合間には、一九四〇年（昭和一五）に行われた日本政府による大イベント「皇紀二千六百年記念芸術祭」[*67]に参加している。日本が長い歴史を持つ偉大な国であることを内外に示すために、官民一体となって開催されたイベントであった。宮城道雄は、この芸術祭の委員となり、「新日本音楽」という部門を担当している。なお、洋楽部門においては、山田耕筰が委員として参加している。宮城道雄はこの芸術祭のために《寄桜祝》と《祝典箏協奏曲》という曲を作曲し、演奏している。[*68]

一九四一年（昭和一六）一二月八日に米英に対する宣戦布告がなされ、宮城道雄の慰問演奏活動は続いていく。一九四二年（昭和一七）一〇月三日、軍事保護院の依頼により、山口県下に演奏旅行に出かけ、徳山、山口、下関で「遺家族および傷痍軍人」を招待した演奏会を行っている。しかし、戦局は悪くなり、一九四四年（昭和一九）四月に日本国内の娯楽を規制する「芸能技芸者全国統制」[*69]が発令され、戦艦献納・協会関連の演奏会が中止されることとなった。宮城道雄の慰問演奏活動は、一〇月二七日に歌舞伎座で行われた「軍人援護に関する新作発表会」が最後となり、宮城道雄はB29による空襲を避けるため、一二月一日に葉山の別荘へと避難するのである。その後も、幾度となく疎開先を変えながら、空襲から逃れていたが、[*70] その空襲によって、自宅や大事な音楽資料の多く、また彼が考案し、作り上げた八十絃の箏も失われてしまった。宮城道雄は、疎開先で嫌いな飛行機の爆音に耐えながら、戦争の終わりを待っていたのである。

宮城道雄は、身体障害者として、同じ境遇に陥った人やその家族のために、まさしく慰めの慰問をしていたのである。宮城道雄でなければ出来ないこと、それは特に失明軍人への慰問であった。自らが演奏と講演をすることで、両眼が見えなくても、これだけの大芸術家になれたことを披露するのであった。

宮城道雄の慰問公演を聞きに来ていたのは、お国のために戦場に行き、負傷し、帰国していた人々であった。宮城道雄は上からの目線ではなく、同じ立場におかれた人間として自らの生活や経験について話したのである。それも、ユーモラスに。これらの慰問講演会を通して人の前で話す機会も多くなり、ますます話術に磨きがかかったようである。ラジオ放送での独特の味を持った話し方は多くの人たちに好まれ、支持されていたようである。

むすびにかえて――飛行機の爆音に驚き、怯える宮城道雄の庶民的なナショナリズム

宮城道雄は、盲人として音楽を学ぶことで培った、音を聞き分ける優れた能力の持ち主であり、そのことは音楽関係者や弟子たちの間でも広く知られていた。宮城道雄の優れた聴覚は、大戦中の暗い夜中でも遠くから聞こえてくる飛行機の音を聞き、その種類まで区別したという。吉川英史によれば、この逸話は、戦時中の小学校で子供たちに対するナショナリズムを高揚する教育の材料として使われていたという。[*71]

当時の小学生は、軍事的な目的から音感教育をやらされた。オルガンやピアノで鳴らす和音を聞いて区別

したり、飛行機の爆音を聞き分けて機種をあてたりするのであった。ところが、例の東京の初空襲から一年ほどたったのち、つまり昭和一八年ころ、埼玉県の浦和市のある小学校の音感教育の時間に、音楽の専門教師は生徒たちに次のような話をした。

「東京に宮城道雄という、目の見えない、大変偉いお琴の先生がいます。東京に初めての空襲のあった日、この宮城道雄という先生は、飛行機の音を聞いて『今日の飛行機の音は、いつもと少しちがうようだ』と云われたそうです。

お弟子達は空を見て、『先生、いつもと別に違いませんよ』と云っていたがそのすぐあとで空襲警報が鳴り、アメリカの飛行機だとわかったということです。この目の見えないお琴の先生は、音を聞いただけで、日本の飛行機ではないことが分かったのです」

むろん、音楽の教師は「だから諸君もよく耳の訓練をし給え」と結んだのである。


宮城道雄の名声が小学校にまで響いていた事実と共に、彼の聴覚についての逸話がナショナリズムに結びつけられた例としても興味深い。

学校教育の中で、子供たちのナショナリズム育成に宮城道雄が利用されていたというこの例からも、何となく庶民的な印象を受ける。当人は、生まれつきとまで言っているが、幼い時から雷の音が大嫌いで、雷が鳴ると耳を塞ぎ逃げ回ったという。雷嫌いの宮城道雄は、戦争中に飛び交う飛行機の爆音がすると怖くてたまらなかったと言っている。*72

この恐ろしい戦争が終わると宮城道雄の音楽活動は、メディアや、演奏会、教育の現場で再開することになる。

先に述べたように、これまでの音楽活動が評価され、一九五〇年三月に、日本放送協会の第一回「放送文化賞」を受賞しているが、そのときに山田耕筰も同賞を受賞している。[*73] 日本において前者の宮城道雄は「邦楽の父」、後者の山田耕作は「西洋音楽の父」と呼ばれるが、二人は共に日本におけるラジオ実験放送に参加しており、日本の大衆メディアの発展の立役者でもある。しかし、宮城道雄は、戦間期における音楽活動が楽界から批判されることなく、メディアに復帰しているのに対し、同じ戦間期の音楽活動をしてきた山田耕筰は、メディアを通して戦犯の疑いがかけられる。この違いは、どこから来るものであろうか。この違いこそ、宮城道雄の「庶民的なナショナリズム」の現れではないかと思っている。

ここで少し、山田耕筰について言及しておかなければならないだろう。一八八六年（明治一九）生まれの山田耕筰は、宮城道雄より八歳ほど年長だが、ほぼ同じ時代を歩んだといえる人物である。しかし、東京本郷でキリスト伝道師・医師を父に持つ家庭で生まれた出自から、すでに宮城道雄とは社会的な階級の違いが見えてしまうのである。

何よりも、山田耕筰は正式な教育課程を経、外国留学の経験を持つ、知識人の中の知識人ともいえる存在である。一九二五年（大正一四）、日本交響楽団を創立し、一九三〇年代にはその名声はすでに確立し、[*74] 一九四二年（昭和一七）に芸術院会員となっている。戦争真っ最中の一九四四年（昭和一九）には、日本音楽文化協会の会長を務め、楽壇内外での権力を掌握する立場を築いていたのである。そして、宮城道雄が列車からの転落により亡くなった一九五六年（昭和三一）には、文化勲章を受章するに至る。[*75]

山田耕筰の戦時中の音楽活動は多方面にわたり、戦時期に作曲した作品の数は五五曲、団体歌及び歌曲の総数は、五一〇曲である。[*76] また、自身で作詞もしており、戦争と関わる作品も残っているが、片や宮城道雄の作詞作品は遺作の《浜木綿》一曲だけである。このように山田耕筰と宮城道雄は、音楽のジャンルだけでなく、社会的な活動範囲も大きく異なっていた。山田耕筰に対する戦犯論は、日本の近代音楽史上もっとも優れた西洋音楽家であり、[*77]楽壇の大御所として君臨していたその存在に対する批判であったといえる。[*78]

宮城道雄のナショナリズムを庶民的とするのは、権力に従っただけで、扇動的な行為を伴った活動をしていないからである。それに対して、山田耕筰のナショナリズムは官吏的であり、指揮者的な立場からの扇動行為が含まれていたのではないかと考えられる。この違いが、終戦後に山田耕筰にのみ戦犯論が浮上する結果を生んだと思われる。[*79]

宮城道雄の慰問公演に象徴的だったのは、その服装――国民服――だった。それに対して、山田耕筰は軍服を着、刀を携えて、軍歌を作曲していたのである。山田耕筰との比較から、宮城道雄のナショナリズムは、伝統的な価値意識のなかに埋没している人々がもつ「庶民的なナショナリズム」であったといえる。

1――上垣外憲一『暗殺・伊藤博文』（ちくま新書、二〇〇〇年）七―一一頁。

2――千葉潤之介・優子『音に生きる』（講談社、一九九二年）三四―三七頁。

3――松本剛『浜木綿の歌』（文化総合出版、一九七二年）七六―八二頁に、伊藤博文と宮城道雄との出会いが具体的に描かれている。その他、千葉潤之介編『新編　春の海』（岩波文庫、二〇〇二年）二二九―二三〇頁や注2書の三八―四〇頁を参照。

4――宮城道雄に関する資料・年譜・作曲年表をはじめ、彼の生涯と年代別の出来事については、主に『宮城道雄全集』（第一〜三巻、三笠書房、一九五七年）、『定本宮城道雄全集』（上・下巻、東京美術、一九六二年）、吉川英史『この人なり宮城道雄傳』（邦楽社、一九七九年）及び『宮城会会報』を中心に参照している。

5――『宮城社史宮城会史』（邦楽社、二〇〇五年）六―七頁。注2書）三〇―三四頁。

7――注3松本書、九九―一三二頁に、結婚によって、管の名字から宮城へ変わる経緯が説明されている。

8――大津隆文「「庶民」とは何か」(『ファイナンス：大蔵省公報＝The finance』八―七、一九七二年)。

9――『広辞苑』第六版(岩波書店、二〇〇八年)。

10――『日本国語大辞典』一一(小学館、一九七四年)。

11――『世界大百科事典』(平凡社、二〇〇七年)一二六頁。

12――大久保孝治「清水幾太郎における「庶民」のゆくえ」(『社会学年誌』四八、二〇〇七年)一〇八―一一二頁。

13――野川美恵子「1920-1950ニッポン空白の洋学史(6)雄弁な「空白の時代」――宮城道雄と新日本音楽」(『レコード芸術』五〇―六、音楽之友社、二〇〇一年)三四六頁。

14――宮城道雄『春の海』(ダヴィット社、一九五六年)六二―六八頁、及び『心の調べ』(河出書房新社、二〇〇六年)七〇―七三頁。

15――『宮城道雄全集』三(三笠書房、一九五七年)一九二―一九五頁。

16――吉川英史「現代邦楽の父宮城道雄に及ぼした洋楽の影響」(『武蔵野音楽大学研究紀要』六、武蔵野音楽大学研究部、一九七二年)二二五頁。

17――注4吉川書、二九八―三〇六頁。

18――倉田喜弘『日本レコード文化史』(東京書籍、一九七九年)一一〇―一一二頁。

19――中井孟「復刻版宮城道雄大全集の補遺編にていて」(『宮城会会報』一〇五、一九七五年)六六頁。

20――注4吉川書、二〇八―三〇六頁。

21――注18書、二五八頁。

22――注4吉川書、四一六頁。

23――《春の海》については、吉川英史『宮城道雄作品解説全書』(邦楽社、一九七九年)四二七―四三五頁、『宮城道雄全集』二(三笠書房、一九五七年)二四一―二四八頁もあわせて参照してもらいたい。

24――小野衛『宮城道雄の音楽』(音楽之友社、一九八七年)一七八―一八五頁。

25——『宮城道雄全集』一（三笠書房、一九五七年）二四二頁。

26——http://ja.wikipedia.org/wiki/%E7%84%A1%E7%B7%9A%E9%9B%BB%E4%BF%A1%E6%B3%95（二〇一五年四月九日確認）

27——山口正道「放送文化賞の賞状　その1」（『宮城会会報』一一九、一九八一年）六〇―六一頁。

28——注4吉川書、三六九―三七七頁。

29——https://www.nhk.or.jp/museum/event/210042701.html（二〇一四年一〇月一九日確認）。

30——佐藤卓己『現代メディア史』（岩波書店、二〇〇三年）一六五―一六九頁。

31——『戦争への道』（『少年少女日本の歴史』一九、小学館、一九八三年）八頁。

32——注31書、一一四―一一五頁。

33——注27論文、六二頁、注4吉川書、三七一―三七二頁。

34——宮城喜代子『箏一筋に』（文園社、二〇〇二年）五五頁。

35——「童曲」とは、児童の演奏または鑑賞を目的として作られた「童謡」とほぼ同じ意味合いを持つ曲で、明治・大正・昭和初期に作られた日本特有の箏曲である。宮城道雄は、「私の童曲及歌謡曲に就て」（一九二六年）で童曲について具体的に論じている。藤田節子『宮城道雄芸談』（文芸社、二〇〇八年）に全文が掲載されている。童曲に関しては、千葉潤之介『「作曲家」宮城道雄』（音楽之友社、一九九二年）一四二―一四六頁に詳しい。

36——宮城道雄は「お箏のおけいこ」放送講習会について、一九三二年（昭和七）一月に雑誌『三曲』に掲載している。これらの内容を藤田節子が『宮城道雄芸談』（注35書）にまとめている。

37——山口正道「放送文化賞の賞状　その2」（『宮城会会報』一二〇、一九八一年）三二―三八頁。

38——山口正道「宮城道雄と舞台音楽の仕事」（『宮城会会報』一二一、一九八一年）三七―四三頁。

39——日本映画データベースの「宮城道雄」http://www.jmdb.ne.jp/person/p0082210.htm（二〇一四年九月一二日確認）。

40——藤田注35書、二八三―二八四頁。

41——注37論文、三二頁。「放送文化賞」はＮＨＫが毎年放送記念日に、放送事業の発展と放送文化向上に功績のあった人に贈る賞で、一九四九年に制定された。

42――http://chrysler.co.jp/history/（二〇一四年八月二四日確認）。
43――宮城道雄傑作選『箏と人生』（Victor MUSIC BOOK、一九六一年）二一頁。
44――注34書、二四頁。
45――注4吉川書、六六八頁。
46――注24書、一四頁。
47――現在、宮城道雄に関する書籍に掲載されている曲を数えてみると、四二一曲に上っている。
48――吉川英史・上参郷祐康『宮城道雄作品解説全書』（邦楽社、一九七九年）四五一頁。
49――「新日本音楽」と命名したのは、朝鮮滞在中に出会った親友吉田晴風である。宮城道雄自身は、邦楽の伝統性に洋楽の要素を加え、誰もが楽しめる音楽を考え、作曲をしたのであり、それほどに、新しい挑戦への強い意思があるわけではなかった。
50――曲の解説は、注48書を参照のこと。
51――注48書、三八九頁。
52――「宮城社百周年記念（全国演奏会）」パンフレットに、曲の詳しい解説が掲載されている。
53――注34書、一二一―一二六頁。
54――注48書、二六六頁。
55――「宮城社百周年記念（全国演奏会）」パンフレット。
56――注4吉川書、六〇九頁。
57――注4吉川書、六二八―六三五頁。
58――Anne Elizabeth「宮城道雄――現代箏曲の父：その生涯、業績と革新、改革をなし得た環境」（富山朋美他訳『音楽文化教育学紀要』一八、広島大学教育学部、二〇〇六年）一三六頁。
59――注34書、一五頁。
60――注4吉川書、六〇九頁。
61――福田千絵「雑誌『三曲』にみられる十五年戦争期の邦楽演奏会」（『人文科学研究』一〇、二〇一四年三月）五七―六七頁は、当時の邦楽界がどのような活動をしていたのかについて、雑誌『三曲』を丹念にしらべ綿密な考察をしている。戦争・戦間期の邦楽界の全体像を把握することに眼目がおかれているため、宮城道雄に関する言及は、「委嘱による新作曲」の節での一ヶ所にとどまっている。

62――注34書、一四四―一四八頁。

63――注4吉川書、六一二頁。

64――宮城道雄『夢の姿』（那珂書店、一九四一年）三二三―三五〇頁。カセットテープ「夢の姿」上（『朗読・宮城道雄随筆集』七、アポロン社、一九九一年）では肉声で同講演を聞くことが出来る。

65――「県人の慰問」（『定本宮城道雄全集』下巻、東京美術、一九六二年）六三頁、及び『宮城道雄全集』一巻（三笠書房、一九五七年）二四九―二五二頁。

66――注34書、一四四頁。

67――http://binder.gozaru.jp/213-kinenjigyougaiyou.htm（二〇一五年四月一〇日確認）。

68――宮崎刀史紀「皇紀二千六百年記念芸術祭に関する一考察」（『演劇研究センター紀要〈演劇の総合的研究と演劇学の確立〉』I、二〇〇三年三月）にこの芸術祭について詳しく論じられている。https://dspace.wul.waseda.ac.jp/dspace/bitstream/2065/26748/1/033.pdf（二〇一五年四月一八日確認）。

69――注61福田論文や「芸術統制」についての法政大学大原社会問題研究所のウェブサイトを参照。http://oohara.mt.tama.hosei.ac.jp/rn/senji2/rnsenji2-194.html（二〇一五年三月一八日確認）。

70――注2書、二二四―二三三頁参照。

71――注4吉川書「飛行機と雷」六四〇―六五四頁。

72――『宮城道雄全集』一（三笠書房、一九五七年）収録の「雷鳴」に詳しく書かれている（二一六―二一八頁）。

73――山田耕筰『自伝　若き日の狂詩曲』（日本図書センター、一九九九年）。

74――中村洪介「山田耕筰の諸相――戦中・戦後の評価」（『音楽芸術』五三―八、一九九五年）。

75――『日本人の自伝19　横山大観・三宅克己・山田耕筰』（平凡社、一九八二年）。

76——後藤暢子『山田耕筰』（ミネルヴァ書房、二〇一四年）三九四—三九五頁。

77——秋岡陽「1920～50 ニッポン空白の洋楽史（1）山田耕筰——日本音楽史の鏡像」（『レコード芸術』五〇—一、音楽之友社、二〇〇一年）。

78——外山国彦「楽壇の大御所・山田耕筰」（『音楽之友』一〇—四、一九五二年）。

79——森脇佐喜子『山田耕筰さん、あなたたちに戦争責任はないのですか』（梨の木舎、一九九四年）、中曾根松衛「音楽界戦後50年の歩み＝人と事件の示唆するもの——第1回＝山根銀二vs山田耕筰〝戦犯論〟をめぐって」（『音楽現代』二六—八、一九九六年）、浅岡弘和「山田耕筰が戦犯だって?——東京文化会館三善晃の〝犯罪〟」（『正論』三四四、二〇〇一年）などが山田耕筰の戦争責任の有無について言及している。

Ⅰ 伝統文化／文学

半井桃水『胡砂吹く風』と「朝鮮」

大衆性の行方

全 美星

3

はじめに

半井桃水《なからいとうすい》『胡砂吹く風』は、一八九一年（明治二四）一〇月二日〜一八九二年（明治二五）四月八日まで『東京朝日新聞』に連載された（全一五〇回）。朝鮮を小説の舞台にし、日本人の父と朝鮮人の母を持つ人物が主人公である。先行研究は、作者半井桃水の朝鮮経験に着眼し、おそらく当時の新聞記者・文学者の中ではどの人物より朝鮮通で朝鮮語を流暢に話した点に注目する。そして『胡砂吹く風』に表れた桃水の朝鮮認識や政治的見解の分析を中心とする実証的で詳細な研究成果を挙げている。

本稿は『胡砂吹く風』の小説構造そのものに焦点を当て、考察していくこととする。まずは、新聞連載小説として人気を博し多くの読者獲得に成功した、*1 その大衆性の在処を考えることから始めたい。

一　実用性と娯楽性

『胡砂吹く風』本文には、当時の新聞小説に既に広まっていた「ふりがな」が施されていた上に平易な文体が用いられた。*2 読むに当たって敷居が高くなかった点がまず大衆性獲得につながったのは明らかであるが、内容等その他の側面からも考察していく。

明治二〇年代半ば、朝鮮に対する政界の関心はいよいよ高まるが、一般庶民にとってはまだ情報は少なくイメージも固定されていなかった。『胡砂吹く風』はこのような背景の中で発表され、当時の読者には非常に新鮮に受けとめられたであろう。新聞にしばしば登場する「朝鮮」という国の社会や文化の様子を垣間見ることができたからである。その日の連載の末尾にしばしば「附記す」と断った注が付き、朝鮮の社会制度から衣食住の生活文化や慣習まで、様々な分野にわたる補足説明がなされていた。さらに連載には大判の「挿絵」が掲載され、ビジュアル的にも理解を促した。桃水はこの挿絵に対してもこだわりを見せ、挿絵の典拠の写真や絵に言及したり、[*3]また挿絵に間違いがあったときはすぐに訂正するなど、情報伝達者として意識的であったことがうかがえる。さらに、小説本文でも、朝鮮の様々な地域が舞台として出てくる。南の梁山・釜山から始まり、漢陽（現在のソウル）[*4]はもちろんのこと、水原・広州など都の近郊から中部地方の忠清道、そして北は平壌に至るまで様々な地域が登場し名勝地の紹介もある。目新しい情報を提供するという実用性を有していたのである。

『胡砂吹く風』の人気の理由として、そのエンターテイメント性も見逃せない。主人公の林正元は優れた身体能力を有し、柔術・相撲の強者である。一方で機知や戦略にも長け、容姿まで秀でている人物、いわゆる武俠小説[*5]の主人公として造形されている。この完璧な主人公林正元が、身体的にも権力的にも力を持つ強敵と勝負する。敵は徹底的に悪玉であり、正元は絶対的な正義である。敵の奸計に嵌まり何度も危機に陥るが、最後は悪を成敗していく。悪を成敗する方式にもパターンがあり、例えば敵を倒して女性を救う、という型が挙げられよう。優れた人物が悪を極めた強敵と勝負し、最後は必ず勝利を収めるという勧善懲悪的な型を楽しませるところにも、大衆性を見て取ることができる。

連載小説、しかも長編小説であるためか（単行本だと『前編』『後編』合わせて七一八頁）、のちに展開させようとして書き込んだらしき人物やエピソードが、そのまま立ち消えになっていることもあるが、[*6]ジャンルが変化している点（詳細は後述）を考慮すると、構成の面でも最低限の相互関連性は確保されている。例えば林正元が山賊の山塞である霊鷲山に敢えて入っていく部分を例に挙げたい。第一部の山場であった仇討ちが終わり、恩人の娘である香蘭をも救った林正元は日本に一度帰国し、東京遊学そして西欧への留学を経て再度朝鮮へ入る。正元が朝鮮へ入国するのは自身の政治的信念を遂げたいという思いからなので、この山賊部分は蛇足であり直接漢陽へ行き日本党の人間たちとの交流から第二部を始める方が構成上整うように思える。わざわざ自ら進んで山賊の山塞へ入る理由も小説論理上で納得できるものは準備されておらず、違和感がある。それでもこの場面は、これからの新しい出会い（日本党）と共に、これまでの人間関係（劉守簿や青楊）が展開され、両者をつないでもいる。また、山賊退治という武侠小説的な盛り上がりを提供しつつ、小説内での存在意義も持ち合わせている。以上、確認したように『胡砂吹く風』の大衆性は、異国の情報の新鮮さ・有用さとともに、エンターテイメントとしての楽しさの二つの側面が合わさって獲得されていると言えよう。

さて、小説を読み進めていくと、突然、朝鮮における歴史的出来事の記述が頻出してくる。それまでも実際の出来事に言及することはあったが、政治レポートが延々と長く続くことはなかった。それが、朝鮮と朝鮮を巡る各国間の実際の政治状況が取り扱われるようになり、特に八八回以降は壬午軍乱（一八八二年）と甲申政変（一八八四年）という史実が中心になっている。この点に関しては「政治小説」化しているとほぼすべての先行研究が指摘する。この後、第九四回あたりからは、実在の政治家たち（名前は少し変更されている）の中に正元が登場し、政治に参加し、朝鮮の政治状況を変えていく。そして第九九回以降は武侠小説と政治小説が混交された形になる。これまで武侠小説の英雄だった正元像に、政治小説の才子佳人のイメージがさらに加わったと言えよう。[*7]正元の東京での勉学、西欧への留学経験、そして堪能な英語、国際政治に対する展望などが、人物像のイメージを変化させている。『胡砂吹く風』の実用的で娯楽的な大衆性は、朝鮮をめぐる政治や社会情勢を記す政治小説と、仇討ち・冒険・波瀾万丈な人生を追体験させる武俠小説という二つの型（或いはその二者の混交）で作られている。例えば草薙聡志は次のように記している。

朝鮮の近代を騒がせた事件の数々を平易に紹介し、通俗的朝鮮案内も兼ねさせている。ただし、物語の構造と人物配置の骨格は、これまでの桃水小説の作法どおりである。

（草薙聡志「半井桃水　小説記者の時代7　ヒーローは朝鮮を目指す」[*8]一五二頁）

「通俗的朝鮮案内」と「これまでの桃水小説の作法」が『胡砂吹く風』に同時に示されるという指摘である。では、この両者のバランスはどのようになっているだろうか。外国である朝鮮をどこまで意識させるかという点はなかなか難しいところであろう。意識させすぎると違和感や反感が物語の楽しみを阻害し、何も意識しないよう進行させると朝鮮が舞台である意味も新鮮さもなくなる。新聞小説である以上、小説の人気に直結する重要な問題であったはずだ。その兼ね合いを桃水は次のような方法で処理した。前述した附記や挿絵、或いは地名や人名、政治状況を通して朝鮮であることを読者に認識させつつも、草薙が指摘するように物語構造は「これまでの桃水の作法」を使い、朝鮮であることを意識させない、むしろ意識できないようにした。読者が小説内の冒険の世界に入った時、登場人物たちは、その世界における善玉悪玉と言ったような記号として読まれる。この人物は朝鮮人であり、そしてそのためこのような（特定の）行動をしている、などとは意識しない。過剰な異化が読み進める行為を妨害しないような造りになっている。

『胡砂吹く風』の中で、武俠小説的な部分でも政治小説的な部分でも或いは両者の混交でも、いずれの場合でも選択されなかった素材、男女間の恋愛についても簡単に言及しておきたい。林正元は女性に関して完全に無関心であり、宮中の女性たちに思慕の念や憧れの視線を向けられることをむしろ疎ましく感じる。その傾向は特定の関係がある女性、例えば妻になる香蘭や仮の関係ではあったが結婚まで取りざたされた青楊に対しても同様である。

彼の露韓密約の沙汰止みし頃より近畿各地に火賊起りて勢ひ頗る猖獗を極め烽燧山上に烟を絶たず。世間いとゞ物騒がしき中に五百一年の春を迎へしが正元ハ芳桂の願ひ黙止難く李嘉雄を始め春使令韓吉俊の奨めもあれバ遂に黄道吉日を選みて金香蘭とめでたくも結婚の式を挙げぬ

（『胡砂吹く風』第一〇〇回）

このように香蘭と正元との結婚は、正元らの政治活動の合間に前後に何の脈楽もなく突然ひとことで説明される。結婚までの経緯や結婚後の生活に関してもひとことも言及されない。ただ、芳桂（香蘭の母）の望みであり、李嘉雄たちのすすめがあったから結婚したとだけある。また、甲申政変後、日本党の同志として正元が追われる時も、一緒に逃げることが不可能であるなら一緒に死ぬ方がましだと泣きすがる香蘭を「私はまだ〳〵命が惜しい」と振り捨てている。必ず戻ってくるなどの常套句一つかけない人物である。青楊に対しても同様である。過酷な人生を送りながらも正元に対して一途な思いを抱き続ける青楊は、自身の命をもって正元の命を救う。しかも彼女は山賊から正元の母の形見を取り返してやり、暗殺の計画を事前に教えるなど、既に一度正元を危機から救っている。それにもかかわらず、自身の代わりに毒を飲み痙攣し吐血する青楊を、正元はその場で見捨てている。彼女を知らないふりをする必要があったとしても、家に帰ってから青ざめるだけとは、些か納得のできない

行動である。これは、信念を通す男を敬愛し、自身の気持ちに応えてもらえなくても一途に思う政治小説の女性たちの一つのパターンの踏襲と言えよう。『胡砂吹く風』における「女」の役割とは、敵の悪を表象し主人公の武侠的な強さを証明するための「弱い」存在であり、政治活動において手柄を立てたとき、例えば青楊が正元の代わりに毒を飲み、香蘭が山城まで密書を送り届けることができた時にのみ、烈女として辛うじて物語の主たる筋に加わることができる。

正元像から「恋愛」が完全に捨象されている点を指摘したが、興味深いことに、実は恋愛だけでなくその他の感情、例えば男同士の義理や恩人に対する親愛なども正元には見当たらない。感情はほぼ描かれず、信念のみで作られている。例えば、母の仇を取ったあと正元はあっさり日本へ帰国してしまう。恩人である金珠明に別れの挨拶どころか伝言もなく、気にはかけていたなどの記述すらない。また、唯一無二の同志であり、最初から最後まで自分を認め続けてくれた李嘉雄に対しても、友情などの感情は描かれない。恩には報い同志とは行動を共にするが、そこに「情」は一切挟まない人物、信念のみが具現化した人物、それが正元である。

二　ジャンルの混在が作り出すもの——史実とフィクションの未分化

『胡砂吹く風』には、ジャンルの共存という方法が用いられ、大衆性獲得に結びついていることを考察してきた。ところがこの共存は結果的に虚構と史実の混交を招いている点に注目したい。武侠小説に政治レポートが混ざり合う瞬間、問題が発生する。実際の政治状況にフィクションの林正元が参入し活動することで、虚実が入り交じり、言わば一つの新しい虚構の世界が構築される。そして、そこに貢献するものとして「附記す」の存在を挙げたい。前述したように、「附記す」は読者に朝鮮に関する情報を提供しているが、その情報性は、本文（附記ではない部分）に関してもその内容を事実だと思い込ませる装置になり、虚実をうやむやにする役割を担っている。同時代の新聞小説や、古今東西の歴史小説でも同様のことが言えるが、どこからどこまでが作り物かが分からない。史実が格段に多く記述される第八八回以降には、正元が政治に参加することで、史実はしばしば異なる内容に書き換えられている。虚構の人物である正元が参与したということにとどまらず、実在人物や実際の事件が改変されている。

具体例を挙げて確認したい。第一に『胡砂吹く風』では、「林正元」「国王」「国父君」は同志であり、ロシアを頼りとする腐敗した閔氏の「外戚党」を撲滅させ勝利する。ちなみに呼称・命名だが、大院君は「国父君」、閔氏一派は彼らが王妃側つまり外戚であることから「外戚党」と小説では呼ばれている。正元を中心に「国王」「国父君」の三者が同志となっているが、史実では甲申事変後、大院君は国王の高宗を退位させ長男の国王擁立を謀る等、高宗の実父であったが政敵でもあった。[*9] 同じ脈絡で、国王は王妃閔妃および閔氏一族と基本的には組んでおり、『胡砂吹く風』のように、三者が同志であることも、そして彼らが閔氏一派と敵対関係にあることも（大院君除く）、現実とは全く異なるあり得ない図式である。

第二に甲申政変と日本党を挙げたい。小説では「金松筠」（金玉均がモデル）や「朴貞孝」（朴泳孝がモデル）が甲申政変で事大党を倒すが、国王に対しては警備をしたと説明される。しかし、事実においては、金玉均や朴泳孝は国王に命の危害こそ加えなかったが、政権を転覆させ明らかにクーデターを起こしているのだ。国王を取り押さえることが重要であり、警備する等はあり得ない。結末部には、「金松筠」「朴貞孝」がクーデターの罪を涙ながらに懺悔し、国王が彼らを快く許す場面がある。正元のとりなしと強い推挙があったためであり、許された日本党の二人は閔氏打倒の最後の戦いに参加し、国王を守護する任務につくことができる。謀反を起こした主君のために戦う、そして主君は謀反の罪を赦すという非常に不自然な変更になっている。

史実と異なる点はこの他にも多々見受けられるが、これらから『胡砂吹く風』の史実の改変の方向性が明確になる。実存人物を明らかに彷彿させる命名をすることでリアリティを作り、その人物たちと共に正元が政治活動を繰り広げる。国王・国父君・そして日本党も、朝鮮の近代化と自主独立のため一致団結して外戚党と戦う。そしてそれは同盟国日本（正元）のリードによる。虚実混交の方法で創作されたフィクションの方向性は、正元の言葉を借りると「日清韓三国の一致協和」である。

三 「日清韓三国の一致協和」

正元の言う日清韓三国の一致協和を、当時の実際の政論と比較してみたい。

「……朝鮮公使の如きハ、親任官位の人物を持つて之に任じ、斯くして益々我国が朝鮮に意なきを示し、之を同時に窃かに支那に応援して、依然朝鮮を以て支那の保護国となさバ、一に我国の外患を除き内治に専らなるべくを得べく、二にハ以て益々支那と結託するの緒を開くの理にて、後来露英仏等が東洋に雄視せんとするを拒ぎ、東洋の命運をして愈々鞏固に西邦に相対峙して少しも譲らず、東洋の威武を海内に轟かすに至らん乎。」

このような、日清提携の為にはむしろ朝鮮に於いては、清国に一歩譲って日本は朝鮮に他意のないことを示し、日本政府内でも位の高い人物を朝鮮公使として送り込み、清国、朝鮮との外交に不手際のないようにすべきだ、という論である。

（上垣外憲一『ある明治人の朝鮮観――半井桃水と日朝関係』[*10]二六〇頁）

上垣外論は『胡砂吹く風』が連載中の『東京朝日新聞』に掲載された一八九二年（明治二五）三月八日付け社説を取り上げ、『胡砂吹く風』に表れた半井桃水の政治状況に対する認識と比較検討している。この社説に示されている、清との関係を重要視する点、また「朝鮮に意なきを示し」の語句などから、一見すると『胡砂吹く風』林正元の「日清韓三国の一致協和」との類似性を見て取ることはできるだろう。ところが、両者は一つ決定的に異なる点がある。それはほかでもない「野心なし」が向かう先である。

好く朝鮮を助くべきものハ特り好隣日本あるのみ、日本の朝鮮に野心なきことハ今や露も知り清も知り朝鮮自身も好く知れり

（『胡砂吹く風』第一一七回）

ここでの「野心」とは〈植民地化を目論む野心〉ということであろう。正元の「日清韓三国の一致協和」は朝鮮の独立自主を以て協和するということだが、朝日新聞社説の「意なき」は朝鮮をあきらめ清に渡すことで清と友好関係・同盟関係を築こうということである。よって正元の主張は「日清韓」三国の協和であるが、朝日新聞社説は「日清」両国の協和であり、朝鮮をあきらめ清と組む方が得策であることを主張する。それによって「内治に専らなる」ことができるとしている。この社説の考え方は、上垣外論が紹介するもう一つの反応と比較できる。

松方正義内閣は積極主義を標榜して、特に海軍関係の経費を拡張する形の予算案を明治二十四年の十一月に開かれた第二議会に提出したが、海軍関係の新規の軍艦建造費、また海軍所管の予算であった製鋼所の予算も議会によってすべて削られた。（中略）

この政府予算における軍事費の大拡張が、朝鮮半島を清国に対抗して制圧するに足る軍備を想定していたのだから、この予算を認めるか認めないかは、即ち日本が朝鮮半島に軍事的に進出するか、否かを決めることになる。

（上垣外、前掲書、二五六頁）

松方内閣の方針に反対し、予算審議において敢えて軍事予算を大きく削った議会判断には、実のところ様々な利害が絡んでいるのだろうが、とにかく、結論としては軍事費拡張より重要で差し迫った課題があるという判断であろう。議会は朝鮮の獲得をそれほど重要視していなかったと言える。朝鮮占有を優先しない点だけに関して言えば先の社説と同様である。

このような国会決議や新聞の主張を通して当時の朝鮮を巡る政論の多様性がうかがえるが、予算案を提出した松方内閣はじめ軍閥の反発の猛烈さからは、この時期、朝鮮への野心を明確に打ち出している勢力が確実に存在し、その傾向を増幅させていることが浮き彫りになる。『胡砂吹く風』連載終了から二年後の日清戦争そして日露戦争や植民地化という、やがてやってくる日朝関係を考えずとも、一つの方向性は明らかだ。既に、一八七六年（明治九）の江華島条約から、甲申政変と漢城条約（一八八四年）さらに天津条約（一八八五年）によって、それまでの清の優越権をなくし、朝鮮に対して清と同等の立場であると認めさせたことは、東アジアにおける日本の位相を相対的に上げたことを意味する。この流れは『胡砂吹く風』連載時期の一八九一、二年（明治二四、五）まで着々と進んできている。桃水はこれら史実を小説の素材として『胡砂吹く風』で取り扱っているので、当然よく知っていたはずだ。それにも拘らず小説では、「野心なし」であり、清だけでなく朝鮮を入れた三国の一致協和を主張する主人公が登場している。

林正元の「日清韓三国の一致協和」が実際の政治状況とは異なる点を指摘してきたが、実は、小説内の論理においても問題がある。そもそも、『胡砂吹く風』は野心のない一致協和に収斂される物語内容だったのかということだ。具体的に確認していきたい。まず一つ目に、正元自身が前半と後半で態度を大きく変えている点を挙げたい。小説では「私（筆者注――正元）が実父の朋友で私も大層お世話になった」という設定で西郷隆盛が言及されている。名前も一切変更されていない。西郷は日本に帰国した正元に学費を出し東京で学ばせる。

> 釜山でも、日本を「夷狄に制せら」れた国と侮る掲示があり、それが「頑民の所為」ではなく「政府の行文」と知った正元は、「此国の元気沮喪し、風俗の壊乱今日の甚だしきに至りては、寧ろ日本の兵威を借り一大洗滌を行うの外、他に成功の手段あるなし」と考え、「実父の朋友」西郷隆盛に書状を送る。これが征韓論の発端になったと、ほのめかしているわけだ。「戦争起る事もあらば我は日本の軍籍に入りて八道を捲席せん」と思い詰めた正元だったが（後略）
>
> （草薙聡志、前掲論、一三九頁）

草薙は、正元が征伐の対象として朝鮮を捉えた場面を指摘する。日本による朝鮮内政への干渉に対して朝鮮人だけでなく朝鮮政府も日本を誹謗するに及び、正元は、朝鮮を日本が征伐すべき対象と捉え、戦争があれば日本軍として参加すると言っている。これは「日清韓三国の一致協和」主張とはかなり距離がある。

小説内論理的に矛盾している点はこの他にもある。それは「清」の形象である。『胡砂吹く風』には朝鮮に対する批判や非難のみならず、清に対する否定的な表現も多数存在している。そしてその多くは正元によって発せられる言葉、もしくは心内語である。侮蔑語のレベルから社会や国の政策に至るまで様々であるが、最も顕著なのは前近代性と国際情勢に対する無知という批判である。ところが、小説の結末部では突然、同盟国・同志になっており、小説内で清は〈非難の対象〉から〈同志〉までの振幅を示す。前半部に比べ後半部、特に甲申政変が終わったあたりから、清に対する言及は少なくなり、よって批判の数も減っている。それでも、結末における以下の記述は唐突な感が否めない。

数日の後露国軍隊ハ外戚党救援の為当国に入らんとせしが陸地ハ北関に於て支那兵に支へられ海浜ハ三港とも日本艦隊の旗影を望み威を逞する能ハずして何れも引退きしとなん。

（『胡砂吹く風』第一五〇回）

今まで日本が朝鮮に野心を持っていると思われたのは誤解であり、その誤解が解けたために、東洋の協力を通して西洋に対抗する同志になったと、「清」は突然同盟国として規定される。この取って付けたような〈同盟国〉には大きな違和感が残るばかりである。

以上確認してきたように、最終回において「日清韓三国の一致協和」は今後の方向性・信念として提示されているが、あまりの豹変であるため小説内に矛盾が生じ、小説全編における一貫性は著しく損なわれている。一種のスローガンとして出ている感がある。

唐突で矛盾しているような違和感が正元の「日清韓三国の一致協和」にある一方で、この小説で全くぶれずに一貫して描き続けられた点に注目したい。そしてそれは今まで考察してきた結末の日清韓協和主張につながってくる。『胡砂吹く風』でぶれずに一貫して描かれているのは、閔氏外戚党と鄭兄弟のあくどさである。完全な悪玉として造形され、前述したように権力的にも戦略的にもなかなかの強敵である。小説では「外戚党」と呼ばれている閔氏一派は、史実では甲申政変までは事大党と呼ばれ親清政策を取っていた。政変後は清と日本の関係に緊張感を感じ親露政策に舵を切っている。ところが、『胡砂吹く風』において、清に依存する「事大党」とは、「頼りに斥和」ばかり主張する頑迷で古い思考の「頑固党」なのであって、彼らが後に親露政策を取った「外戚党」つまり閔氏一派と同一であることは捨象される。閔氏外戚勢力の様々な側面と変遷は作品では取り扱わないのである。また、小説では閔氏一派の人物を複数出さず、ただ一人「閔泳信」だけを登場させ閔氏一族の代表とさせている。これらには閔氏一派造形に対する単純化の手法が確認できる。その例をさらにもう一つ挙げたい。

朝鮮とロシアが密約を結ぶべく交渉が進んでいるときに、それを成立する寸前で阻止したのは、『胡砂吹く風』では国父君が清の袁世凱に伝え、一方で正元が各国公使の世論を作るなど、二人の努力となっている。しかし、実際に袁世凱に密告したのは閔氏一族である閔泳翊である。ロシア接近政策をとってはいたが、この密約に対しては否定的だった[*11]。同じ派閥でも政策を巡って決定的に異なる見解や利害があってのことだと推測されるが、『胡砂吹く風』では前述した虚実混交の方法で、朝鮮とロシア密約を書き込みつつも内容を変更させている。そして実はこの点は『胡砂吹く風』の根本的なテーマに関わる。小説によって単純化された閔氏「外戚党」は、正元たち〈正義〉にとっては許せない〈悪〉そのものである。そしてその〈悪〉である外戚党はロシアと組んでいる。つまり外戚党＝悪、外戚党＝ロシア、よってロシア＝悪という図式が書き込まれているのである。この図式を阻害する事実は全て削除する。守旧派・事大党と呼ばれ親清政策をかつては取っていた事実や、ロシアとの関係に疑問を持つ人物が出てきたなどの複雑な状況や変遷を不要なものとして全て削除し、シンプルな悪玉イメージを創作していったわけである。

〈悪〉である閔氏は、結末部においてついに正元らによって成敗される。閔氏がロシアに重なる時、この小説が目指す真の勧善懲悪が明らかになる。それは、悪であるロシアから朝鮮を救う、すなわち日本によるロシア成敗というものであろう。そして閔氏が〈悪〉であることは『胡砂吹く風』に閔氏が出てきて以来、少しもぶれることなく一貫して明快に描かれているのである。この一貫性は、正元の「日清韓三国の一致協和」主張が唐突な点と比較される。林正元が声高に唱える「日清韓三国の一致協和」とは、日本は朝鮮に対し「野心」はないという、一見、現実の日本の戦略とは異なるファンタジー・理想論に見える。ところが、物語で一貫して明確に描かれているのは、ロシアを悪玉に重ねることで獲得しているロシア牽制の必要性である。つまり小説のテーマは根本的には同時代の政治の流れと合致するのである。ロシアは日本の脅威であり、ロシアが朝鮮と組むことは何としても阻止しなければならないという同時代の国際政治観である。「日清韓三国の一致協和」における日清韓の協力は、それ自体が目標ではなく、ロシアを牽制できる一つの具体的な方法として提示されている。そのため、小説内論理の矛盾や違和感が現れているのだ。

四　「朝鮮」という素材の行方

朝鮮という素材の扱い方に関連して、林正元が日本人の父、朝鮮人の母を持つダブルであるという設定について言及したい。正元はダブルであるが「日本人」という確固たるアイデンティティを有する。

如何せん身ハ日本の民籍にありて私に他国の官を拝し位を得んこと堅く国憲の許さゞる所さりとて素性を打明さバ将来事を為すに当り幾多障碍を生ぜん事疑ひあらじ。

（『胡砂吹く風』第一〇六回）

正元にとって、朝鮮は「他国」であり、「素性」は「日本の民籍」つまり日本人である。母は朝鮮人だが自分は日本人だということであろう。朝鮮人の血が流れていると意識する、そしてそれが何らかの行動の理由につながることは皆無である。留学後、朝鮮行きを選んだのも政治的判断からであって、出自とは無関係である。ダブルという設定が機能する点は、正元が朝鮮語をネイティブ同様に話し朝鮮人の「フリ」をして政治活動できること、朝鮮の情勢に詳しいということにとどまっている。朝鮮の政治を改革する主体が〈日本人〉ではなく、〈日本人でも朝鮮人でもある人物〉となれば、それこそ「野心」のない日清韓協和を明確に打ち出せるはずである。しかし、正元は客観的には〈日本人でも朝鮮人でもある人物〉でありながら、自意識としては〈日本人〉であるので、日清韓三国の一致協和に〈朝鮮人でもある〉というプラスアルファの貢献はできない。朝鮮という素材を扱い日清韓の協和をうたうが、それが本質的なテーマではないことの傍証であると言えよう。

さらに、日清韓三国の一致協和が『胡砂吹く風』の根本的なテーマになり得なかったわけをもう一点指摘したい。先走って言うと、それはこの小説が本質的に林正元一人の物語であるという点だ。正元、日本党の李嘉雄、国父君、朝鮮国王は『胡砂吹く風』における朝鮮政治改革の主たる同志として設定されている。ところが、この登場人物たちの政治改革における存在感が希薄なのである。正元が大活躍しているときに、例えば李嘉雄が改革や閔氏打倒のために何をしているかは語られないし、語られたとしても分量は非常に少なく、そして瑣末な内容のみである。閔氏一族を憎む国父君は、話題が閔氏に及ぶと激怒で尋常ではいられない「病」が先立ち、政界で主張したり実践する内容は正元の忠告や指南そのままである。そして、朝鮮国王の描き方も同様である。一言で言うと国王はあまりにも非力に造形されている。外戚党に言われるがままされるがままで、右腕とみなしている正元への攻撃を閔氏に上奏されれば許可し、臣下による謀反計画を知っていても悲しみに涙を流すだけである。判断は正しくとも実行できる力は全くない。改革において正元と同等のリーダーシップを有し、その二人が協力する設定であれば日韓協和という主張は説得力を持つものになったはずだ。しかし朝鮮の政治改革は、ひとり正元の指揮と実践（戦争に勝ち政敵を成敗する）によるものである。正元のリードが絶対的であっても、仮に、他の改革派の同志たちとの連帯が前面に出されていたならば、小説全体のイメージも変化し日清韓三国の一致協和がテーマとして浮き彫りになっただろうが、『胡砂吹く風』はそのような物語にはなっていない。どちらかと言えば同志たちは正元を認め親愛と義理を示すが、前述したように正元像には仲間意識を含め感情表現全般が極度に捨象されている。英雄としての正元を浮上させるためには、他の人物を圧倒する有能さが必要であり、突出していなければならない。朝鮮で活動しながらも朝鮮の人々と心を分け合うこと等、真の意味での日朝協和はなく、彼らの関係は近代─前近代、優─劣、指導─追従でしかなかったのである。

さて、小説の題名である『胡砂吹く風』だが、辞書を引くと「胡砂」は「胡沙」とも書き、「モンゴル地方の砂漠」「中国、塞外（筆者注──万里の長城外）の胡国の砂漠。また、その砂塵」という意味である。朝鮮を舞台にしているにもかかわらず、風は中国大陸で吹いている。「胡」は中国の奥までイメージさせ、小説は読者を一気に大陸まで連れて行く。後年の対外政策まで正確に見通しての命名ではないかもしれないが、桃水の意図はさておき、この題名は、日本が朝鮮のみならず中国大陸まで手を伸ばしているイメージを喚起させる。『胡砂吹く風』のテーマはロシア牽制、そして世界へ拡張していく日本である。小説における朝鮮という舞台の意味は、〈前近代的〉な国の改革を成功させたことで、日本が世界へ拡張していくことができる能力を確認した場所というところに帰着してしまったのである。

おわりに――『胡砂吹く風』の明治的な立身出世

本稿の前半において『胡砂吹く風』の大衆性について、実用性と娯楽性を兼ね備えた点、また物語内容を規制する点などを論じたが、ここで大衆性獲得のもう一つの要因として、この小説が単に勧善懲悪にとどまらず、立身出世物語である点を指摘したい。里子に出された正元だったが、自らの才と努力によって戊辰戦争で功をたて、東京や西洋に留学した。朝鮮に再度渡ったときは李嘉雄に会うことすらできない立場であったが、その政治的信念と機略を認められ交際を許されたと思いきや、あっという間に李嘉雄の政治的ブレインになり、さらには国父君の信頼を得、ついには国王の右腕にまでなっている。対馬の漁師に里子として育てられた人物が、自分自身の力で最終的に国王の最高顧問にまで上り詰めるという痛快な立身出世である。帝国大学卒から官僚になる、あるいは事業を通して大資産家になるなどとは異なる、明治のもう一つの出世の型である。この型の特徴は、戦争との関連である。正元の出世は戊辰戦争から始まり小説の結末で閔氏に勝つまで、征討・戦功によるものである。そしてこのタイプの立身出世は、小説連載終了二年後の日清戦争、そしてその一〇年後の日露戦争において、庶民兵士が出征を通して英雄になるという出世のパターンにつながるものと言えよう。[*12] 徴兵制が施行され、国民は兵士として訓練、軍隊を経験しはじめていた。このような社会状況で、戦いを通した出世というものがより身近で具体的な好奇心を抱かせる一要因となった点を確認しておきたい。

1――塚田満江『半井桃水研究　全』（黒田しのぶ、丸の内出版〔発売〕、一九八六年）一四八頁。

2――土屋礼子『大衆紙の源流――明治期小新聞の研究』（世界思想社、二〇〇二年）、特に「第三章　小新聞の文体と言語空間」を参照されたい。

3――「胡砂吹く風（はしがき）桃水痴史」とし、一八九一年（明治二四）一〇月一日付け『東京朝日新聞』に掲載される。その終盤に「記者桃水画に疎く画師年英実地を知らず唯韓人の写真数葉を得之と小池正直氏の雞林医事（非売品）鈴木信仁氏の朝鮮紀聞等に画く所の衣冠器具を参看して毎回の挿画を作る故に往々実際と違ふ事もあるべし」と挿絵の典拠が明記される。草薙聡志「半井桃水　小説記者の時代7　ヒーローは朝鮮を目指す」（『朝日総研リポート』一八五、二〇〇五年一〇月）には、この「はしがき」の分析がある。なお、「はしがき」にも挿絵が掲載され、朝鮮王朝の殿上人入闕時の装束姿が描かれている。異文化を伝えることにおいて視覚的情報の有効性に桃水が意識的であったことが示される。

4――『胡砂吹く風』では朝鮮時代の首都「漢陽」を、「漢陽」「京城」の両方で呼び、後半では後者の方が頻出するが、本稿では「漢陽」で表記する。また「朝鮮人」「韓人」についても両方を用いているが、「朝鮮人」で統一する。

5――仇討ち、戦い、波瀾万丈な人生と非現実的な能力などを扱った作品、例えば『水滸伝』や『南総里見八犬伝』等を念頭においている。全円子「半井桃水の政治小説の意義」（『韓日軍事文化研究』九、二〇一〇年）などの先行研究では、既にこれらの小説との類似点を挙げ、「伝奇小説」的だと指摘している。本稿では戦いと成敗のイメージが強い「武俠小説」という名称を用いることとする。

6――例えば、春使令の弟が金珠明を襲った人物であるというエピソードや、日本の武官の栗本、撃たれた正元を介抱してくれた外国人、幼い正元の面倒を見てくれた小島等の登場人物は、その後の物語の展開には関わらない。

7――先行研究でも『胡砂吹く風』をいくつかに区分しているが、本稿では、第一回〜第五〇回、第五一回〜第八七回、第八八回

〜第一五〇回に区分し、それぞれ第一部、第二部、第三部とした。

8——草薙、注3論文。

9——한국사사전편찬회편『한국근현대사사전 一八六〇〜一九九〇』(가람기획、一九九〇)。日本語で表記すると以下になる。韓国史事典編纂会編『韓国近現代史事典 一八六〇〜一九九〇』(カラム企画、一九九〇年)。

10——上垣外憲一『ある明治人の朝鮮観——半井桃水と日朝関係』(筑摩書房、一九九六年)。

11——注9書。

12——庶民勇士と出世に関しては拙論「転倒された軍国美談——広津柳浪「七騎落」論」(『日本研究』四四、二〇一一年九月)を参照されたい。

*——引用にあたり旧字体は新字体に改めた。

*——『胡砂吹く風』の引用は次の通りである。
半井桃水『胡砂吹く風・前編』(今古堂、一八九三年一月)、『胡砂吹く風・後編』(今古堂、一八九三年二月)

Ⅱ　表象／アニメ

Ⅱ　表象／アニメ

東京オリンピックプレ・イベントとしての赤と白の色彩

エンブレムとブレザーが喚起したナショナリズム

竹内幸絵

4

はじめに

戦争はすんだ、戦争中のことはわすれてしまいたい、けれど、私たちは自分が日本人であることも、いっしょにわすれてしまわなかったでしょうか?

七つの海をゆく商船隊も復活し、来年のヘルシンキ・オリンピック大会には、日本も加わることができるようになりました。マストに高く潮風を切り、北欧の空たかく、君ヶ代のしらべにつれてひるがえる日の丸を、おもいうかべてみましょう。みなさん、もう一度、日の丸の旗をみつめ直し私たちの心の旗にいたしましょう。*1

『少女世界』一九五一年二月号に掲載された「街に日の丸」という記事である。『少女世界』は少女小説や着物や洋服のスタイル集が掲載された一〇代の少女向け雑誌。この記事には戦争への拒否感がそのまま「日の丸」への忌避感につながっていた、敗戦後のごく普通の大衆の意識が映されているといえよう。そして同時に、対日平和条約が調印される直前の一九五一年の年初という時期に、もう一度「日の丸」への愛着を呼び戻そうとするメディアの意識も映している。

この年の九月、サンフランシスコ講和会議での平和条約締結を記念し、キングレコードは「日の丸音頭」を売り出した。他にも「講和音頭」「平和おどり」といった曲がテイチクなどから発売され、街には独立国として再出発する喜びが広がっていた。しかし『少女世界』を見る限りは、だからといってかつてのように「日の丸」の意匠をここちよく感じ、掲揚しようという機運はおきてはいなかったように思える。

平和条約は一九五二年四月二八日に発効され、日本は連合軍の占領下から独立する。『少女世界』の記事にあるヘルシンキ・オリンピックへの参加をはたした同年五月九日、東京都知事安井誠一郎は、第一七回オリンピックの招致を表明する。第一七回はローマに決まったが、東京は次回の招致をめざし、一九五九年五月二六日、IOCミュンヘン総会において一八回大会は東京と決定するのだ。

決定の翌年一九六〇年二月、オリンピック東京大会のための「デザイン懇談会」が発足し、六月にこの会議でオリンピック東京大会のエンブレムが決定された。これが亀倉雄策の手による、誰の目にも「日の丸」を喚起し、赤と白のナショナル・カラーを強く印象付けるデザインだった［図①］。「もう一度、日の丸の旗をみつめ直し私たちの心の旗に」と書かれた一九五一年から九年後のことである。

日本人はこの九年の間に「日の丸」の戦争イメージを払拭したのだろうか。あるいは亀倉のエンブレムが、大衆に「日の丸」そして「赤と白の色彩」に対するナショナル・アイデンティティを復活させるきっかけとなったのだろうか。

本論では、敗戦後の日本人のナショナリズムの復興を、日の丸と、これに由来する赤と白のデザインに対する社会と人の反応とを辿りながら追ってみたい。一九六四年のオリンピックがそこでひとつの区切りだったことは間違いないが、では敗戦からオリンピックまでの間、日本

図①　東京オリンピックエンブレム原画（亀倉雄策、1960年6月、『東京オリンピック1964デザインプロジェクト』展図録、東京国立近代美術館、2013年）

人は日の丸と赤と白の色彩にどのように対峙していったのだろうか。日の丸と東京大会エンブレムのデザインやそれを想起する赤と白の色彩は、いかなるタイミングで、どのような場面で人々に受け入れられたのだろうか。

一　占領期から一九五〇年代の「日の丸」への意識

ＧＨＱの占領政策は当初日の丸の掲揚を許可制とし、自由な掲揚を禁止した。稲田健二の手記によれば、それは次のような事態であった。「（筆者注――一九四五年の）九月二十三日の「秋季皇霊祭」には国旗を掲揚しなかった。当時は、祝日、祭日及び記念日にはすべての家庭が日の丸の旗を掲揚したものであったが、それが禁止され、一軒の例外もなくすべての家が掲揚しなかった。それは見事な変身であり、戦争に負け占領されるということは、こういうことか、と子供心にも実感したものである。今風に言えば具体的であるだけに、日本人としてのアイデンティティを崩壊させるためには非常に有効な占領政策の一つであった」[*2]。このように、敗戦直後の日本人にとって「日の丸」は、ナショナル・アイデンティティの崩壊を象徴する存在であった。それからおよそ四年後の占領期終了直前、一九四九年一月一日にＧＨＱは政策を転換し、「国旗の無制限掲揚許可に関する総司令部覚書」を公表。日本国民は自由に「日の丸」を掲げられるようになった。しかし国民の反応は、次のようなものだった。

総司令部の無制限使用許可にもかかわらず国民祝日「成人の日」にも街にひるがえつた国旗のりょう〳〵たるもの　そこをねらつての売り出しと見えたが（中略）山と積まれた日の丸を前に旗屋さんは「まだ一本も

出ません」と長太息

（「売れぬ日の丸」『日本経済新聞』一九四九年一月一八日）

国旗をださないわけは―「近所で出さないから自分だけだすのがなんとなくおかしいし、また面倒でもある」（中略）「国旗を出すと世間から軍国主義者のように思われるから出さない」（中略）「敗戦後国旗など魅力がなくなつた」「息子が抑留から開放されるまでは国旗を見るのもいやで…」（中略）「だれも国旗を出せといつてこないし、ださなくともだれからも文句が来ないから」

（「日の丸」への関心　旗持たぬ二七%　持ってても四割は掲げない」『朝日新聞』一九五〇年二月二七日）

これは「日の丸」への関心を聞いた朝日新聞の全国世論調査[*3]に回答された「国旗を出さない理由」である。この記事は日の丸を掲揚する割合については、以下のようにまとめている。

「日の丸」を持つているると答えた人だけにこの点を聞いてみた「出さない」ときつぱりしているのが四三%、「出したり出さなかつたり」が二七%、「出す」のが三〇%となつている（中略）国旗を持つていながら出さないものと、国旗を持たずにださないものとを合せると五九%となる、さらに「出したり出さなかつたり」するものもいるので、七、八割は掲揚していない結果となる。

こうした記事と冒頭の『少女世界』を合わせ見ると、一九五〇年代前半の大衆にとってまだ「日の丸」が、軍国主義を想起する歓迎されない意匠であったことがうかがわれる。この時点で街にたくさんの「日の丸」がひるがえることはなかったのだ。さらにそれから数年後の一九五八年になっても、一般雑誌の記事には以下のような記述が散見される。

反対論の中には「日の丸や君が代が戦争中のよごれた歴史を思い出す」というのがあります。バカバカしいと思う人がいるかも知れませんが、夫や子供を戦争で失った人の中には心からよろこべない人もいる、という事実だけは注意したいことです。[*4]

軍国主義、国粋主義、侵略主義のシンボルともなったわれわれの「日の丸」国旗は御免だという声もきく。これまたもっとも至極である。戦中戦後に生れた人間は別として「日の丸」を見てあの戦争の悲惨さを思い出さないものはあるまい。[*5]

掲載されたのは『主婦と生活』『週刊サンケイ』、いずれも一九五八年である。この時期に道徳教育が再開され、文部省が小中学校の儀式に日の丸・国旗掲揚推奨と発言したことでこのような議論がおきているのだが、議論を辿ると日の丸=軍国主義という印象が払拭されず、抵抗感も消えていない状況が見て取れる。つまり占領期が終わっておよそ一〇年が経過した一九五八年になっても、大衆には日の丸=軍国主義という印象が残り続けていた。「日の丸」の意匠を一般の人々が手放しで日本の象徴、シンボルと了解するには、まだ大きな隔たりがあったのである。

二　東京オリンピック・プレ広告と大衆意識の盛り上がり

1　オリンピック東京大会エンブレムの決定とその後

さて『週刊サンケイ』に「（日の丸は）侵略主義のシンボル」と書かれたのが一九五八年一〇月。先に記したとおりその一年半後の一九六〇年六月、東京オリンピックのエンブレムに「日の丸」を想起するデザインが選出された。亀倉雄策の手による極めてモダンなこのデザインは、はたしてこの時点で大衆に受け入れられたのだろうか。第一号ポスターとしても印刷されたエンブレムのデザインは、その後どのような場面で大衆の目に触れていくのだろうか。[*6]

オリンピック終了後一九六六年に作成されたオリンピック組織委員会の事後報告書は、このデザインについて、「とくに日本の国旗の簡潔と力強いデザインは、第一号のポスターによって再認識されたといわれている。大会までに一〇万部を作製配布した」と書いている。また第一号ポスターは「各都道府県、市、体育協会、公共建物のほか新聞、貿易、観光、商社、銀行など」[*7]の公共施設に配布されたともあり、おそらく大会以前にこうした施設において貼られ、大衆の目に触れていたのだろう。しかしそれらは実際に一九六〇年の時点で「オリンピック東京大会のシンボル」として大衆の記憶に刻まれたのだろうか。人々はこの時点で亀倉の「日本の国旗の簡潔と力強いデザイン」を見て、そこにナショナル・アイデンティティの復活を感じたのだろうか。

ところで誰の目からも日の丸のイメージであるこのデザインについて、亀倉自身は「これは日の丸と考えてもいいが、本当は太陽という意識の方が強いのである」[*8]という、なんともあいまいな発言を残している。亀倉の歯切れの悪さには、はっきりと日の丸と言い切ることが出来なかった当時の「日の丸」忌避の空気が感じられる。この文章の前後には、オリンピック一号ポスターに対して右翼団体からオリンピック組織委員会に、国旗の冒瀆との抗議がよせられたというエピソードも書かれており、一九六〇年時点での「日の丸」の微妙な立ち位置を物語っている。

さて、少し時期を飛ばして、エンブレム制定から三年後、一九六三年一二月時点の状況に目をやってみよう。オリンピック開催まで一年を切ったこの時期に、広告・宣伝の専門家である電通プランニングセンター主幹という役職にあった小谷正一という人物が、座談会で以下のように発言している。話題の中心は「五輪《オリンピック》マーク」をどのようにすれば広告に使うことが出来るか、である。

> オリンピック・マークというものは、インターナショナルなものであって（中略）よごしたり権威をそこねたりすることは、これは広告界としても十分慎まなきゃいかんし、その覚悟は持っていると思うんです。ところが現実にオリンピックをテーマにした広告活動となると、どうしても標章を入れたくなる。いっそ標章は全面的に商業活動に使っちゃいかんということが決まっておれば、使う人はいないと思うんです。（中略）東京オリンピックに協力してムードを盛り上げる意思表示に、なにか東京オリンピックのそうしたシンボルとして、たとえばそれが花であってもいいし、なんでもいい、協賛マークさえあれば、それをみんな使うと思う。[*9]

これに対し、オリンピック東京大会組織委員会事務局参事の役職にあった松沢一鶴がこう答えている。

東京大会のなにか別の標章があって、もっと気楽に使えるものは、ないかというような意味のお話ですが、オリンピック東京大会のための標章はできています。（中略）すでに三年前に、できたものがあります。つまり、日の丸が上について、下にオリンピックのマークと、ＴＯＫＹＯ、一九六四年の入ったものです。ポスターにもなりましたが、それ自身が東京大会の紋章なんです。*10

驚くことに、電通に所属するいわば広告専門家の代表である人物が、開催前年の一二月という時期に、亀倉のエンブレムを東京オリンピックのシンボルマークとして認識していないのである。この会話はこの時点でのエンブレムの浸透度合いの低さを物語っている。エンブレムがポスター以外の広告物で協賛マークとして使われることはなかったし、街を飾る機会もそう多くはなかったのだろう。*11 対談に付録されたオリンピック関連の街頭のネオンサインの事例にも「五輪《オリンピック》マーク」のみが使われ、東京大会のエンブレムは使われていない［図②］。

図②　ネオンサインの事例（『宣伝会議』10-12、1963年12月号）

2　一九六三年、前年の低調なオリンピック・ムード

では一九六三年時点で大衆のオリンピックへの意識はどのようなものだったのだろうか。オリンピックの成功を知る私たちには意外だが、この年の年初の新聞各紙は一様に、国民のオリンピック・ムードの低調を問題視した記事を掲載している。

あと二十一か月、オリンピック関係者の目は血走りかけている。（中略）第一の問題点は、関係者まかせの国民の無関心である。（中略）世間の圧力の欠如、一般の無関心を証明している。いまのうちはポスターでも貼ってお茶をにごしておいて（中略）というような、一部のオリンピック関係者の考え方になんらかの是正が必要であろう。昨年の暮れ、話題にされたオリンピック関係工事の進行率のおくれよりも、問題は国民の側の受けとり方により多く存在している[*12]

新会長の就任に際して忘れてならないことは、オリンピック・ムードの盛上げと日本選手団の強化であろう。大会開催が決定してから、低調といわれてきた国民一般のオリンピックに対する関心は、大会を明年に控えているにもかかわらず一向に盛上りを見せていない。（中略）いわゆるオリンピック・ムードの高揚は、新会長の最大の任務である[*13]

こうした状況に危機感を抱いた政府は、一九六三年二月一七日、総理府に、オリンピック機運を盛り上げるた

めの国民運動「オリンピック国民運動推進連絡会議」を設置する。この運動の目的には「オリンピック精神の涵養」とともに「国旗・国家の尊重と日本人の品位の保持」があげられた。「国旗」はわざわざ「尊重」を、と指示される存在だったのだ。

毎日新聞は六月一九日の社説で、施設や道路の整備も急務だが「それにもまして、国民が東京大会の意義を十分に理解し、この大会に積極的に協力する意思と態度を養成することが必要である。（中略）政府が今度、〝オリンピック国民運動推進連絡会議〟を総理府に設置したのも、こうした見地に立つもの」と書いている。[*14]六月時点でもまだ大衆は醒めた状態にあり、なんとか「大会に積極的に協力する意思と態度を養成」しなければと憂いをもたれる状況だったのだ。

同会議の旗振りで一九六三年後半には様々なオリンピック・プレ・イベントが行われ、オリンピック関連の制作物も作られた。募金シール、切手、メダル、タバコ、ワッペン、絵葉書などだ。このうち、エンブレムがあしらわれたのは、ポスター縮刷版の絵葉書とタバコ（ＰＥＡＣＥ）パッケージ、ワッペンなどに限定される。[*15]数多いとまでは言えない露出度だった。

3　東京オリンピック当年——大衆の盛り上がりと日の丸

いよいよオリンピック当年となった一九六四年、大衆のオリンピックへの期待感は変わっていったのだろうか。エンブレムは拡散していったのだろうか。

大衆のオリンピックへの関心について、ＮＨＫ放送世論調査所が一九六四年の六月、開催直前、開催中、開催後とアンケート調査を行い、これらを総括した報告書を一九六七年に発行している。報告書は人々の事前の関心について、「結論的にいえば、最後まで国民の目標として、オリンピックが人びとのなかに明確な形をとることはなかった。「オリンピックは結構だがわたしには別になんの関係もない」という質問に賛成した人は、三九年（筆者注――昭和三九年＝一九六四年）六月でも四七％いた[*16]」と結論付けている。

同じ六月の調査で「こんどのオリンピックは、日本の復興と実力を諸外国に示すうえで大きな意味をもつ」には九一・九％、「オリンピックの開催国になることは、その国にとって最大の名誉である」には八五％が賛成しているので、この調査所の結論はやや一方的であるようにも思う。だが「近頃どんなことにいちばん関心をもっているか」と尋ねた際に、オリンピックは東京在住者でも二・二％という低さであったことを見れば、確かに六月時点での大衆の意識は、わがこととしてオリンピックをとらえるまでには至っていなかったし、期待感も注目度もそう高くはなかったといえるだろう。

一方、一九六四年四月二八日、日本オリンピック委員会オリンピック標章委員会は「オリンピック東京大会マーク使用歓迎装飾媒体物のデザイン基準」を制定している。これには東京大会エンブレム入り装飾物のデザイン基準が細かく規定され〔図③〕、「基準による範囲内で使用する場合に限り承認を要しない[*17]」という思い切った施策が表明された[*18]。これは前の節で触れた一九六三年一二月時点での、専門家である広告業界人でさえエンブレムの存在を認識していないという状況を打開する策だったのだろう。

しかし私たちが注目すべきなのは、同基準が、これらの東京大会エンブレムを使った装飾物の「使用を許される期間は十月一日から十月二十五日までの間」とした点だ。デザイン基準は四月発行だったが、これは装飾物を制作販売しようとする業者に向けてあらかじめ制定するという意図があったからで、出来たものを街の装飾に使うのは一〇月からに制限された。九月一日発行の『商業界』には以下の記述があるので、このルールはある程度守られたようだ。

オリンピックの装飾は参加者や外来者を歓迎するのが目的であるから、余り早くからこれを行うのは好ましくない。主催者側では十月一日から（終りは同月二十五日）一斉に行うよう望んでいるので、これに協力すべきである。[*19]

とはいえ『商業界』には亀倉のポスターを背景に飾った百貨店や銀行内装飾の写真が掲載されており〔図④〕、

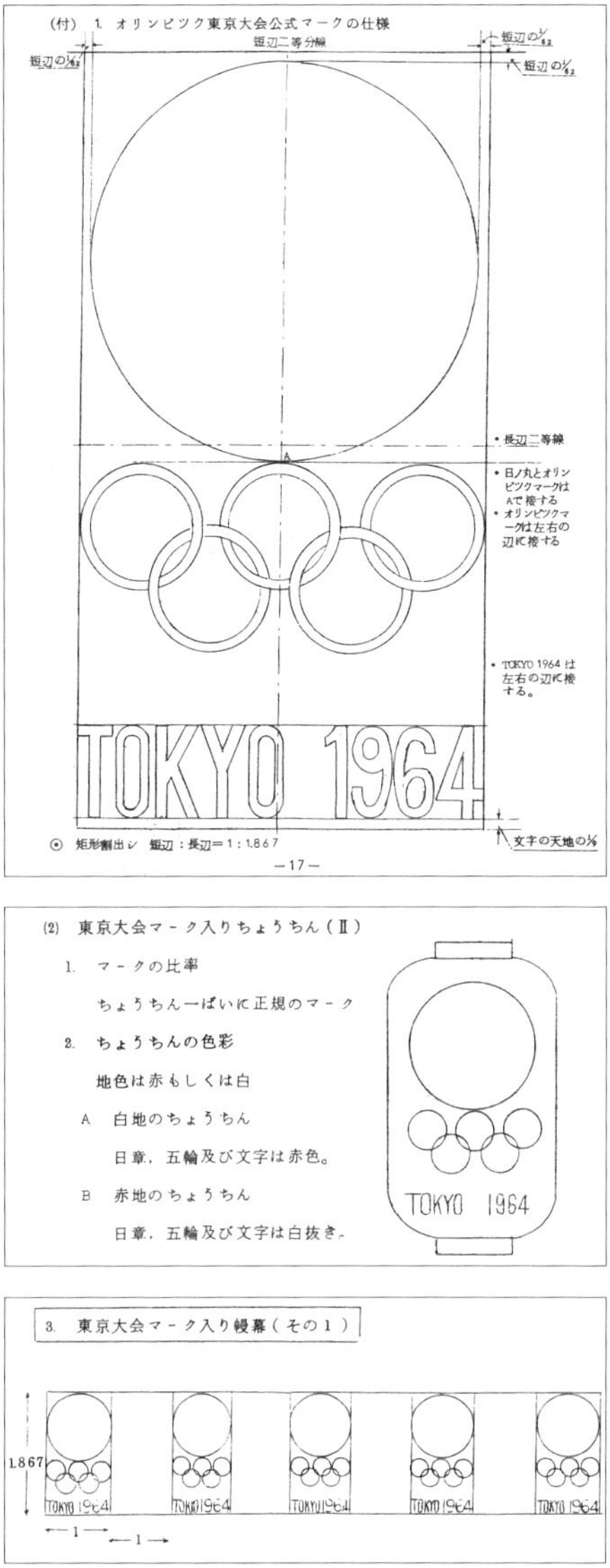

図③ マークの大きさや余白が詳細に定められたデザイン基準（1964年4月28日制定、『オリンピック東京大会マーク使用歓迎装飾媒体物のデザイン基準』）

図④　百貨店、銀行のウィンドウ。公式ポスターが使われている(『商業界』17-11、1964年10月1日)

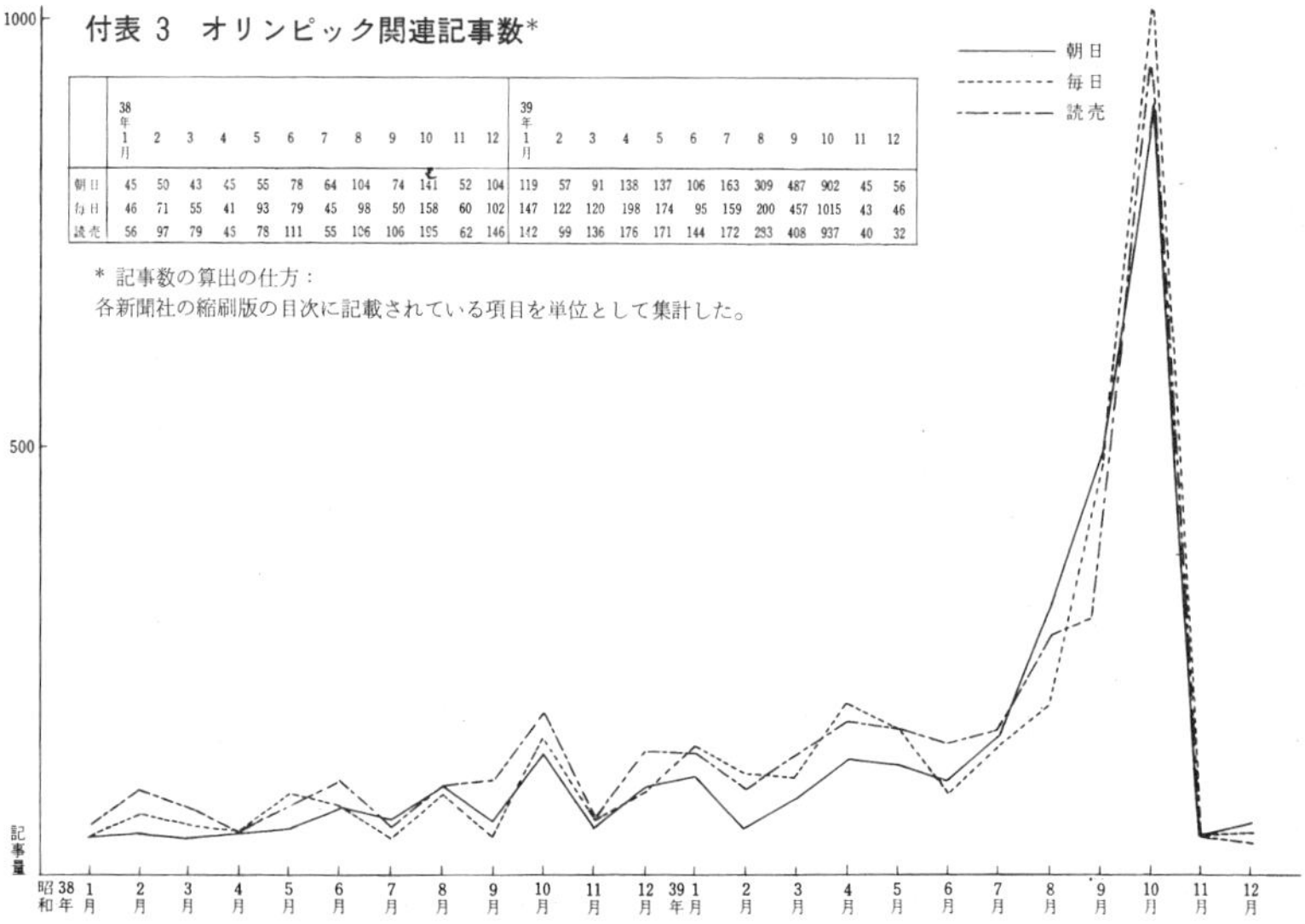

	38年1月	2	3	4	5	6	7	8	9	10	11	12	39年1月	2	3	4	5	6	7	8	9	10	11	12
朝日	45	50	43	45	55	78	64	104	74	141	52	104	119	57	91	138	137	106	163	309	487	902	45	56
毎日	46	71	55	41	93	79	45	98	50	158	60	102	147	122	120	198	174	95	159	200	457	1015	43	46
読売	56	97	79	45	78	111	55	106	106	195	62	146	142	99	136	176	171	144	172	293	408	937	40	32

図⑤　『朝日新聞』『毎日新聞』『読売新聞』のオリンピック関連記事数推移(NHK 放送世論調査所『東京オリンピック』)

同誌発行時点で公共施設においてオリンピック・ムードを盛り上げる装飾が行われていたことは確かだ。[*20] しかし東京大会エンブレムを使った屋外での大々的な歓迎装飾、日の丸を想起するエンブレムが街にあふれる光景を大衆が目にしたのは、オリンピック開催が目の前となった開会式の一〇日前だったのだ。

ところが日本国内のオリンピックへの期待感と街のムードは歓迎装飾を待つことなく、九月に突如として大きく盛り上がりをみせる。主要三紙のオリンピック関連記事数の推移がこれを物語っている。八月は微増だった五輪関係記事数が、三紙とも九月になって急上昇している〔図⑤〕。これらのほとんどは、聖火リレーに関する報道だった。

先のアンケートを実施したNHK調査所はこの現象について「聖火の全国リレーという着想は、東京オリンピックに関する各種行事のなかで、もっとも優れたものである」「人びとは聖火リレーを追いながら、いとも自然に開会式にまでいざなわれる。開会式のテレビ中継があれだけの人気を集めた背後には、こうした秘密が隠されていた」[*21]と表現し、熱狂ぶりをレポートしている。そして自身のアンケート調査とこの状況を総合し、それまで低調だったオリンピック・ムードは、九月七日に沖縄に聖火が到着したことが「人びとのオリンピックにたいする期待や関心を（中略）急速に、かつドラスティックにのしあげる原動力として作用し」[*22]急激に盛り上がった、と結論づけている。実際、同調査所の一〇月三日の調査では、オリンピックに関心を持っている、と答える東京の住人が八三・八％という高い数値を見せている。大衆は、開催ひと月前のぎりぎりになって、突如オリンピックへの「熱狂」に転じたのだ。

三つのコースで日本を巡った聖火リレーの情景を見ると、日の丸の小旗を振る人々の姿が印象的だ〔図⑥〕。亀倉のエンブレムもランナーの胸に小さく縫い付けられていた。地方での熱狂の描写にも随所に日の丸とエンブレ

図⑥　聖火リレーに日の丸の小旗を振る人々（沖縄、『週刊明星』1964年9月27日号）

図⑦　壇上にエンブレムが大きく掲げられた聖火歓迎式典会場（栃木県教育委員会事務局『教育月報』1964年10月号）

ムの存在が見える。

三万人が県庁前につめかけた。聖火が赤々と燃えあがる。一七〇万県民が待ちに待った感激の一瞬だ。ファンファーレが平和の訪れを告げるかのように、ひときわ高く鳴り響いた。ついで君が代のせい唱に乗って国旗掲揚。続いてオリンピックの旗がスルスルあがった。平和なればこそ、歓迎者は燃えさかる聖火の前で平和を誓いあうようにじっと旗をみあげていた。[*23]

高まったオリンピックムード「オリンピック聖火を迎える県民のつどい」開かる（九月六日・栃木会館で）（中略）横川知事よりリレー走者代表（野中克也選手）にユニホームの贈呈[*24]

栃木での記事に添えられた会場写真の壇上にはオリンピックエンブレムが大きく引き伸ばして掲げられている（それは戦時中、日の丸が背景に掲げられた学校などの式典の様子とそっくりである）［図⑦］。日の丸と日の丸イメージのエンブレムは、聖火リレーが牽引したオリンピック・ムードの盛り上がりに押し上げられて、ようやく大衆に拡散していったのだ。

三　東京オリンピック公式ブレザーという存在

1　赤・白の公式ブレザーの成り立ち

オリンピックへの期待は、開催までひと月を切った九月に聖火リレーが国内を巡ると同時に急上昇した。そしてこれ以前はまだあまり目につく存在ではなかった東京大会エンブレムと日の丸のイメージも、聖火リレーへの熱狂とともに、急激に大衆の記憶に刻まれていったのである。

さて、聖火リレーが開始された九月のタイミングで、ナショナルカラーとしての「赤と白」を大衆に印象づけたもうひとつの存在があった。それは開会式および閉会式で日本選手団が着用した赤と白のブレザースーツである。赤いブレザー、白のパンツ・スカートのスーツという赤・白の色彩は、東京オリンピックで初めて採用されたものだった。

ところで一九六三年の一〇月三日、日本選手団のブレザースーツの制作を担っていたテーラー団体[*25]の主催で、東京都体育館において「東京オリンピック・ブレザーパレード」なる催しが行われている。この時点ではまだ決まっていなかったブレザーのデザインの参考に供するという目的で行われたイベントだったが、興味深いことに、そこで提案されたブレザーの色は一色ではなく、「日本古来のベニ、エンジ、紺、千歳緑、江戸紫、納戸色など八つの色を取入れた男女選手団のブレザーコート」だった。[*26]ここからはこの時点でのナショナルカラーへの世の

図⑧　『朝日新聞』1964年3月12日

中の認識が、必ずしも「赤と白」ではなかったことが感じられる。

数か月後の一九六四年三月二日、赤と白のブレザースーツは服装小委員会で内定し、三月一一日に国立競技場でのコンテストの後にJOCの常任委員会で正式に承認された。朝日新聞は同月四日に「ブレザーは男女とも真赤に内定　五輪日本選手団」との文字だけの記事を掲載、一二日には着用した男女の写真付きで報じている〔図⑧〕。白黒写真ではあったが見出しに「これが五輪のブレザーコート　赤と白、派手な色彩」と書かれ、本文では「式典用ブレザーは日の丸を象徴する赤と白のツートーン」[*27]と解説された。

しかし三月の内定の後、メディアが赤と白のブレザーを取り沙汰し始めるのは、やはり九月になってからであった。例えば九月初めに店頭に並んだ女性ファッション誌の『装苑』一〇月号には「ブレザー物語」というオリンピック選手団のブレザーに関する読み物が掲載されている。[*28]これによると戦後初めて日本が参加したヘルシンキ大会の前に秩父宮が「選手諸君が外国に行って恥をかかないように、服装だけはキチンとさせたい」と発言されたことが契機となって、選手式典用のブレザーをJSC（ジャパンスポーツウェアクラブ）が調整・提案するようになったという。だがヘルシンキ大会で制作されたブレザーは赤と白ではなくコバルトブルーだった。メルボルン大会は上が紺、下がグレー、ローマ大会は上下とも白でエッジにだけ赤いラインが施されたブレザースーツだった。『装苑』の記事は続けて東京大会のブレザーの意味を以下のように解説する。

こんどのブレザーで話題の焦点は〝赤〟を大胆に採用したこと（中略）オリンピックに登場する各国のブレザーは、その国のナショナルカラーがあって、これをとっているものが多く、それはまたその国の国旗の色と一致することが多い。その比率は七〇％くらいとなっています。日本の国旗が世界じゅうに比類ない美しさを持っているのはだれもが認めるところで、この美しさをブレザーにとは、ひさしい間、関係者の念願だったのです。[*29]

日本選手団用ブレザーの制作にも活躍した望月靖之さんは、ブレザー本来の姿は、その目には見えない部分にあるのだと強調しています。ブレザーは往古の武士の甲ちゅう（かぶとよろい）に等しい。これが望月さんの考え方。いささかクラシックないい方をすれば、これらは着る人の魂を映し、あるときは魂そのものであるというのです。[*30]

実はローマ大会でも望月氏によって赤地に白でふちどりをしたブレザー案が出されたが、不採用となった。その際選ばれたデザインもナショナル・カラーが意識された「日の丸にちなんでネクタイは赤地に白の斜線が二本、上着もネクタイと同色のテープでふちどり」[*31]だった。しかし遠目からの印象は白である。ローマ大会のブレザーが選手団の入場行進を赤と白のイメージに彩ることはなかった。

服飾研究家安城寿子によると、望月はその前のメルボルン大会でも赤と白のナショナルカラーのブレザースーツを提案していたが却下されたのだという。[*32] つまり一九五六年と一九六〇年の時点では、東京大会のような上が赤、下は純白といったデザインは受け入れられなかったのだ。赤と白の色彩は、一九六四年になって三度目の提案でようやく採用がかなった。このブレザーの色彩決定の曲折にも、敗戦から十数年の間、赤と白の色彩がナショナリズムと結びつくことを肯定できなかった日本人の意識が見えるだろう。

「ブレザー物語」が掲載された『装苑』は、女性のハイファッションを扱う洋裁の専門誌である。この号の巻頭カラー特集には最先端のモードとして様々なブレザー・スーツが提案され、本文にはその製図が掲載されている。中でも赤いブレザーはひときわ目を惹く〔図⑨〕。この当時、「VAN」ブランドがブレザーの流行を牽引していたが、『装苑』の提案は「VAN」が推した既製服ではなくセルフないしオーダーメイドだ。本論次節に指摘する通り、日本選手団の赤白ブレザーはすべて選手の体格に合わせたオーダーメイドだった。『装苑』はその流れをくみ、高級生地による赤と白の色彩をとりいれたブレザーを提案したのである。

雑誌におけるブレザーへの着目は、他にも例えば子供雑誌『よいこ』（九月一日発売[*33]）の親向けのページにも、

図⑨「オリンピックの聖火をたずねて　ブレザールック」（巻頭グラビア『装苑』1964年10月号）

図⑩　「ブレザーコートでオリンピックを」（『よいこ』1964年10月号）

赤いブレザーを子供に着せた「ブレザーコートでオリンピックを」という記事がある〔図⑩〕。九月になって「赤いブレザー」が、ハイファッションから子供服まで、一様にオリンピックを期待する記号として利用されていったことがわかる。

さてこのような「赤いブレザー」の視覚メッセージを拡散したのは、これら新聞や雑誌メディアの報道だけではなかった。

2　オリンピック開催前月に街を彩った赤いブレザー

公式ブレザーの生地制作を担当した大同毛織（現ダイドーリミテッド）は、「国威高揚のまたとないチャンスとして、ベストのブレザーをみせたい」[*34]という意気込みで、行進に映える赤色を出すことに苦心した。「生地生産にあたり、無地でありながらマス見本を実に三千点も試作した」という通常では考えられない検討を行っている。またブレザーが収納された箱も大変力の入ったものだった。白い木製の外箱には日の丸がデザインされ、内箱は全面金色、これを開けると薄紙に包まれたブレザーが入っているのだが、この薄紙には「御健斗をお祈り致します」という文字が添えられていた〔図⑪〕。ブレザー同様にこの箱のしつらえも、日の丸イメージとナショナリズムを真っ向から表象していたといえる。

関係者の熱い思いを乗せたブレザーは、九月に入ると日本の各都市のショーウィンドウに実物展示され、お披

図⑪　ブレザー収納用の外箱と内箱（東京吉岡株式会社所蔵）

図⑫　子供用の赤いブレザー展示（神戸大丸、ダイドーリミテッド所蔵）

露目された。ダイドーリミテッドに残る資料写真には、ブレザーとともに「オリンピック開催まであと三〇日」と表示された札が写されているので、この展示は九月一〇日ごろには開始されていたと考えられる。東京大会エンブレムを使った屋外歓迎装飾よりも約一か月早く、赤と白のブレザーの展示が街を赤と白のオリンピック・ムードへと牽引したのである。

　ブレザースーツの現物展示には二つのルートがあった。ひとつは、北海道から九州まで、全国の百貨店のショーウィンドウ、そしてもうひとつは、望月が会長を務めていたＪＳＣに加盟する東京と大阪のテーラーの店頭ショーウィンドウである。

図⑬　全国の百貨店でのブレザー展示（ダイドーリミテッド所蔵）

百貨店ルートは大型店を網羅していて、東京は伊勢丹や三越、京阪神は大丸や阪急、名古屋は名鉄、札幌は今井、鹿児島は山形屋などの一七か所。[*35] 神戸大丸のショーウィンドウには、選手団のブレザーになぞらえた子供用の赤いブレザーが展示されており〔図⑫〕、雑誌でも見られた「オリンピックを期待する記号としての赤いブレザー」の拡散を感じさせる。また、大阪三越の展示には「東京オリンピックに着用される選手・役員のユニフォーム　関西初公開　特別出品東京オリンピック組織委員会」という立札がマネキンの前に飾られており、ブレザーの実物展示が組織委員会も関与した企画であったことがわかる。そして「初公開」の言葉は、展示がファッション展示という意味を超えたニュース・メディアとして機能していたことも感じさせる。

　これらの百貨店展示の背景に、東京大会エン

図⑭　テーラー各店のブレザー展示（ダイドーリミテッド所蔵）

ブレムが大きく使われていたことにも注目したい〔図⑬〕。しかも色彩は金である。これはブレザーの赤白が映える配慮であったのだろう。全国の百貨店はそれぞれに異なる素材でしつらえてはいるが、金の階段状の背景板の中央に金彩のエンブレムを配置するディスプレーはほぼ共通している。ショーウィンドウを遠目に見ると、あたかも「日の丸をイメージした金屏風」の前に、赤と白のスーツをまとった選手がライトアップされて輝いているように見える。ナショナリズムを全面に押し出した効果的な舞台演出だったといえよう。

もう一つの展示ルートは、東京と大阪のテーラーから成り立っていたＪＳＣ各店の店頭である。東京と大阪の街角に限定されるが、その数は多く五八か所。ＪＳＣは、オリンピック東京大会の選手団のブレザースーツを「一人一人の体型に合わせて創る注文服縫製」により制作した。その「縫製に当たった各洋服店のショーウィンドウに、それぞれ自店製作のブレザーコートが飾られた」[36]のである。ダイドーリミテッドには、赤と白のブレザースーツを自店のショーウィンドウに飾る五八店すべての写真が残されている〔図⑭〕。

各店が思い思いに趣向をこらしたショーウィンドウ。いくつかの店では亀倉の第一号～第四号のポスターが背景に飾られている。歴代のオリンピックポスターの縮小版を掲示しているところもある。いずれのショーウィンドウも照明のもとで赤と白に輝くブレザースーツが浮かび上がる力の入った展示装飾である。二店のみだが、女性のスカートスーツを展示している店もある。

ほぼ全ての店に使われている展示小物があり、これらはおそらくＪＳＣが制作し配布したのだろう。オリンピックまであと〇日という立札、「第十八回東京オリンピック大会日本選手団ブレイザーコート」というブレザーに張られた名札、万国旗の立った台。そしてＪＳＣの名前が印刷されたポスターである〔図⑮〕。このＪＳＣのポスターには日の丸の赤い丸がデザインされ、以下の文が書かれている。

世紀の祭典を迎え
空高く　へんぽんと　ひるがえる日の丸
この国旗を象徴した真紅のブレイザーコート
上着の　赤は

図⑮　ウィンドウに飾られたオリジナルポスター（ダイドーリミテッド所蔵）

炎のように　燃える情熱を
ズボンの白は
白雪のように汚れぬ清潔を[*37]

赤だけでなく白への思いも語られているこの文章からは、ブレザースーツを「日の丸」とナショナリズムを喚起させる記号として提示した制作者側の明確な意図が感じられる。そしてこの時点でこれを見る受け手側に、日の丸と赤と白の色彩に「軍国主義」を感じる意識はほぼなくなっていただろう。街に東京大会エンブレムを使った歓迎装飾が大々的に飾られるよりも前、オリンピック開催の一か月前に、赤と白のブレザースーツは、聖火リレーの熱狂とともににオリンピックを広告する視覚メディアとなって、全国主要都市の目抜き通りにある百貨店や東西のテーラーのウィンドウを輝かしく彩った。ブレザーは、ファッション展示という意味を超えて街行く人のオリンピック・ムードを掻き立てる視覚メディアとして機能した。そしてそこに貼られたポスターにみられる堂々たる「日の丸賛歌」には、日の丸に抱く戦時の暗いイメージは一切残っていない。一九五〇年代の後半になっても雑誌記事やブレザーの色の選択に垣間見えていた赤と白の色彩と日の丸への忌避感は、ここへきて一気に消滅したのである。

3　入場行進を「観る」メディア体験

開会式前日の一九六四年一〇月九日の朝日新聞は「衣装の花咲く開会式」と題した特集を組んで、各国の開会式のファッションを紹介している。日本のブレザーについては「日の丸の色をとった日本選手団」と書いたこの特集に、花森安治がコラムを寄せている。

開会式の服装は、いわばお祭りのみこしを担ぐ衣装か舞台衣装（中略）あの大スタジアムにずらりと並び、ファンファーレが鳴り、国旗がはためき、大観衆がどよめく中で、もっとも効果的に見える服装が望ましい（中略）いちばん大事なのは「色」だ（中略）今度はその色が集団になっている。かたまって目に映る色（中略）赤と白の日本チームの服装は、とてもいいじゃありませんか。主催国らしくちょっぴり〝うれしげ〟で、単純で美しい国旗ともよくマッチしている。願わくば「赤で恥ずかしい」などとテレずに、堂々と胸を張り、足を伸ばして歩いてほしいと思う。背中をかがめて行進したりしたら、せっかくの晴着が泣きますよ。[*38]

赤と白のブレザースーツがこれまでにはなかった色彩で、選手たちは気恥ずかしいのでは、という心配があったことがうかがわれる。一方で花森は、赤と白の色彩が集団で行進する効果は大きく、国旗とあいまって、日本のナショナリズム復興への強いメッセージとなるといち早く鋭く示唆している。

ところで花森はこのコラムを「カラー・テレビでも、晴れ衣装の群れをながめますか―。」と締めくくっている。しかし花森はともかく一般の大衆は実際に入場行進をカラーで見たのだろうか。

開会式の視聴率は先のＮＨＫの調査によれば、リアルタイム視聴者八一％、当日夜の再放送を合わせると九五％だったという。[*39]だがオリンピックから二年後の一九六六年になってもカラーテレビ普及率はわずか〇・三％にすぎなかった。[*40]カラー放送は一九六〇年の九月一〇日に開始され、東京オリンピックがカラーテレビ普及の起爆剤となると考えられていたが、公務員の月給が一万円の時代にカラーテレビは五〇万円もしたのである。

図⑯　入場行進のカラー報道写真（『週刊サンケイ』1964 年 10 月 26 日号）

開会式はカラー放送が配信されていたが、開会式の赤と白の選手団の入場行進を実際にカラーで見た大衆は極めて少なかっただろう。[*41] もちろん開会式を実際に観覧した人はもっと少ない。ほとんどの人々はモノクロでこれを見たのである。

赤と白のブレザーが入場行進の最後に現れたという記憶は、アナウンサーの実況や、たとえば「日の丸」を先頭に　赤の上着、白ズボンのユニホームも鮮やかに　堂々の入場行進をする日本選手団[*42]」といった新聞記事の説明文、のちの雑誌グラビアからのカラー情報〔図⑯〕、記録的な興行成績を収め、二三五〇万人が見たといわれる公式記録映画『東京オリンピック』（一九六五年三月二〇日公開、市川崑監督）による後づけの記憶、あるいは街角のウィンドウでブレザースーツの現物を見たことによる仮の記憶であった。しかしそれが仮の視覚体験であったにせよ、人々の心には、ブレザースーツの赤と白の色彩、赤と白の日の丸イメージの東京大会エンブレムが、ナショナリズムの高揚とともに鮮明に残されたのである。

四　おわりに

聖火が全国を走ることによって、国民の間にある種の一体感が作りあげられたのであった。聖火リレーを踏み台にして、さらに高くジャンプする契機を作ったテレビの実況中継（筆者注——開会式の）は、すべての人々を一つの焦点に集中させたのである。[*43]

オリンピック東京大会が日本の大衆に敗戦からの自国の完全な立ち直りを印象付けたイベントであったことは、既に多くの論者が語っている。とりわけ東京大会の開会式観覧は、ほぼ全ての日本人が同時にテレビ中継を観るという画期的なメディア体験で、この視覚体験がナショナリズムの復興に大きく作用したことも体験者にとっては自明であるだろう。本論はそうしたメディア・イベントを体験した日本の大衆のナショナル・アイデンティティの復活に、赤と白の色彩と日の丸イメージがどのように作用していったかを検証してきた。

日の丸と赤と白の色彩にこびりついていた軍国主義のイメージ、五〇年代終わりごろにもまだ払拭されていなかったそれらは、オリンピック東京大会の開催が決定した一九五九年に直ちに消滅したわけではなかった。日の丸イメージの東京大会エンブレムが決定した一九六〇年にもまだそれは大きく変わってはいなかった。意外にも前年の一九六三年までオリンピックは盛り上がりに欠け、大衆の期待値は低く、エンブレムも浸透してはいなかった。今日東京オリンピックのデザインワークを顧みる私たちは、入場券やプログラム、あるいはオリンピック会場や歓迎装飾で効果的に使われたエンブレムの印象がすぐれて強烈であるがゆえに、エンブレムは一九六〇年に制定されて以降の四年間、随所で大衆の目にふれ、日の丸イメージとともに大衆に拡散していったという錯覚を覚える。しかし実態としては少なくとも一九六三年末までは、この明快な赤・白のシンボルが一般大衆の目に触れる機会は多くはなく、屋内公共施設において目に留まる程度だったのである。

オリンピックへの期待は、開催が一か月前に迫った九月になって「聖火が全国を走ることによって」急速に高まった。この機運にのって、日の丸の平和のイメージと東京大会のエンブレムは大衆に拡散していった。またこれと同時期に、街には赤と白の色彩で作られた日本選手団のブレザースーツが大々的に飾られ、大衆のナショナリズムを掻き立てる視覚体験となった。これらがあいまって、日本の大衆の心象の中の日の丸と、赤と白の色彩への意識は一気に切り替わっていく。このお膳立ての上で、オリンピック東京大会は開幕した。

九九％の日本人は開会式の入場行進をモノクロのテレビ中継で見た。しかし記憶には赤と白が鮮やかに残った。赤と白の色彩はこの時、日本のナショナル・カラーとして鮮やかに復活したのである。

1――「街に日の丸」（『少女世界』四―三、一九五一年三月号、富国出版社）一五六頁。
2――稲田健二『佐世保――小国民の目に映った戦前・戦中・戦後』（高木書房、二〇〇六年）一六三―一六四頁。
3――朝日新聞世論調査「「日の丸」への関心　旗持たぬ二七％　持ってても四割は掲げない」（『朝日新聞』一九五〇年三月二七日）。この世論調査は、全国に三五〇〇の調査票を配布し八八％の有効回答を得たというもの。
4――小松啓太「日の丸・君が代と教育」（『主婦と生活』一九五八年一一月号、主婦と生活社）三一八頁。
5――「日本のトレードマーク「日の丸」掲揚復活をめぐって」（『週刊サンケイ』一九五八年一〇月一二日号、扶桑社）三一―三二頁。
6――オリンピック東京大会のポスターはこの第一号以降毎年一枚ずつ発表され、一九六四年までに四枚が作成された。いずれも亀倉雄策によるデザイン。二～四号はオリンピックポスターとしては初めて写真が使われたモダニズム表現で、戦後の日本のポスター表現の転換点となった。詳細は拙書『近代広告の誕生――ポスターがニューメディアだった頃』（青土社、二〇一一年）参照。
7――「公式ポスターの作製と配布」（『第十八回オリンピック競技大会公式報告書』上巻、オリンピック東京大会組織委員会、一九六六年）三七七頁。

8――亀倉雄策「日の丸オリンピック」（「デザイン十話　七」『毎日新聞』一九六六年七月二六日）。亀倉もこの記事の中で世間の日の丸の忌避感を「はっきりとあの旗を見ると戦争を思い出していやだという人もいる」と書いている。デザインの意図についてはは太陽だといいつつも「五輪のマークと赤い大きな丸のバランスに新鮮な感覚を盛り上げたかった。それによって日の丸もモダン・デザインになりうると思った」とも述べている。

9――電通プランニングセンター主幹の小谷正一の発言。「座談会　東京オリンピックに関連して〈広告・宣伝のキャンペーン〉を企画する人のために――諸種の制約と注意点」（『宣伝会議』一〇―一二、一九六三年一二月号、一九六三年一二月一日発行、久保田宣伝研究所）一二―一三頁。

10――松沢一鶴の発言。注9座談会、一三頁。

11――筆者が確認できた限りでは、一九六三年末までに存在した大会マークを使用した大きな屋外装飾は、一九六二年の羽田空港のサインボードと、東京大会広報誌に掲載された一九六三年末の「歳末景気に賑わうデパートの正面に掲げられたオリンピック東京大会のポスター」の写真のみである。

12――「オリンピック　盛り上がらぬ世論　試練の年六三年」（『読売新聞』一九六三年一月六日）。

13――「安川組織委員長に期待する（社説）」（『朝日新聞』一九六三年二月五日）。

14――「五輪国民運動に期待する（社説）」（『毎日新聞』一九六三年六月一九日）。

15――国内海外向けオリンピック東京大会会報誌の表紙にはエンブレムが使われたが、これを一般人が見る機会は少なかった。

16――NHK放送世論調査所『東京オリンピック』（NHK放送世論調査所、一九六七年）二〇―二一頁、一四三頁。

17――「オリンピック東京大会マーク使用歓迎装飾媒体物のデザイン基準」（日本オリンピック委員会オリンピック標章委員会、一九六四年四月二八日）。規定に則れば許可は不要としたが、商業的用途での利用を制限すべく「掲出に際して設置者名や提供者名、商品名等の表示は許されない」とされた。

18――五輪マークの使用にはＪＯＣとオリンピック東京大会組織委員会（ＯＯＣ）の事前承認が必要だった。

19――成瀬義一「商店で使えるオリンピックの装飾ＴＯＫＹＯ一九六四」（『商業界』一七―一一、商業界、一九六四年一〇月一日発行）九頁。

20――注19誌には、四月に制定された「オリンピック東京大会マーク使用歓迎装飾媒体物のデザイン基準」の規定図が掲載されている。
21――注16書、五七頁、六〇頁。
22――注16書、四八頁。
23――『山陽新聞』一九六四年九月二二日。
24――栃木県教育委員会事務局「「オリンピック聖火を迎える県民のつどい」開かる」(『教育月報』一九六四年一〇月号、栃木県教育委員会事務局調査課)一頁。
25――イベントを主催した東京スポーツウェアクラブと大阪スポーツウェアクラブの共同組織が、次節に示すブレザースーツ制作を担ったジャパンスポーツウェアクラブである。いずれも東西の街のテーラーが組織した団体。
26――「日本古来の色で…東京五輪ブレザーパレード」(『朝日新聞』一九六三年一〇月三日)。
27――「これが五輪のブレザーコート」(『朝日新聞』一九六四年三月一二日)。
28――同誌の奥付にある発刊日は一〇月一日だが、国会図書館の受入日が八月二八日であり、一般店頭にも九月最初から並んでいたと考えられる。
29――「ブレザー物語」(『装苑』一一一〇、一九六四年一〇月号、九月一日発売、文化出版局)二三七頁。
30――注29誌、二三六頁。
31――この描写は「白地に赤のフチ　イキな五輪の制服」(『毎日新聞』一九六〇年三月一九日)による。
32――安藤寿子「オリンピック日本選手団公式服装赤白上下の周辺」(『デザイン理論』六五、意匠学会、二〇一四年)一〇六―一〇七頁。
33――『よいこ』(一九六四年一〇月号、九月一日発売、小学館)。
34――当時の大同毛織社長、栗原勝一の発言。『日織ジャーナル』(一九六四年一〇月号、日本繊維新聞社、六八頁)。生地生産にあたっての見本作成の説明も本記事の引用。
35――ダイドーリミテッド経営企画部が所蔵する展示写真では、札幌：今井、東京：伊勢丹、銀座三越、日本橋三越、小田急、オリエンタル中村、丸栄、名古屋：名鉄、大阪：三越、阪急、阪神、高島屋、大丸、京都：高島屋、大丸、神戸：大丸、鹿児島：山形屋の一七店の展示が確認できる。

36——ダイドーリミテッド社内文書、同社資料室記載メモ「このアルバムの写真説明」一九七九年一一月一日。

37——ポスターの赤丸の中には白抜きで「日本代表選手団に栄光あれと　惜しみなく　限りなく　声援をおくりましょう」と書かれている。

38——花森安治「大事なのは「色」」（「衣装の花咲く開会式　東京五輪」記事中、『朝日新聞』一九六四年一〇月九日）。

39——「東京オリンピックにたいする意見と行動調査」（注16書）一九三頁。一九六四年一一月四—六日実施の調査、問七に対する東京在住者の回答の数値。

40——「媒体普及率」（『経済白書』一九六六年）。白黒テレビ普及率は九四・四％。

41——カラー放送は一九六〇年九月一〇日に開始されたが、NHKのカラー番組は一日およそ一時間で、東京大会では、開・閉会式、レスリング、バレーボール、体操、柔道などの八競技のみがカラー放送。またカラー放送はオリンピック開催の時点ではまだ全国では見られなかった。

42——「号外」（『朝日新聞』一九六四年一〇月一〇日）。

43——注16書、六二頁。

*——本論執筆にあたって服飾研究家安城寿子氏とダイドーリミテッド社に多くのご協力を頂きました。謹んで御礼申し上げます。

II　表象／アニメ

「文化圏」としての『ガールズ&パンツァー』

サブカルチャーをめぐる産官民の「ナショナル」な野合

須藤遙子

5

はじめに

本稿では、二〇一二年の放送以来、一部熱狂的な人気を博すTVアニメ『ガールズ＆パンツァー』（以下、ガルパン）を対象とする。この作品をめぐる産官民それぞれの意図と動きを検証しつつ、作品の表象分析と同時代史を重ねながら、いずれの行為者にも明確な政治的イデオロギーが存在しないにもかかわらず、「ナショナル」な方向へと収斂していく状況を、消費文化が形成する「文化圏」という概念で分析する。ガルパンには製作に携わる複数のメディア企業のほか、作品の舞台となっている茨城県大洗町、地元の商店街などが大きく関わっており、戦車戦がストーリーのメインとなっていることから自衛隊も関与している。

ガルパンを扱った先行研究に関しては、アニメ作品の「聖地巡礼」という、主として経済効果の観点から町おこしやコンテンツツーリズムを論じる観光社会学や都市メディア論的研究が圧倒的に多く、本稿のような文化政治学的アプローチによる研究はほぼ存在しない。こうした研究傾向は、ガルパンに「戦車」という兵器が多数登場する強い政治性を考えると異様ともいえる。とはいえ、本稿はガルパンという作品が現実社会で展開していく「ナショナルな構造」に着目してはいるものの、「戦車＝戦争＝右翼＝ナショナリズム」という単純な批判に同意するものではない。ましてや、ガルパンのような作品のファンがそのまま「ネトウヨ」と呼ばれる集団に属すると考えるわけでもない。よって、本稿で使う「ナショナル」とは、国民主義・国家主義・民族主義というような強いイデオロギーと指向性を持つ「ナショナリズム」とは違い、従順かつ熱意のある全体主義的傾向をなんとなく持つことで、結果的に形成される国家権力に都合の良いナショナルなムードを意味している。*1

二〇一四年四月二三日に行った、大洗町における商工会議所や商店へのインタビューを含む現地調査[*2]の分析も含め、ポピュラー文化が「ナショナル化」に親和的であるメカニズムを『ガールズ&パンツァー』を通して考察するのが、本稿の目的である。

一　作品の概要

『ガールズ&パンツァー』は、二〇一二年一〇月から東京メトロポリタンテレビジョン（TOKYO MX）で放送されたアニメーションで、全一二話と総集編二話、そして二〇一四年七月二五日に発売されたオリジナル・ビデオ・アニメーション（OVA）の一本がある。二〇一五年一一月に劇場版が公開されたが[*3]、放送開始から二年以上が経ち、相当の人気があるにもかかわらず、二クール目以降は製作されていない。このように、あえてストーリー世界が限定されたままになっていることで、ファンが様々に物語を膨らませて楽しむ余地が残されており、製作側から見れば、全くコストをかけずに消費だけが促されていくという非常に利益率の高いビジネスになっている。

製作には、バンダイビジュアル、ランティス、博報堂DYメディアパートナーズ、ショウゲート、ムービック、キュー・テックが参入しており、放送前から先行コミカライズが行われるなど[*4]、典型的なメディアミックス戦略が取られた。商工会への調査によれば、メディア会社のバンダイビジュアルがストーリーを含めたプロジェクト全体を企画し、事前に大洗町への調査やストーリーへの登場許可などの根回しを行い、後述のように現在は商店などの著作権利用の管理もしているということである。

ストーリーは、戦車を使った武道である「戦車道」が茶道や華道のような大和撫子《やまとなでしこ》のたしなみとされているという設定で、女子高生たちが戦車で戦うというものだ。あくまで競技なので殺し合うわけではなく、ヘルメットさえ着用せずに撃ち合っても怪我すらほとんどしないという徹底したファンタジーとなっている。登場する女子高生らは、高い声と離れ気味の大きな瞳を持つ幼児的な風貌で、ミニスカートでしばしば内股のポーズを取り、男性視聴者への媚を含むいわゆる「萌えキャラ」である。

その一方で、一九四五年八月一五日までに設計、試作されていた車輌や部品を使用しなければならないという「戦車道」の規定により、第二次世界大戦期の世界各国の戦車が3DCG技術を使用してミリタリーファンも唸らせる精度で描かれ、ガルパン独特の「萌え＋ミリタリー」という世界が成立している。また、大洗女子学園という架空の高校に通う主人公らが暮らし、戦車戦の舞台ともなっている大洗の街並みもCGで忠実に再現されることで、次節で述べる町おこしに大いに貢献している。

二　大洗町の町おこし

大洗町は、茨城県のほぼ中央にあり、太平洋に面した小規模の自治体である。沿岸漁業が盛んで、夏になると海水浴客で賑わい、冬には名物のあんこうが獲れる。東海村と並んで原子力関連施設が多く、一九六三年には既に日本原子力研究所を誘致している原子力の町でもある。町は一般社団法人日本原子力産業協会の会員となっており、[*5] 大洗町民憲章には「わたくしたちは この海をひらき 原子の火を育て 水と緑を愛する 健康で明るい大洗の町民です」とある。二〇一一年三月一一日に起きた東日本大震災の際には、最大で四・二メートルの津波を観測し、防災無線が功を奏して津波による死者は出さなかったものの、街は非常に大きな被害を受けた。さらに福島第一原発事故の影響で、年間五〇〇万人を超えていた観光客は激減した。

ガルパンを使用した町おこしには、この津波と原発事故からの復興の意味が第一に込められている。ガルパンのプロデューサーであるバンダイビジュアルの杉山潔氏は、筑波大学出身で現在も茨城県内在住、「美少女と戦車」というコンセプトでの作品を企画中に震災が起こり、「アニメで被災地を応援できないか」という思いと結びついて、幼少時代に海水浴に来ていた大洗を舞台とすることになったという。[*6] 取材によれば、復興につながるならとにかく何でも協力しようという商店主らの思いとも重なったということで、結果としてガルパンを使用しての町おこしは大成功を収め続けている。

大洗で開催される大規模なイベントには、名産であるあんこうの吊るし切りを目玉として毎冬開催されてきたあんこう祭、そして、東日本大震災からの復興を目的に商工会青年部が二〇一二年三月から開始した海楽フェスタ、の二つがある。どちらも地元の人々が中心の手作りイベントだった。その状況に早くも変化が現れるのが、放送開始からすぐの二〇一二年一一月に開催された第一六回あんこう祭である。ここからガルパン関連イベントとの同時開催になったのだが、既に従来の来場者数の二、三倍近くの六万人が訪れて、地元の人びとや製作スタッフを驚かせた。以降、三月の海楽フェスタには五万人、一一月のあんこう祭には一〇万人がコンスタントに来場するようになっている［表①］。

野村総合研究所の分析によると、この成功の秘訣は四つのDに起因する。すなわち、後述するような町をあげてのガルパンストーリーへの没入（徹底＝Deepness）、大洗町の主要スポットを全て網羅した劇中設定（回遊＝Detour）、途切れぬ関連イベント（継続＝Durability）、地元商店街とファンらとの交流（対話＝Dialogue）である。[*7]

表①　ガルパン放送以降の大洗でのイベント来場者数

二〇一二年一〇月	ガルパン放送開始
二〇一二年一一月	第一六回あんこう祭　来場者数約六万人（ガルパン関連イベントの同時開催開始）
二〇一三年三月	第二回海楽フェスタ　来場者数約五万人
二〇一三年一一月	第一七回あんこう祭　来場者数約一〇万人
二〇一四年三月	第三回海楽フェスタ　来場者数約五万人
二〇一四年一一月	第一八回あんこう祭　来場者数約一〇万人
二〇一五年三月	第四回海楽フェスタ　来場者数約五万人

※大洗町の二〇一五年二月現在の推計人口は約一万七千人

放送開始以降、平日で五〇～一〇〇人、週末には五〇〇人のファンが街を訪れるという。[*8] さらに週末にイベントがあれば、大雨でも一〇〇〇人ほどが集まり、[*9] 年間七億円強がガルパン目的の観光客による経済効果であると試算されている。[*10] 当たれば数十億円といわれる「アニメ町おこし」の他の例としては、最初に世間の注目を集めたアニメ、二〇〇七年放送後三年間で推定二二億円[*11]の経済効果があったとされる埼玉県久喜市（当時は鷲宮町）が舞台の『らき☆すた』（原作：美水かがみ）、年間二一億円の経済効果という岐阜県高山市が舞台となった二〇一二年放送の『氷菓』（原作：米澤穂信）がある。[*12]

以下、二〇一四年四月二三日に行った現地調査をもとに、『ガールズ&パンツァー』という作品が茨城県や大洗町でどのように展開されているかを簡単にまとめていく。

1　JR大洗駅

JR大洗駅構内にある観光案内所は、「ガルパン案内所」と呼ぶほうがふさわしいだろう。キャラクターグッツズ、関連商品、ポスターなどはもちろん、壁にびっしりと貼られたホテルや店などの手書き広告には、そのほとんどにガルパンのキャラクターが描かれている［図①］。案内所では、ガルパンのストーリー世界を楽しむための街歩きマップを配布しており、職員も非常にガルパンに詳しく、ガルパン目当てで訪れたとわかると好意的に丁寧に説明をしていた。

二〇一五年四月現在、この街歩きマップは地元の男性によって制作された、より詳しい「大洗市街戦攻略地図」にヴァージョンアップされており、大洗観光協会のホームページから誰でもダウンロードできるようになっている。[*13] マップを見ると、どのシーンの場所が実際にどこにあるか、作品のカット付きで確認できる。

壁には、大洗町が発行した主人公の住民票も貼られていた［図②］。平成二五年度に期間限定で大洗町役場が発

図①　大洗駅観光案内所の様子（以下、写真はすべて筆者撮影）

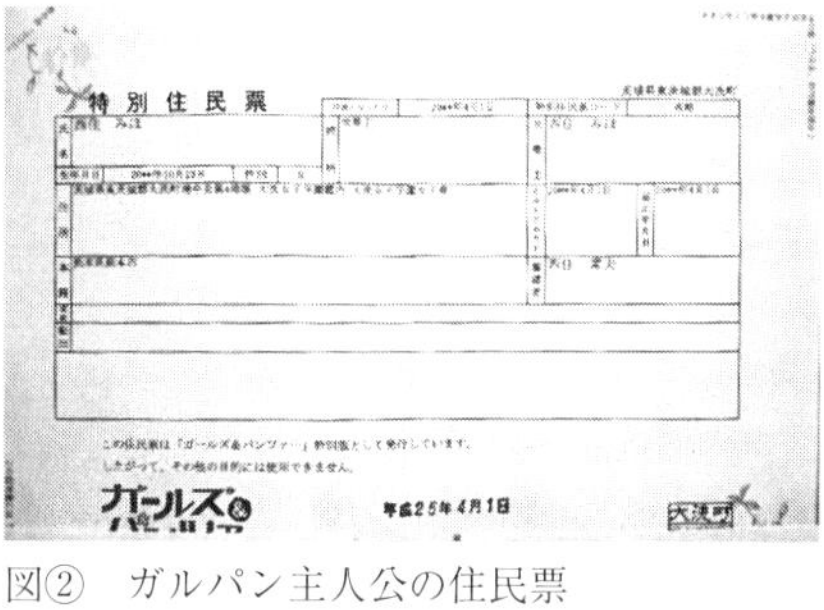

図②　ガルパン主人公の住民票

行し、一般にも販売したもので、正規の住民票と同じ紙に印刷されており、収入は五〇〇万円近くにもなったという。[*14] リバイバル企画として、二〇一五年四月より三ヶ月間限定で同様の発行がなされた。[*15]

2　大洗町商工会

取材時には、町おこしで中心的役割を果たしている商工会の入口を入るとすぐに、ガルパンのメインキャラクターの等身大パネルが飾ってあった。これは、次節で述べる商店街に置かれたパネルと同様のものである。室内には、日本酒や土産用の菓子などのガルパンを使用した地元のコラボレーション商品が机上にたくさん並べてあり、商工会が独自に商品化したステッカーや缶バッジなども販売されている［図③④］。ステッカーは、作品内で大洗女子学園が戦車道全国大会で優勝したことを記念するものである。商店街でも、多くの店で「大洗女子学園優勝おめでとう」というのぼりを飾っていた。缶バッジに書かれた「がんばっぺ」というのは茨城県の方言で、震災・原発災害からの復興スローガンである。商工会の職員らもガルパンのことを嬉しそうに語り、ストーリー

図③　大洗町商工会の様子

図④　商工会制作のステッカーと缶バッチ

やキャラクターにも非常に詳しかった。

3　商店街

「海楽フェスタ2013」で実施された「ガルパン 街なかかくれんぼ」という町商工会青年部の企画によって展示された登場人物五四体の等身大パネルは、大洗駅から東にある商店街を中心として各店に一体ずつ、二〇一六年一月現在も継続して展示されている。同じく、その成功をもとに「街なか戦車せいぞろい」と称して、大洗駅から南にある商店街を中心として作品に登場する戦車のパネルが一台ずつ置かれた。ファンらは、この二つの企画でどのキャラクター（戦車）のパネルがどこに置かれているかを示す案内図[*16]を持って、大洗の街を散策できるようになっている。商工会の話では、ファンの人々はそれを律儀に全て回っていくということだ。こうした企画の成功は、大洗という街が小さすぎず大きすぎず、街歩きに適したサイズだったことも幸いしているだろう。

現地取材では、キャラクターパネルを設置している店をいくつか訪ねた。ある商店の女性は、自分の店のキャラクターを「××ちゃん」と愛情を込めて呼んでいたが、そのキャラクターがメインでなくサブキャラなので「誕生日が無い」と不満を漏らしていた。メインキャラクターらには誕生日があり、それを設置している店には誕生日になるとファンが大量に押し寄せ、盛大に誕生日パーティを催しているそうで、その女性はそれが羨ましいということである。それでもファンが書いたイラストやそのキャラクターの声優の色紙等が、店の一角にびっしりと飾ってあった。

別の米店では、ファンが自分で作って持ってきたという店の名刺が、公式名刺と一緒に置かれていた［図⑤］。また、地元の米を小袋に詰めてガルパンのキャラクターステッカーを張り、手軽に買えるお土産として販売するなど、本業が成立する努力も見られた［図⑥］。

その他、作品に登場した食べ物やメニューを忠実に再現して販売する店や、ファンの交流場として機能している店などもある。「町に全国の男性ファンが押し寄せ」ており、「お蔭様で、売り上げは三割アップ」とシャッター通りの復活に満面の笑みの店もある。[*17] 取材によれば、ガルパン目当てで大洗を訪れるファンは、ごく稀にカップルがいるほかは、九九％が二〇代三〇代の男性ということだ。どの商店も楽しみながら様々に工夫を凝らしてこうしたファンの心をつかみ、ファンも商店もともに満足しているのが大洗の大きな特徴である。国内・国外各地からもファンが訪れており、五〇回、一〇〇回と大洗に来るリピーターも少なくないらしい。彼らはガルパンを介して地元の商店街の人びととの交流を深め、自主的に掃除のボランティアを企画するなど「マナーが良い」と非常に評判がいい。さらには、大洗に来ることで引きこもりが直ったというファンや、大洗好きが昂じて移住した者も出始めているという。地元のお年寄りがTwitterでファンとつながっている例もあるそうで、『ガールズ&パンツァー』というフィクションが現実にもたらした影響は、経済効果だけでは測れないほど大きいといえるだろう。

図⑤　大洗町の商店店内の様子と名刺

図⑥　ガルパンのステッカーが張られたお土産の米

4　茨城県内

ガルパンを使用したキャンペーンは、大洗町だけにとどまらず、茨城県全体に広がっている。

まず、茨城空港のターミナルビル内にあるコンビニエンスストア「サンクス」では、制服を着たガルパンのキャラクターのパネルが置かれていた〔図⑦〕。作品内でも、このキャラクターはサンクスでアルバイトをしている設定で、制服を着たシーンがいくつかある。関東地区のサークルKサンクスを中心として、これまでに何度かガルパンとタイアップしたキャンペーンが実施されてきた。空港内のコンビニ店にも、関連商品が土産物として並べられていた。二〇一四年一二月からは、茨城空港キャンペーンとして、空港のある小美玉市出身という設定の別のサブキャラがクローズアップされ、声を担当した声優による館内アナウンスが流されている。[*18]

図⑦　茨城空港前のコンビニのパネル

二〇一四年には、「ガールズ&パンツァー製作委員会」が、茨城県水戸市をホームタウンとするJ2に所属しているサッカークラブ、水戸ホーリーホックのスポンサーとなり、二〇一五年からは選手の正式ユニフォームにガルパンのイラストが入っている。これまでコラボグッズの販売をはじめ、スタジアムでガルパンの楽曲をかける、大型ビジョンでアニメ映像を流す、などの企画が行われてきた。[*19] また、水戸ホーリーホックと同様にアニメをキャンペーンに使っているJ2リーグチームである、東京ヴェルディ（『甘城ブリリアントパーク』とコラボ）とFC岐阜（『のうりん』とコラボ）が協力し、お互いのクラブが対戦する際にアニメとサッカーのコラボマッチを開催する「アニ×サカ!!」というプロジェクトも継続して実施されている。[*20]

さらに、自治体である茨城県そのものもガルパンに深く関与している。まずは、茨城県の運営によるローカルインターネットテレビ「いばキラＴＶ」でガルパンが配信された。[*21]二〇一二年一〇月という「いばキラＴＶ」の開局が、ガルパンの放送開始と偶然重なったこともある。また、二〇一三年九月八日投票の茨城県知事選挙の際には、投票率向上キャンペーンでガルパンが使用された。「投票所に行くともらえるティッシュに『ガルパン』のイラストをプリントしたり、「選挙に行きましょう」という選挙公報車の呼びかけメッセージを、西住みほ役の渕上舞さんにやって[*22]」もらったりしたという。こうした活動に抗議した全日本年金者組合茨城県本部からの質問書に対する、茨城県選挙管理委員会の回答書[*23]によれば、啓発物品としてポケットティッシュ九万個、卓上のぼり一〇〇本、声優による投票を促す啓発テープ一七四本とＣＤ七三枚が作成され、約九二万円が計上されたという。ちなみにこの質問書には、ガルパンを「破壊と殺戮のゲームを展開している内容」とする明らかな誤解が含まれていたが、ガルパンが「破壊と殺戮のゲームではない」にもかかわらず強い政治性があることを次節以降で確認していきたい。

三　「萌え」＋ミリタリー

近年は、「萌え」とミリタリーを組み合わせた、いわゆる「萌えミリ」と称される作品が盛り上がりを見せている。前述の杉山プロデューサーは「「女の子とメカ」はアニメの王道だが、戦車との組み合わせはこれまでなかったことも幸運だった[*24]」と語っている。

兵器等のメカと美少女が合体した形態の「メカ少女」と呼ばれるジャンルに属する作品の一つである『ストライクウィッチーズ』（以下、ストパン）は、大戦中の空軍兵器をモチーフとしており、二〇〇五年からマンガ連載が開始されて以降、ライトノベルやテレビアニメ、ＯＶＡなど多くのメディア展開をしている。ガルパンと同様に人気のあるブラウザゲーム『艦隊これくしょん』（以下、艦これ）は、「旧日本軍の駆逐艦や軽巡洋艦、重巡洋艦を擬人化した「艦娘（かんむす）」で艦隊を編成、育成、強化しながら、無敵の連合艦隊を目指す育成シミュレーションゲーム」[*25]で、二〇一三年四月二三日にサービス開始、二〇一五年一月から三月までテレビアニメ版が放送され、続編も決定している。ガルパンのキャラクターデザイン原案担当の島田フミカネは、ストパン、艦これの二作にも関わっている。二〇一四年から刊行が始まったマンガ『紫電改のマキ』は、タイトルどおり大日本帝国海軍の戦闘機がモチーフである。本作の作者である野上武志もガルパンの原案に協力しており、ガルパンに先立つ二〇〇七年から『セーラー服と重戦車』というマンガシリーズを刊行していた。

以上のいずれの作品も、ベースとして少女キャラクターの萌え要素があり、作品のスパイスとして精密に描かれた兵器や機械、リアルな戦闘シーンや緻密な戦術、仲間同士のチームワークや友情などが描かれている。ガルパンの場合は、「残酷な作品は作りたくない」というスタッフの思いから戦車道という部活動（スポーツ）にする着想が生まれたという。[*26]「残酷」ではないということは、前述のように誰も死なず、怪我すらほとんどしないことを意味し、前に挙げた作品全てに共通する設定でもある。戦車だろうが戦闘機だろうが戦艦だろうが、どれほどリアルに戦っても美少女たちは「絶対死なない」のだ。[*27]

そして、もう一つ重要な共通事項は、ストーリーに男性が登場しないことである。どの作品にも女子高生がたくさん登場するのだが、彼女たちの日常生活からは男性が見事なまでに消し去られている。よって、彼女たちは一切恋愛しない。東映アニメーションで綿密なマーケティングを行いつつ、数々のヒット作を手がけてきた関弘美プロデューサーによれば、こうしたアニメに男性が登場しないのは、ターゲットである若い男性らが作品内に男性キャラクターが登場することを嫌うから、という「ビジネス上の判断」であるという。[28]女児向けアニメでは、女性主人公がほのかな恋心を抱くような男性キャラクターが登場するのが定番だが、青年向け深夜アニメでは設定が全く異なってくる。事実、ストパンにおいてキャラクターの一人が過去に恋愛した男性キャラクターを登場させたところ、ファンからはかなりの不評を買ったようだ。言うなれば、女性キャラクターに恋愛する権利は男性ファンが独占すべきものなのである。いくつかのステレオタイプの女性像の容姿・ファッション・性格等を組み合わせてヴァリエーション化させた女性キャラクターのなかから、好みの一人に疑似恋愛させる構造は、一九九四年にコナミから発売された「ときめきメモリアル」に代表される恋愛シミュレーションゲームや、恋愛禁止で有名なＡＫＢ48というアイドルシステムにも共通する。[29]このように、ガルパンが青年向け「萌え」作品の定型に則りつつ、わずかな差異化で消費者の心を摑むように製作された緻密な「商品」であることは明白だ。

さらに「萌えミリ」作品であるガルパンは、「萌え」市場だけでなく「ミリタリー」市場にも侵食し、そこでも確実に収益を上げている。たとえば、従来「萌え」とは一線を画していたミリタリー模型の分野に、ガルパンや艦これで登場した戦車や戦艦を求めるファンが流入、加えて二〇一三年に公開された宮崎駿監督のアニメーション作品『風立ちぬ』、同じく同年公開の山崎貴監督『永遠の0』による零戦ブームもあり、低迷していたスケールモデル業界が「「陸海空」で大きな盛り上がりを見せている」[30]と報道された。また、二〇一三年一二月二九日から三一日まで東京ビッグサイトで開催された「コミックマーケット85」に六回目の出展をした角川書店は、角川グループが展開している艦これとストパンに加え、グッズ展開を開始したガルパンを合わせて「陸・海・空」完全制覇と宣伝した。[31]さらに、「リアル陸・海・空」ともいうべき自衛隊もまた、ガルパンに協力しながら同時に自らの広報を展開している。

四　自衛隊の協力

ガルパンには、陸上自衛隊の最新ハイテク国産戦車である10（ひとまる）式戦車に乗った女性自衛官が教官として登場する。『よみがえる空 "RESCUE WINGS"』ほか、戦闘機や潜水艦が登場するいくつかのアニメ作品や、「AIR BASE SERIES」という航空自衛隊のドキュメンタリー・ビデオシリーズを長年手がけてきた杉山プロデューサーには、既に自衛隊にパイプがあった。ガルパンの製作にあたっては土浦武器学校を訪問し、戦車走行中の車内の振動、音、会話を体感するために、スタッフ一〇名ほどを交代で乗せてもらったというが、こうした「特別扱い」のための交渉術には「ずっと自衛隊ものをやっていた私には一日の長がある」と杉山は明言している。[*32]

茨城県には自衛隊地方協力本部（以下、茨城地本）、陸上自衛隊の勝田駐屯地、土浦駐屯地、霞ヶ浦駐屯地、朝日分屯地、古河駐屯地、航空自衛隊の百里基地が置かれ、もともと自衛隊との関係が深い土地である。よって、県内のマラソン大会や各種イベントの際には、広報ブースが出されたり、駐屯地で花火大会が催されたりするのが恒例だ。大洗での自衛隊広報では、「海洋思想の啓蒙や啓発」を行う期間として「大洗海の月間」が設定され、「艦艇公開in大洗」として海上自衛隊の艦艇が海開きの時期に毎年派遣されている。[*33] この艦艇公開自体は、全国の海上自衛隊で行われているので大洗に限ったイベントではない。しかし、大洗ではガルパンとのコラボによってイベントの規模が大きくなり、また展示される自衛隊の装備も陸自や空自を巻き込むかたちで増えてきている［表②］。

ガルパンと自衛隊との協力は、放送開始から約半年後の二〇一三年三月に開催された第二回海楽フェスタから

表② 大洗町で開催されるイベントへの自衛隊の協力

二〇一三年三月　第二回海楽フェスタ →74式戦車、自民党・石破茂幹事長のビデオメッセージ
二〇一三年七月　海の月間イベント〜艦艇公開in大洗&大洗海開きカーニバル →訓練支援艦「てんりゅう」、10式戦車、96式装輪装甲車、94式水際地雷敷設装置
二〇一四年七月　海の月間イベント〜艦艇公開in大洗 →多用途支援艦「えんしゅう」、ペトリオット発射システムPAC−3、96式装輪装甲車、87式偵察警戒車、軽装甲機動車、救急車、偵察バイク
二〇一五年七月　海の月間イベント〜艦艇公開in大洗 →護衛艦「ちくま」、94式水際地雷敷設装置、ペトリオット発射システムPAC−3、96式装輪装甲車、87式偵察警戒車、軽装甲機動車、偵察バイク、海上保安庁・赤十字社とのコラボもあり

開始された。このときは、「戦車を持って来て、展示することはできないだろうか」という要請が、大洗町より勝田駐屯地の方にあったという。[*34] 放送開始直後の第一六回あんこう祭で、ガルパン効果を実感した大洗町のアイデアだった。当初は、茨城地本の広報担当者も無理だと考えていたが、結局は74式戦車の展示が実現している。その次の二〇一三年七月の「艦艇公開in大洗」は、震災による津波の影響を受けた大洗港の完全復旧を祝う、「大洗海開きカーニバル」との同時開催となった。このイベントでは、体験航海を実施した訓練支援艦「てんりゅう」の一日艦長にガルパンの声優を頼めないかと、茨城地本のほうから大洗の関係者に打診している。しかも、10式戦車という最新鋭の戦車を展示することは、輸送や警備の面からほぼ不可能なのだが、陸上自衛隊幕僚監部広報室をはじめ各部署の協力で「大洗の奇跡」として実現し、マスコミでも各所で話題となった。二〇一四年七月の「艦艇公開in大洗」では、展示された装甲車の周囲等にはキャラクターパネルがいたるところに設置されており、来場者にはガルパンのキャラクターが描かれたうちわが配られた。

図⑧　自衛隊「萌え」ポスター（左より 2010 年度徳島地本、2013 年度香川地本、2015 年度茨城地本）

こうした大々的なガルパンのフィーチャーには、近年の自衛隊広報における萌えキャラの流行が背景にある。徳島地本が二〇一〇年度に初めて萌えキャラをポスターに起用して以来、自衛官募集が一任されている各地の地本がこぞって同様のポスターを制作するようになった[*35]〔図⑧〕。萌えキャラの採用によって応募者数が直ちに増加することはないにせよ、自衛隊に対するイメージのアップに貢献しているのは間違いない。

三年に一度行われる内閣府「自衛隊・防衛問題」世論調査において、二〇一五年は「自衛隊に良い印象を持っている」が九二・二%で過去最高だった[*36]。この要因には、一九九五年阪神淡路大震災、二〇〇四年新潟県中越地震、二〇一一年東日本大震災などにおける災害救援活動の実績が、まず挙げられるだろう。危険地域での人命救助などに尽力する姿は、大きく報道されて人々に強い印象を残した。これに加えた自衛隊広報のソフト化により、創設以来根強くあった自衛隊に対する国民の抵抗感はほぼ無くなったといえる。

二〇一三年八月の総合火力演習（総火演）には、六〇〇〇〇人の観覧枠に約一一万人が応募し、その多くがガルパンファンだったという[*37]。二〇一五年八月の総火演には、過去最高の約一五万通の応募があり、倍率は約二九倍にも上った。ガルパンファンにとっても、自衛隊による広報の便乗は大いに歓迎されているようである。

五　ガルパンが形成する「文化圏」、その動員力

以上、ガルパンを巡る「産（アニメ産業）、官（大洗町、茨城県、自衛隊）、民（大洗の商店街、ファン）」の三者が、「トリプルWin」ともいうべき成功を収めていることを確認してきた。本節では、その成功を支える文化動員のメカニズムとその政治性に焦点をあてたい。

大塚英志は、「システム（＝大きな物語）」の「一つの断片である一話分のドラマや一つの断片としての〈モノ〉を見せかけに消費」（傍点は原文）することを「物語消費」と称し[*38]、そこで発動される「創作という消費の形式」の存在を提示し、「断片的な情報を与えられる、しかしストーリーの全体像は示されていない、そこで受け手の側はストーリーの全体像を想像＝創造していく」と指摘した[*39]。また、東浩紀はこの大塚の論をふまえて、「コミック、アニメ、ゲーム、ノベル、イラスト、トレカ、フィギュア、そのほかさまざまな作品や商品の深層にあるものは、いまや決して物語ではない」とし、「単純に作品（小さな物語）を消費することでも、その背後にある世界観（大きな物語）を消費することでも、さらには設定やキャラクター（大きな非物語）を消費することでもなく、さらにその奥にある、より広大なオタク系文化全体を消費すること」を「データベース消費」と名づけた[*40]。たとえば、ガルパンをはじめとする一連の「ミリ萌え」作品ではスカートの短いセーラー服を着た女子高生らが主人公になっているが、これはいわゆる「美少女ゲーム」といわれるジャンルにも共通し、東の論に従えば「セーラー服の女子高生」は「オタク系文化」の「データベース」を構成する主要な要素の一つといえるだろう。いずれにせよガルパン独特の盛り上がりは、たかだか十数話しかない不完全な物語を受け手が補完していく「物

語消費」なり、現在オタク文化内で流行中の「萌えミリ」という「データベース消費」なりに産官民がこぞって熱狂し、作品の世界観をもとに想像＝創造しながら実在の大洗町を「ガルパンの町」に変貌させたことだろう。

二〇代三〇代の男性が中心のガルパンファンは、生まれたときには既に十分成熟していた消費文化世界を内面化して育った世代であり、そのなかでも特に商品の購入や情報（データ）の収集に熱意を傾ける「オタク」層である。前島賢によれば「オタクたちが好む要素の、あくまで一部であったはずの「美少女」、「萌え」は、ゼロ年代（筆者注――二〇〇〇年から二〇〇九年を指す）にいたると極端に大きな価値を持つようになり、オタクであることが美少女に萌えることとほぼ等価で結ばれるようになった」[*41]が、この意味でもガルパンファンは紛れもなく「オタク」にカテゴリーされる。こうした「オタク」はそもそもガルパンのターゲット層なので、彼らが作品に夢中になることは当然といえよう。

しかし注目すべきは、消費文化の特徴である「記号の付与」による物品の販売すらほとんど無縁だった地元の商店街の人びとらが、キャラクター使用などの「記号」付与の先をいく「物語」の想像＝創造にまで一気に流入していることである。この現象は、アニメの「聖地」となった地域にある程度共通することではあるが、官民一体となって「ガルパンの町」へと変貌しようとする盛り上がり、県への広がり、自衛隊の協力など、大洗の状況には抜きん出たものがある。そして、この一連の動きは敏感に製作側にフィードバックされ、新たな商業展開へとつながっていく。こうしてガルパンという作品の消費によって、新たに消費の対象が生みだされ、それを消費することでさらなる消費が生まれる……、そのループが、人口一万七千人の北関東の小さな町で三年以上も継続しているのだ。消費によるこのような文化活動が実体的地域のなかで展開されていることから、ガルパンはもはや単なるアニメ作品ではなく、一つの「文化圏」を形成していると本稿では捉えたい。

「文化圏」が存在するということは、そこに境界があり、包摂と排除が作動することを意味する。さらに、この「ガルパン文化圏」は言語でも宗教でも生活習慣でもなく、消費で規定されているのが特徴だ。そもそも日本では、「何を消費するか」が個人のアイデンティティに直結し、さらにその消費行動が及ぼす人間関係の包摂と排除への影響が際立っている。青少年の問題を消費文化と関連づけて分析する中西新太郎は、「日本型」の文化の大衆消費が「文化商品、文化市場の開発が企業社会システムを前提とし支えとして、自由に展開されてきた」点に注目しているが、[42]つけ加えれば、消費者がその企業社会システムに自覚的であり、なおかつ好意的である点がさらに「日本的」といえよう。たとえば、ガルパンファンらのブログでは、イベントでたまたま見かけた杉山プロデューサーに関する記述をしばしば見かける。彼らにとって杉山はヒーローなわけだが、それは全能神のようにアニメの作品世界を支配する宮崎駿監督のような存在としてではなく、奇妙な表現ではあるが、自分たちに次々に新しい遊びとしての「任務」を提供してくれる優秀な「上司」として慕っているかのようだ。ファンらは、杉山プロデューサーや大洗のイベント企画者らに対し、「お疲れさまです」というねぎらいの言葉をかける。それはまさに企業社会システムの挨拶であり、杉山や企画者らがそのシステムに属していることを認識しているだけでなく、ファン自身も「お疲れさまです」と言うことで、その企業社会システムの一員として包摂＝認知されたいという欲求を痛々しいまでに表明している。

　企業社会システムを含む社会システム一般が普遍的に持つ包摂と排除、換言すれば、動員と同調圧力の機能は、構成員の主体的意思と実践によって維持されていく。親密な社会圏を「わかりあい」を基調とする「共感共同体」と捉えた中西は、その存在の不安定さと不断の維持作業について次のように述べる。

（筆者注――わかりあえるはずだという）予期にもとづく小集団の選択・創出は、その圏内での「わかりあい」（包摂）関係すべてを安定化させることはできない。（中略）「わかりあう」志向性の共有を成員の誰もが確認でき納得できるよう、可視化された手続き＝「共同化」の作法が必要だ、ということである。包摂にかんして述べた共同的自己確証は、「このアニメが面白い」と感じる対象の一致（共有）によって保障されるとはかぎらない。そう感じる自分の姿勢をたがいに確認しあえる具体的な手がかりが不可欠なのである。にもかかわらず、感じ方の共有（共感）を確認する作業（同期）は、相互主観的な性格であるかぎり、不安定さを免れえない。かかわりあいの安定化へと定位された「共同化」の作法は、したがって必然的に規範的で儀礼的な手続きをより細かくつくりだす結果へと導く。[*43]

産官民を包摂して膨張していく「ガルパン文化圏」もまたこうした不安定な「共感共同体」の一つであり、彼らの共感確認作業は、ガルパン関連商品・イベントの果てしなき開発・消費によって続けられている。ファンによる商品やイベントの消費の仕方、商店街の人びとによる企画方法、自治体のガルパン表象の用い方は、どれもそれぞれが互いによく似ており、消費の仕方を逸脱しないように牽制、監視し合っているかのようだ。そしてそれが共同体メンバーとして「正しい」ふるまいであれば、他のメンバーから「いいね！」という承認がなされるのである。「ガルパン文化圏」に「いいね！　いいね！」の声しかこだましないのは、決して小さくはなかった震災・津波・原発事故の被害にもかかわらず、福島・東北との地理的な近さによって、北関東に属する大洗町の状況が相対的に過小評価され、同時に地元の人々も東北への配慮からじっと我慢してきた経緯も陰に陽に響いているだろう。ファンは地元での消費が復興支援にもなることを認識[*44]し、製作側も地元の商店に対してはロイヤリティを配慮している。[*45] 自衛隊の協力理由にも「震災復興」という言葉が入っており、震災後に日本中を覆った産官民の「絆」イデオロギーが、「ガルパン文化圏」にしっかりと息づいているのが確認できる。

しかし、その意図が善意から発したものであれ、国家や企業が「絆」を謳ったときには、どうしようもなく純粋でないもの、胡散臭いものが混ざるのもまた事実である。国家には政治的意図があり、企業には経済的意図がある。これは、戦中の翼賛体制や報国会にも共通するものだ。当時は戦争という特殊な時代であり、人びとはファシズムに支配されていたと捉えられがちだが、「みんな」で兵隊さんを応援しよう、「みんな」でつらい状況をがんばろうという、浅慮ではあるが素朴で普遍的な感情が、国家に好都合の全体主義的傾向を持ってしまったという側面も多分にあるだろう。被災地である大洗には、こうした戦中にも似た状況が既にあり、前述の缶バッジにも書かれた「がんばっぺ!」という標語での団結が謳われている。こうした動きは、当然ながら「ナショナル」にならざるを得ない。

大洗で展開される「ガルパン文化圏」を考えたとき、経済効果の恩恵にあずかりたいという損得勘定がまず一番にあり、それに加えて心情的にガルパンという「文化圏」に包摂されたい、あるいは排除されたくない、という傾向が、国家が推進する原子力産業を真っ先に受け入れるような、もともと保守的な土地に強力に働いているように見える。つまり、「勝ち馬に乗り遅れるな」という心理が政治的・経済的・社会的に重層的に作用し、「ガルパン文化圏」への動員を維持・加速させているのではないか。ガルパンをめぐる産官民の動きが、戦争に直結するわけではもちろんない。何度か述べているように、各々の思惑は異なっており、むしろ非政治的ともいえる。しかし、産官民が相乗りすることで結果的に生じる「ナショナル」な熱狂状態に、既視感を伴った一抹の危うさが無いともまた言い切れないのである。

おわりに

近年は、サブカルチャーの分野において世界的に戦車が人気のようである。二〇一〇年にベラルーシで開発されたオンライン戦車ゲーム「World of Tanks」は日本でも人気があるが、全世界では九〇〇〇万人がプレイしており、ガルパンとのコラボも行っている。二〇一五年二月に配信されたこのゲームのスペシャルパックでは、戦闘音声がガルパンのキャラクターボイスに変更され、車両の外装がガルパン仕様になるなど、ガルパンの世界観で「World of Tanks」の戦闘ゲームを楽しめる内容になっている。[*46]

もっとも戦車・戦艦・戦闘機、あるいは戦闘ロボットやアンドロイドなどは、サブカルチャーの常套モチーフとして繰り返し再生産され消費されてきた。戦前戦中から、田河水泡による漫画『のらくろ』では帝国陸軍をモデルとした軍隊生活が描かれ、長編アニメーション『桃太郎　海の神兵』（瀬尾光世監督）は海軍省の支援により製作され、アメリカでもディズニーによって戦中にプロパガンダ・アニメーションが作られた。[*47]大塚は「日本人のまんが及びアニメーションの美学や方法は、一九三一年から四五年に至る一五年間のファシズム体制下に成立した」と断言している。[*48]このようにミリタリーとサブカルチャーの親交の歴史は長く、こうした系譜に位置づけて見るかぎり、ガルパンという作品が際立って政治的であるとはいえない。

しかし繰り返せば、ガルパンにおける産官民の野合には目を見張るものがある。また、ガルパンにはゼロ年代に続出した「セカイ系」と称される「「社会」や「国家」をすっとばして「自分のキモチ」なり「自意識」なりが及ぶ範囲を「＝世界」と捉えるような世界観を持つ一連のオタク系作品」[*49]の影響が見られる。「セカイ系」は、一人語りが激しい「闘うヒロイン」と「何もできないボク」との関係性が「世界の終わり」に直結する、というような特徴を持つため、ガルパンがこれに分類されることはほぼ無い。しかし、東によれば「一〇代の平凡な主人公を取り巻く平穏な学園生活の描写で物語が始まり、かつその日常性を維持したままでありながら（中略）非現実的な世界が淡々と描かれていく」[*50]（傍点は原文）のもまた「セカイ系」の特徴であり、ガルパンのなかで何気ない日常の会話が挿入され、かつ社会の描写が一切描かれないところは「セカイ系」に共通している。さらに「闘うヒロイン」を眺める「何もできないボク」を視聴者であるファンにあてはめれば、ガルパンを含む昨今の「ミリ萌え」作品も「セカイ系」同様の閉塞した社会で完結する物語とも見なすことが可能だろう。

九〇年代半ば以降のネオ・ナショナリズムや歴史修正主義の動きには、他者へのまなざしの狭さや培われてきた歴史への軽視が明らかに存在する。ガルパンにも見られる、社会意識や国家観の無さ、もしくは限定性という一見非政治的な態度は、逆にこうした強い政治性へと転換しかねないだろう。ましてガルパンは、自衛隊というリアルな軍事組織を含む産官民が相乗りするかたちで「文化圏」を構成しており、同様の現象がさらに大規模に展開される「物語」を基にして起こった場合、戦中同様のファッショ化へと向かう可能性は決して低くはない。あるいは「物語」がさしたる力を持たずとも、大洗で展開している「消費コミュニケーション」の隆盛から、戦中の近代的ファシズムとは全く異なるポストモダン的ファシズムが生まれるかもしれない。「コミュニケーション」への熱望、つまり他者とのつながりを過剰に求める心理は、当然ながら動員へと容易に導かれていくからだ。昨今のサブカルチャーをめぐる東による次の分析は、こうした可能性を予期させるものである。

ポストモダン化の進行と情報技術の進化に支えられ、私たちはいま、ひとつのパッケージでひとつの物語を受容するよりも、ひとつのプラットフォームのうえでできるだけ多くのコミュニケーションを交換し、副産物としての多様な物語を動的に消費するほうを好む、そういう環境のなかに生き始めている。言いかえれば、物語よりもメタ物語を、物語よりもコミュニケーションを欲望する世界に生き始めている。*51

前島もまた同様の指摘を行っている。

そのような物語（筆者注——セカイ系）の時代はゼロ年代後半には終わりを告げ、作品の読解、そして創作ですらも、コミュニケーションの連鎖のなかで行われる時代が到来した。*52

「セカイ系」は、作品ジャンルとしては既に時代遅れとする前島のような見方が主流のようだが、それは現実世界が「セカイ系」に近づいてしまったからではないのだろうか。現代は、「ボク」の世界観を説明抜きで強引に押し通していく「セカイ系」政治家たちが力を持っている時代である。彼らの「物語」に我先にと主体的に動員されるのではなく、あるいは消費をベースとした「コミュニケーション」に拘泥するのでもなく、「ナショナル」ではない社会的連帯を想像＝創造していく道筋を見つけることが喫緊の課題だろう。近代のヒエラルキーから解放されたポストモダンの自由と多様性を消費行動のみに矮小化させることは、民主的な社会にとってあまりにリスキーである。

1――拙著『自衛隊協力映画――『今日もわれ大空にあり』から『名探偵コナン』まで』（大月書店、二〇一三年）で示した「ジコチュー・ナショナリズム」、あるいは香山リカ『ぷちナショナリズム症候群――若者たちのニッポン主義』（中公新書ラクレ、二〇〇二年）で示された「ぷちナショナリズム」という概念に近い部分はあるが、ガルパンで見られる現象は「ニッポン」すら謳っていないために両者とは異なる。

2――現地調査をはじめ茨城県内の動向については、川澄敏雄氏に大変お世話になった。この場を借りて感謝したい。

3――二〇一六年一月六日現在で、興行収入八億円突破。同月九日より公開劇場数が三二館増えて、約一・五倍に拡大した。何十種類もの前売券を販売し、何回にもわたって来場者特典を用意するなど、ファンがくり返し劇場に足を運ぶような工夫をしている。「ORICONSTYLE」二〇一六年一月七日付「芸能ニュース」（http://www.oricon.co.jp/news/2065017/full/）及び「ガールズ&パンツァー公式ブログ」（http://girls-und-panzer.at.webry.info/）参照（二〇一六年一月一〇日最終閲覧）。

4――「コミカライズ」とは、アニメ、ゲーム、ライトノベルなどをマンガ化することを指す和製英語で、「先行コミカライズ」とは宣伝目的でメイン商品より前にマンガ化して周知を図るメディア商法である。ガルパンの場合は、二〇一二年七月から『コミックフラッパー』、同年八月から「外伝」が『月刊コミックアライブ』で連載されている。

5――一般社団法人日本原子力産業協会ＨＰ「会員名簿」（http://www.jaif.or.jp/about/member/list/／二〇一五年五月六日最終閲覧）。

6――常陽リビングＨＰ「町民と育てたご当地アニメ」二〇一四年七月一四日記事（http://www.joyoliving.co.jp/topics/201407/tpc1407020.html）、及び水野博介「「アニメの聖地巡礼」諸事例（2）」（『埼玉大学紀要（教養学部）』五〇―一、二〇一四年）一七〇頁。

7――野村総合研究所ＨＰ 'NRI Public Management Review'「地域におけるコンテンツ主導型観光の現状と今後の展望――大洗の「ガルパン」聖地巡礼に見る成功モデル」二―四頁（http://www.nri.com/~/media/PDF/jp/opinion/teiki/region/2014/ck20140602.pdf／二〇一五年五月六日最終閲覧）。

8――「朝日新聞デジタル」二〇一三年三月二一日付「ガルパン等身大パネルが待ってるよ　茨城・大洗」（http://www.asahi.com/area/ibaraki/articles/TKY201303210366.html／二〇一五年五月七日最終閲覧）。

9――注6ＨＰ「町民と育てたご当地アニメ」。

10――注7HP、四頁。

11――「週プレNEWS」「当たれば数十億円。「アニメ町おこし」、成功するのはどこだ?」二〇一二年四月一一日付(http://wpb.shueisha.co.jp/2012/04/11/10799//二〇一五年五月七日最終閲覧)。

12――「ローカルニュースの旅」二〇一二年八月二日付「アニメ「氷菓」県経済効果二一億円か 舞台の高山にファン――岐阜新聞Web」(http://blog.livedoor.jp/pahoo/archives/65571121.html/二〇一五年五月七日最終閲覧)。

13――大洗観光協会HP「ガールズ&パンツァー」特設ページ(http://www.oarai-info.jp/girls-und-panzer//二〇一五年四月一九日最終閲覧)。

14――注7HP、三頁。

15――大洗町HP(http://www.town.oarai.lg.jp/~jyumin/kurasi/info-1982-2_3.html/二〇一五年五月六日最終閲覧)。二回目の企画の際は、二ヶ月を超えた時点で発行部数が一万件を突破。県内はもちろん、北海道から九州、台湾や香港からもファンが訪れた。申請件数の制限がないため、作品の設定通りの住所が記載された主人公五人の特別住民票を全て申請するのは当然で、中には一人で一〇〇枚申請したファンもいたという(二〇一三年六月八日付『茨城新聞』)。

16――注13HP「ガールズ&パンツァー」特設ページよりダウンロードが可能(二〇一五年四月一九日最終閲覧)。

17――『週刊新潮』二〇一三年七月二五日特大号「茨城県大洗町の戦車で町おこし」(ページ記載なし、一七七―一七八頁相当)。

18――茨城空港HP、二〇一四年一二月五日付お知らせ「茨城空港の館内アナウンスをガルパン声優さんの声ではじめます!(一二月六日~)」(http://www.ibaraki-airport.net/news/post-6394.html/二〇一五年五月六日最終閲覧)。

19――「ねとらぼ」二〇一五年〇一月二三日付(http://nlab.itmedia.co.jp/nl/articles/1501/23/news099.html/二〇一五年五月一〇日最終閲覧)。

20――「アニメイトTVニュース」二〇一五年五月八日付(http://www.animate.tv/news/details.php?id=1431069195/二〇一五年五月一〇日最終閲覧)。キューポHP、二〇一五年九月二六日付記事(http://cupo.cc/archives/54916/二〇一六年一月一五日最終閲覧)。

21――ガルパン取材班『ガルパンの秘密』(廣済堂出版、二〇一四年)一五四―一五八頁。

22——注21書、一六〇頁。

23——質問書は二〇一三年八月二〇日付、回答書は同年九月二〇日付。

24——『中日新聞』二〇一三年五月二三日付「模型王国の挑戦　静岡ホビーショー編（上）「ガルパン」旋風」（http://www.chunichi.co.jp/article/shizuoka/economy/special/list/2013/CK2013052302000261.html／二〇一五年五月六日最終閲覧）。

25——「艦隊これくしょん—艦これ—攻略 Wiki」HP（http://wikiwiki.jp/kancolle/／二〇一五年五月一一日最終閲覧）。

26——注6HP「町民と育てたご当地アニメ」。

27——もちろん「メカ少女」作品全てが怪我もせず、絶対死なない設定というわけではない。たとえば、高橋しん原作『最終兵器彼女』などは、かなり凄惨な内容である。

28——二〇一五年五月九日に奈良女子大学で開催されたイメージ&ジェンダー研究会にて話を伺った。

29——「ときめきメモリアル」に関する指摘は、コロンビア大学美術史博士課程の楊昱による。ちなみにこのゲームは、「心跳回憶」（台湾では「純愛手札」）の名前で中国でもヒットした。

30——『中日新聞』二〇一三年一〇月一七日付「模型王国の挑戦　静岡ホビーショー編（下）続「ガルパン」旋風」（http://www.chunichi.co.jp/article/shizuoka/economy/special/list/2013/CK2013101702000200.html／二〇一五年五月一一日最終閲覧）。

31——角川書店HP、ニュースリリース二〇一三年一二月五日付（http://www.kadokawa.co.jp/company/release/detail.html?id=2013200402／二〇一五年五月一一日最終閲覧）。

32——注21書、三〇—三五頁。

33——注21書、一七三頁。

34——注21書、一七六—一七七頁。

35——『東京新聞』二〇一四年七月一一日付朝刊二八面「自衛隊募集に萌えキャラ続々」。

36——『読売新聞』二〇一五年三月八日付（http://www.yomiuri.co.jp/politics/20150307-OYT1T50143.html／二〇一五年三月一一日最終閲覧）。

37——ロイター「訂正：アングル：「永遠の0」に萌えアニメ、自衛隊が柔らか路線で広報強化」二〇一四年一一月四日付（http://

jp.reuters.com/article/JPNKorea/idJPKBN0IO03120141104／二〇一五年五月一〇日最終閲覧）。

38――大塚英志『定本 物語消費論』（角川文庫、二〇〇一年）一四頁。

39――大塚英志『物語消滅論――キャラクター化する「私」、イデオロギー化する「物語」』（角川oneテーマ21、二〇〇四年）二七―二八頁、「物語消費」に関する詳しい論は、注37書。

40――東浩紀『動物化するポストモダン――オタクから見た日本社会』（講談社現代新書、二〇〇一年）七六―七八頁。

41――前島賢『セカイ系とは何か』（星海社文庫、二〇一四年）一四頁。

42――中西新太郎『「問題」としての青少年――現代日本の〈文化―社会〉構造』（大月書店、二〇一二年）一三〇―一三三頁。

43――注42書、二八四頁。

44――大洗町には、二〇一五年一二月の一ヶ月で、ふるさと納税として一億六〇〇〇万円以上の寄付金が寄せられた。返礼品のガルパングッズが功を奏したと考えられているが、大洗に足繁く通えず地元経済に貢献できないファンが、「その分も寄付をしたい」という思いから寄付した例もあるという（http://www.itemdia.co.jp/news/articles/1601/08/news136.html／二〇一六年一月一五日最終閲覧）。

45――注21書、一三三―一三四頁。

46――「アキバ総研」二〇一五年二月二五日記事（https://akiba-souken.com/article/22878/／二〇一五年五月三日最終閲覧）。

47――軍から要請されて一九四一年一二月以降に製作された。DVD『Walt Disney Treasures: Walt Disney On The Front Lines―The War Years』（日本未発売）に長編一本、短編三二本が収録されている。

48――大塚英志「ミッキーの書式――戦後まんがの戦時下起源」（角川叢書、二〇一三年）九頁。

49――注41書、二八頁。

50――東浩紀『ゲーム的リアリズムの誕生――動物化するポストモダン2』（講談社現代新書、二〇〇七年）九八頁。

51――注50書、一五二頁。

52――注41書、二一四頁。

Ⅲ　外来文化／在日文化

III 外来文化／在日文化

「韓流ブーム」から「嫌韓ムード」へ

対韓ナショナリズムの一側面

市川孝一

6

はじめに

二〇〇〇年代初頭の〝冬ソナブーム〟から始まった一大「韓流ブーム」があったことはよく知られている。ところが、二〇一〇年代になると一転して、今度は「嫌韓ムード」がわき起こってきた。

共同研究が行われた二〇一四年の時点で、「嫌韓ムード」はますます勢いを増しているかに見えた。現在の日本社会を覆う「嫌韓ムード」とは一体何なのか。この「嫌韓ムード」の特質とその背景を〝嫌韓本の氾濫〟とそのベストセラー化現象などを中心に検証していきたい。

本書全体のテーマとの関連で言えば、これはまさにひとつの〝日本のナショナリズム〟そのものである。しかも、ナイーブでプリミティブな〝わかりやすいナショナリズム〟である。この〝むき出しのナショナリズム〟は、今日の日本の時代の気分＝社会心理の重要な一側面として解明に値する対象だと思われる。

もう少し具体的に言うと、嫌韓現象の実態、「嫌韓ブーム」の担い手などを検討した上で、「嫌韓ブーム」「嫌韓ムード」とは何か、その特質とその背景にある要因の分析を試みたい。

さらに、嫌韓本では何が語られているのか。その主要な論点を整理し、それらのテーマに関して若干のコメントを加えていきたい。

一　嫌韓現象の諸相

二〇一〇年代の嫌韓現象

二〇一〇年以降の嫌韓現象では、まず二〇一一年八月以降何度か行われた「フジテレビに抗議する嫌韓デモ」がある。このデモのきっかけの一つが、同年七月に俳優・高岡蒼甫（奏輔）がツイッターに書き込んだメッセージだと言われている。──「正直、お世話になったことも多々あるけど八は今マジで見ない。韓国のTV局かと思うこともしばしば」とフジテレビが「韓流偏重」の番組編成を行っていることを批判した。

これに呼応して（!?）、八月七日にはまず「非公式デモ」がフジテレビ本社のあるお台場で行われた。この時は、警察の許可が下りなかったので、参加者は「散歩」と称した。参加者は六〇〇人程度だった。

次いで、八月二一日には本格的で大規模なデモ行進が行われた。前半（午前）と後半（午後）の延べ参加人数は五〇〇〇人に及んだという。デモの参加者情報の通例として、主催者側発表と警察発表の数字は食い違っているし、それを伝えるメディアによっても数字にはばらつきがある（「フジテレビを標的に「五〇〇〇人デモ」の深いワケ」『週刊新潮』二〇一一年九月一日号）。フジテレビ抗議デモは、その後九月一七日、一〇月一五日と一カ月に一回のペースで続いた。

この思わぬとばっちりを受けたのが、花王株式会社である。二〇一一年九月一六日に花王本社前で、一〇〇〇人規模の抗議デモが行われたのをはじめ、一〇月二一日に第二回が、二〇一二年一月二〇日には第三回目の抗議活動が行われたという。花王デモ公式サイトに載っている「趣意書」だけでは、「なぜ花王なのか」という点ははっきりしないが、有力なスポンサーとして攻撃の対象となった。「フジテレビへの広告費の比率の高さ」「単独スポンサー番組・ドラマについて数多くの問題が浮上している」と抽象的な言い方がされているだけで、具体的な理由はいまひとつ明らかでない。「コールセンターの粗悪な対応」などという項目も理由にあげられている。

デモ実行委員会によると、最終的にはこれらの抗議活動を通じて、花王製品の不買運動を訴えていきたいということである。[*1]

スポンサーがらみでは、二〇一二年二月二一日に予定されていたロート製薬のＣＭ制作発表記者会見が急遽中止されるという「事件」もあった。これは、基礎化粧品「雪ごこち」という製品のＣＭをめぐるもので、この作品には韓国人女優キム・テヒが出演していた。[*2] 中止の理由は、彼女に対するネット上の批判的な書き込みに関連して不測の事態が起きることを警戒しての対応とされた。

キム・テヒは、二〇一一年一〇月二三日からフジテレビで放映された連続ドラマ「僕とスターの99日」にも主演していた。前出の一〇月一五日のフジテレビ抗議デモは、彼女を起用したことに対する抗議も含まれていた。なぜ、キム・テヒに対してこのような反発があったのかというと、ネット上では彼女に「反日女優」のレッテルが貼られていたからである。キム・テヒには「反日行動」の前歴があったというのである。――その騒動は少し時間は遡るが、二〇〇五年の出来事である。スイスの政府観光局から親善大使に選ばれて活動を行った際に、弟イワンとともに「独島は我が領土」と書かれたＴシャツを着用したり、配ったというのである。[*3]

さらに、芸能人がらみの出来事では、時期は李明博大統領の竹島上陸の後になるが、韓国人俳優ソン・イルグクの「竹島水泳問題」がある。二〇一二年八月一五日の「光復節」に合わせて、竹島までリレーで泳ぐイベントに参加したことが問題化した。彼は、「朱蒙」「海神」「風の国」などの歴史ドラマで日本でも高い人気を誇っていたのでその反響は大きく、翌週から放送予定だった主演の韓国ドラマ「神と呼ばれた男」（ＢＳ日テレ）と「強力班」（ＢＳジャパン）は、放送見合わせの措置が取られた。[*4] 当時の外務副大臣・山口荘は、出演した民放の報道番組で「申し訳ないが、これから日本に来るのは難しくなるだろう。それが国民的な感情だ」と述べた（『朝日新聞』二〇一二年八月二七日)。

これらに、わかりやすい話として、NHK「紅白歌合戦」に二〇一二年から三年連続で、韓国勢の出場がゼロとなったという事例を加えてもいいかもしれない。二〇一一年には、東方神起、KARA、少女時代の三組も出場していたので、その落差が目立った。*5

嫌韓現象といえば、新大久保などを拠点に行われた「嫌韓デモ」も忘れてはならない。新大久保での「嫌韓デモ」が、社会的に注目され始めたのは、二〇一二年の夏ころからで、二〇一三年前半には激しさを増していき、二〇一四年九月頃には終息を見たと言われている(「韓流の街　続く痛み　新大久保ヘイトスピーチやんでも」『東京新聞』二〇一四年九月一八日)。

その間に、「カウンター」と呼ばれる「嫌韓デモ」隊のシュプレヒコールなどに対抗する人たちも現れ、二〇一三年六月一六日には、「嫌韓デモ」を行った「在特会」(在日特権を許さない市民の会)と、それに対抗するグループ双方の計八人が暴行容疑で逮捕される事態にまで発展した(「嫌韓デモ　過激化」『日本経済新聞』二〇一三年七月一〇日)。

「嫌韓デモ」の参加者は、「朝鮮人は出て行け!」「ゴキブリ朝鮮人を殺せ!」などの聞くに堪えない差別的な憎悪表現を行う。これはまさにヘイトスピーチ(差別扇動表現)という観点からの検討が必要な大テーマであり、簡単に扱える問題ではないのでここでは詳しくはふれない。

嫌韓ムードの確立

以上紹介してきた事例には、時期的には前後するものもあるが、こうして醸成されてきた反韓ムードを決定的にしたのが、李明博大統領の過激な言動だった。一つは言うまでもなく、二〇一二年八月一〇日の李大統領の突然の竹島上陸である。さらには、天皇に対して謝罪を求める発言がこれに続いた。

日韓間のトラブルの象徴である竹島に上陸したのは、現役大統領として初めてのことだった。政権末期の不人気を挽回するためのパフォーマンスだという見方が一般的だったが、そのあまりにも唐突な振る舞いには大きな衝撃が走った。

天皇謝罪要求は、天皇の訪韓問題に関して発せられたもので、そこでは「日王が韓国に来たいなら、痛惜の念とか言うわけのわからない言葉を持ってくるのではなく、まずは独立運動家たちを回って跪いて謝るべきだ」という最大級の侮蔑的な表現が使われていた。この発言は八月一四日の韓国教育大学校における講演の中でなされたものだが、その過激な表現には、韓国国民ですら驚いたと言われている（シンシアリー『韓国人が暴く黒韓史』二九頁）。「跪いて」は大統領府の記録からは削除されたそうだが、あえて「天皇」ではなく「日王」という言い方をするところに最大級の侮蔑の意味が込められている。

訪韓日本人客の減少

この「事件」の影響は、日本人の訪韓観光客の減少という形ではっきり表れた。二〇一二年の訪韓日本人客は、約三五二万人だったのが、二〇一三年には約二七五万人と約二二%の大幅減、二〇一四年には約二三〇万人にまで落ち込んでいる。これはピーク時に比べると三割減の数である。

一方、中国人の訪韓観光客は逆に急増しており、二〇一三年には約四三三万人に達している。ソウルの観光スポットではそれまでの日本語に代わって、中国語ばかりが聞かれるようになったという。ちなみに、二〇一四年の訪日韓国人は約二七〇万人で、訪韓日本人数を上回っている。[*6]

新大久保コリアタウンが、さびれた街に

韓流ブームの退潮を示すもう一つのわかりやすい事例の一つが、〝韓流の聖地〟である「新大久保コリアタウン」の変貌ぶりだろう。この問題を取り上げた大きな記事が相次いで二つの新聞に載った。――「真冬のソナタ　新大久保コリアタウン　ブーム下火　にぎわい復活探る」（『朝日新聞』二〇一四年九月一〇日）、「大久保ヘイトスピーチやんでも…　韓流の街　続く痛み」（『東京新聞』二〇一四年九月一八日）。

象徴的な出来事は、最も知名度の高い職安通りの大型韓国料理店「大使館」の閉店だ（二〇一四年八月）。日韓ワールドカップの二〇〇二年にオープン。駐車場に両国サポーターが集まり応援をし合ったことでも有名になった店である。店の前で繰り広げられたヘイトスピーチデモの影響も大きく、売り上げは最盛期の半分以下になったとホン・ソンヨプ社長がコメントしている。大久保通りにある「韓流百貨店」も営業を続けてはいるが、二〇一四年四月に民事再生法の申請をしている。

客足が遠のいた直接の原因は、デモや街宣活動のためでもあるが、爆発的な人気は一種の〝韓流バブル〟だったととらえ、地元の商店街などとも連携して地道に街の再生を図る韓国人商店主たちの試みもなされているという。新大久保の街は、中国系をはじめ様々な諸外国の店が進出し、新たなエスニックタウンに変容しつつあるという説もある。[*7]

世論調査に見る嫌韓意識

こうした「嫌韓ムード」という対韓感情・対韓心理の変化は世論調査の結果にもはっきり表れている。内閣府が毎年行っている「外交に関する世論調査」によると、「韓国に親しみを感じる」（「親しみを感じる」＋「どちらかというと親しみを感じる」）は、二〇一一年の六二・二％が、二〇一二年には三九・二％と激減し、二〇一三年には四〇・七％と少しだけ増加したが、最新の二〇一四年の調査では三一・五％にまで減少している。いままでの最高の数字六二・二％と比べれば、まさに半減しているのである。

これほどわかりやすい形で数字に表れると、その結果に対する疑念すら生じてしまうかもしれないが、他の世論調査でも同様な傾向が確認できる。読売新聞社と韓国日報社が二〇一三年三月に行った共同世論調査の結果は次のようなものである。――まず日韓関係についての評価だが、現在の日韓関係が「悪い」（「非常に悪い」＋「どちらかといえば悪い」）という回答が日本側では七一％と前回二〇一一年の二七％から急増している。韓国でも、「悪い」と思う人が七八％（前回六四％）に上り、両国においてともに日韓関係の現状認識が否定的なものであることがわかる。

また、互いの国を「信頼できない」（「あまり信頼できない」＋「まったく信頼できない」）という回答も、日本で過去最高の五五％（前回三七％）、韓国でも八〇％（前回七七％）に上昇した。とりわけ、日本人の対韓意識が急激に悪化していることをうかがうことができる（『読売新聞』二〇一三年四月六日）。

以上のように、日本における嫌韓現象と嫌韓ムードが、行動のレベルでも意識のレベルでも確認できる。

二　嫌韓意識とメディア

メディアに見る嫌韓ブーム

そして、このような嫌韓現象の広がりに対応してメディアも当然このテーマを頻繁に取り上げることになる。表①は、「嫌韓」「反韓」をキーワードに、雑誌・週刊誌及び新聞の記事数の推移を示したものである[*8]。

これは、文字通り単純なキーワード検索であり、その数だけでは安易な議論はできないが大きな流れだけは確認できる。「嫌韓」「反韓」関連記事は、明らかに二〇一三年から急増している。本稿末にまとめた資料①の「嫌韓本リスト」でも、発行年別にみると二〇一二年：五冊、二〇一三年：一五冊、二〇一四年：四四冊と二〇一三年から急増している。

雑誌・週刊誌には「嫌韓」（および「嫌中」）の記事があふれることになったのだが、週刊誌記事については面白い数字が紹介されている。――二〇一三年一年間に発行された『週刊文春』全四九号のうち、見出しに「中国」「韓国」「尖閣」「慰安婦」などがついた記事は四八号に上った。『週刊新潮』の場合は四九号のうち三七号、『週刊ポスト』は四四号のうち三八号、『週刊現代』は四六号のうち二八号だったという（「売れるから「嫌中憎韓」」『朝日新聞』二〇一四年二月一一日）。

いわゆる〝おやじメディア〟における「韓韓」「嫌中」記事の占めるウエイトの高さは驚異的である。週刊誌が、中国関連の記事を頻繁に取り上げるようになったのは、二〇一〇年の尖閣諸島沖での漁船衝突事件の頃から、韓国関連記事は二〇一二年の李明博大統領の竹島上陸の頃からという[*9]（同）。〝おやじメディア〟としては、夕刊

表① キーワード「嫌韓」検索結果

時	期	大宅文庫	朝日新聞	毎日新聞
二〇〇五年	一〜六月	0	0（0）	0（3）
	七〜一二月	19	33（1）	1（1）
二〇〇六年	一〜六月	17	14（3）	7（0）
	七〜一二月	4	3（0）	4（3）
二〇〇七年	一〜六月	0	3（3）	1（0）
	七〜一二月	1	4（0）	0（1）
二〇〇八年	一〜六月	3	3（1）	1（0）
	七〜一二月	2	0（0）	1（0）
二〇〇九年	一〜六月	1	1（0）	0（2）
	七〜一二月	0	0（0）	1（1）
二〇一〇年	一〜六月	2	5（1）	0（0）
	七〜一二月	2	1（0）	0（4）
二〇一一年	一〜六月	2	0（1）	2（0）
	七〜一二月	3	3（1）	0（1）
二〇一二年	一〜六月	3	1（0）	1（0）
	七〜一二月	4	2（1）	1（1）
二〇一三年	一〜六月	7	3（8）	4（3）
	七〜一二月	13	8（10）	9（7）
二〇一四年	一〜六月	23	21（4）	12（4）
	七〜一二月	34	19（8）	28（6）

（ ）内の数字は、「反韓」で検索した時の数。『読売新聞』（「ヨミダス歴史館」）は、この期間全体で「嫌韓」二一件、「反韓」一〇と数が少なかった。「大宅文庫」の場合も、「反韓」はこの期間全体で四三件で、「嫌韓」に比べると絶対数が少なかった。

紙の存在も無視できない。『夕刊フジ』の記事に関する、こちらも興味深いデータがある。二〇一三年一〇月から二〇一四年三月までの半年分の記事見出しをチェックしリスト化したものだ[*10]（『NOヘイト！ 出版の製造者責任を考える』四六―四九頁）。それによると、この期間の『夕刊フジ』の韓国や中国をネガティブに扱っている見出しは全体の八〇％を占めるという。韓国関連でも五〇％に上る。記事見出しの総数は一七七に及ぶので、その絶対数も大きな数字である。

「嫌韓本」の氾濫

そして、氾濫する「嫌韓本」の数々。社会心理レベルの嫌韓ムードを分析するには、むしろ右記のような雑誌・週刊誌の記事や夕刊紙の記事などを対象にした方がいいのかもしれないが、本稿ではいわゆる「嫌韓本」を取り上げる。

本稿末の資料①に二〇一〇年代の代表的な嫌韓本のリストをまとめた。もちろんこれがすべてを網羅しているとは言えないし、なかには、韓国や韓国文化を対象にしているだけで、「嫌韓本」という分類にふさわしくないものも含まれる。

一見して、〝おなじみの書き手とおなじみの出版社〟というのが見て取れる。確かに、嫌韓を売り物とする新聞や雑誌・週刊誌、いわば「嫌韓ジャーナリズム」と呼ぶべきものが存在することは明らかである。新聞であれば『産経新聞』、夕刊紙の『夕刊フジ』、雑誌であれば、『正論』（産経新聞出版）、『ＳＡＰＩＯ』（小学館）、『WiLL』（ワック）、『歴史通』（ワック）、週刊誌であれば『週刊文春』（文藝春秋）、『週刊新潮』（新潮社）等々。また、出版社であれば、嫌韓本リストに登場するような産経新聞出版、扶桑社、ＰＨＰ研究所、ワック、宝島社、晋遊舎等々である。

「嫌韓本ブーム」と言っても、それらは所詮このようなおなじみの書き手や媒体によって支えられている一部の限られた言論活動だというふうに見る人もいるだろう。しかし、一方でこうした言説が明らかに一定数の人々によって支持されているという事実も確かに存在するのである。実際に嫌韓本が売れ、なかにはベストセラーになっているというのも厳然たる事実である。ベストセラー化というのは、言うまでもなく一つの「流行現象」である。あらゆる「流行現象」に注目し、研究テーマにしてきた筆者にとっては、避けて通れないテーマとなる。

具体的に「嫌韓本」のベストセラーには、どのようなものがあるのだろうか。前出の『朝日新聞』の記事では、その時点での売れている「嫌韓本」を紹介している。

それによると、室谷克実『呆韓論』：二〇万部、室生克実『悪韓論』：一一万部、倉山満『嘘だらけの日韓近代史』：七万四千部、呉善花『侮日論』：三万部といったところが最もよく売れている「嫌韓本」となっている（「売れるから「嫌中憎韓」」）。

別の記事では、これら以外に次のようなベストセラーが紹介されている。――呉善花『虚言と虚飾の国・韓国』：九万部、竹田恒泰『笑えるほどたちが悪い韓国の話』：八万部、金慶珠『歪みの国・韓国』：六万部、井沢元彦・呉善花『困った隣人韓国の急所』：五万五〇〇〇部（「韓国・中国「解説本」続々刊行」『産経新聞』二〇一四年六月四日）。[*11]

さらに、その他の「嫌韓本」のベストセラーには以下のようなものがある。いずれも新聞広告で紹介されている数字なので、どこまで正確かについては保留しなければならないが、昨今の「出版不況」の中では大きな数字である。

- 呉善花・石平『もう、この国は捨て置け！ 韓国の狂気と異質さ』ワック、二〇一四年二月
  六万部突破（『産経新聞』二〇一四年五月三日、広告）
- 古田博司『醜いが、目をそらすな、隣国・韓国！』ワック、二〇一四年三月
  三万部突破（同）
- 渡辺昇一・呉善花『「近くて遠い国」でいい、日本と韓国』ワック、二〇一三年四月
  四万部突破（『産経新聞』二〇一四年五月一八日、広告）
- シンシアリー『韓国人による恥韓論』扶桑社、二〇一四年五月
  わずか二か月で二〇万部突破！（『産経新聞』二〇一四年七月一六日、広告）
- 室谷克実『ディス・イズ・コリア 韓国船沈没考』産経新聞出版、二〇一四年七月
  発売一〇日でたちまち六万部突破！（『産経新聞』二〇一四年八月一六日、広告）
- シンシアリー『韓国人による沈韓論』扶桑社、二〇一四年九月

シリーズ累計三〇万部突破!(『産経新聞』二〇一四年一〇月二〇日、広告)

・シンシアリー『韓国人が暴く黒韓史』扶桑社、二〇一五年三月
たちまち累計三四万部突破! 待望のシリーズ第三弾(『朝日新聞』二〇一五年三月一七日、広告)[*12]

「嫌韓本」が売れたことは間違いのない事実である。現に「嫌韓本」の氾濫は、二〇一四年の出版界の最大のニュースのひとつだと総括しているものもある(「回顧 この一年 出版」『信濃毎日新聞』二〇一四年一二月二四日)。恒例の『毎日新聞』の読書世論調査でも、この「嫌韓本」が取り上げられている。

そうなると、次の興味は「嫌韓本」を読んでいる人は、どんな人たちかという問題である。「嫌韓本」の読者・読者層とは?――ということである。これがわかると、「嫌韓ブーム」「嫌韓ムード」の担い手、その支持者の実像の一端もうかがい知ることができるというものである。

右記の読書世論調査からも、非常に大まかな形ではあるがそれを読み取ることができる。第六八回読書世論調査には、次のような質問項目が設けられていた。

韓国や中国を批判し問題点を指摘する、いわゆる「嫌韓」「嫌中」本が出版され、雑誌では「嫌韓」「嫌中」記事が掲載されています。これらを読んだことがありますか。

これに対する回答は次のようなものだった。

ある……一三％（男：一八％、女：九％）
ない……八六％（男：八一％、女：九〇％）

さらに、読んだ人のうち、四五％が六〇代以上、二〇代は八％、一〇代後半は三％という結果が出ている（『毎日新聞』二〇一四年一〇月二六日）。

つまり、「嫌韓本」の主要な読者層は、中高年男性ということである。これはあまりにも大ざっぱな一般的傾向を示したものにすぎないが、もう少し詳しい興味深いデータがある。『週刊東洋経済』が紹介している嫌韓本のベストセラーの代表的な二冊である室谷克実『呆韓論』（産経セレクト、二〇一三年一二月発売）とシンシアリー『韓国人による恥韓論』（扶桑社新書、二〇一四年五月発売）に関する読者（購入者）データである。

これによると、両書のそれぞれ発売月の読者は、前者が男性五〇歳以上：三九・八％、男性三〇～四九歳：三五・〇％、女性三〇～四九歳：九・七％、その他：一五・五％、後者の場合では、男性五〇歳以上：三六・七％、男性三〇～四九歳：二九・三％、女性三〇～四九歳：一三・五％、その他：二〇・四％となっている。見事に同じような構成になっている。つまり、嫌韓本の読者の中心は中高年男性だということである。

さらにそこでは、先に引用した内閣府の「外交に関する世論調査」（二〇一四年）の結果との関連を見ている。この調査結果では、韓国に対しては六〇歳以上で「親しみを感じない」（「どちらかというと親しみを感じない」＋「親しみを感じない」）と答える人の割合が顕著に高い。具体的な数字は、二〇代：四八・六％、三〇代：六四・〇％、四〇代：五八・六％、五〇代：六〇・七％、六〇代：七一・六％、七〇歳以上：七七・二％となっている。

また、性別では男性が六九・七％、女性は六三・五％である。

その内容からして、嫌韓本ブームはいわゆる「ネトウヨ（ネット右翼）」に支えられていると思いがちだが、この記事では、「ヘイトスピーチに参加するような狭義のネット右翼は、嫌韓・嫌中本など買わない。彼らはネットにある情報だけを信じ、価値観の基準もネット内で閉塞している」というコメントが紹介されている。[*13] この指摘は単純な事実を示したものだが、実に明解である。「ネトウヨ」は、選挙にも行かないし本も読まないのである。

そこで、嫌韓・嫌中本ブームについての一つの興味深い結論は次のようになる。――「……もともと読書習慣がある層と、中韓両国に対して拒否感が強い層がぴったり重なったところに嫌韓・嫌中本のブームが生まれたのだ」（「愛国本読者の正体」『週刊東洋経済』二〇一五年一月一七日号）。

嫌韓ブームは、日ごろから週刊誌や夕刊紙に接し、読書の経験や習慣が身についている中高年男性がその主要な担い手だったのである。


それでは、「嫌韓本」の内容はどのようなものだろうか。嫌韓本のリストは、そのタイトルだけ見ても凄まじい。「悪」「嫌」「呆」「愚」「誅」「嘘」「犯」「恥」「黒」等々、刺激の強いむき出しの敵意を反映したマイナス・イメージの文字が並ぶ。

〝中身は推して知るべし！〟で済ませてもいい、精読するようなものではないということになるかもしれない。しかし、それでは議論にならないので、内容についても検討していくことにしよう。

タイトルの激しさでは、「誅」はその最たるものだろう。なにしろ、「天誅」の誅なのだから。『誅韓論』の帯には、「これはもはや殺韓論だ！」とあるように、「誅」が意味するところは、「殺すこと」なのである。さらに帯には、「かの反日敵性国家を沈黙させられる必殺の書」とある。ちなみに、この本のサブタイトルは「悪の反日国家はこうやって潰せ！」である。

問題点を明らかにするには、敢えてもっとも極端なものに注目するというのも一つの有効な方法である。内容のサワリの部分だけを見ておこう。タイトルの過激さに対応して、この本は内容も凄まじい。――「今や大勢の日本人が気づき始めた。韓国という国は「反日」を国教とする「カルト教団」であり、韓国国民はとはそれを信仰する「狂信者の集団」ではないのか、と」（三頁）――「まえがき」の冒頭からこんな文章で始まる。

李明博大統領の竹島上陸と自国領宣言、天皇侮辱発言は、「日本国民に対する公然たる挑発行為」で事実上の宣戦布告であると断じ（一三頁）、結論は、「韓国は日本に非正規戦を仕掛けている現役テロ国家であり、韓国人はテロリストである」（八〇頁）ということになる。[*14]

これ以外の嫌韓本をチェックしていくと、いくつかの共通のテーマが扱われていることが分かる。以下にその代表的なものをあげ、それについて若干のコメントをつけて見たい。嫌韓本の多くが好んで取り上げる共通のテーマは、日韓間の懸案である「従軍慰安婦問題」「竹島問題」「教科書問題」であることは言うまでもないが、ここでは物の考え方・価値観などに関わるもう少し大きなテーマに注目していきたい。

三　嫌韓本の主要テーマ

①反日批判（反日的態度）：「反日」は国是。「反日」は一種の宗教（「反日」教）。

②小中華主義・事大主義

①と②は切り離せない。①の基礎に②があるという関係で、両者はいわばセットになっている。韓国人の反日的態度は、直接的には第二次世界大戦後一貫して行われてきた「反日教育」の産物だが、呉善花『侮日論』（文藝春秋、二〇一四年）などによるともっと根の深いものだという。

朝鮮半島に伝統的に見られる「侮日観」こそが、その根本的な原因であり、それは「倭人」や「倭奴」などの呼び名に端的に表れている（四頁）。そして、それを支える「思想」こそが「小中華主義」であり、「事大主義」だというわけである。「小中華主義」というのは、自分たちが中華（中華帝国）のより近くに位置するがゆえに優れており、辺境の（！）日本に対する優位性を誇示する考え方である。日本を野蛮で文化的に遅れた国として蔑視する「華夷秩序」の世界観だと言い変えることもできる（九六―九七頁）。

③「ケンチャナヨ」精神

④安全意識の欠如

③④も、重なってくる。「ケンチャナヨ」は面白い言葉である。筆者が一番最初に覚えた韓国語である。韓国人自身にとってのこの言葉のニュアンスはどのようなものかは正確にはわからないが、筆者は英語の「Don't mind!」「No problem!」に当たるのではないかと勝手に解釈している。

よく言えば、「おおらか」「楽天的」、究極の「前向きの精神」である。一方、悪く言うと「いい加減」で「大ざっぱ」、慎重さや繊細さに欠ける。日常的な付き合いの中では、そのおおらかさを好ましく感じることも少なくない。

しかし、それが裏目に出ると事は深刻である。物づくりにおいていい加減な手抜きが横行するので、人災としての事故が多発する。人災としての事故が多いことは韓国社会の特徴と言ってしまうとそれまでだが、二〇一四年は特に大きな事故が頻発した。[*15] これらは、「そら見たことか!」と日本の嫌韓世論を勢いづかせた。とりわけセウォル号沈没事故は、深刻だった。修学旅行の高校生を中心に三〇〇名を超える死者・行方不明者を出した事故が大惨事であることは言うまでもないが、一番の驚きは乗客を放置していち早く自分だけが逃げ出した船長のふるまいである。

もちろんこれは、船長個人の資質にもかかわることだろうが、嫌韓派には「だから韓国人は……」という話になってしまうのである。この事故そのものはもとより、その後の事故への対応は、朴政権はもちろん韓国社会全体の評価を大いに損ねたことだけは確かである。[*16]

⑤ウリジナル信仰

これは嫌韓本の定番ネタの代表的なもののひとつである。「ウリジナル」とは、韓国語のウリ(われわれ)とオリジナルからつくられた合成語で、さまざまな物の起源(ルーツ)は韓国にあると主張する言説のことである。〝韓国の何でも韓国起源説「ウリジナル」妄想〟(『週刊ポスト』二〇一二年一一月一六日号)などと揶揄的に語られる。

このテーマに関しては、SAPIO編集部編『日本人が知っておくべき嘘つき韓国の正体』の第二章「ウリジナル・パクリ大国」に集約されている。ここで取り上げられている韓国起源とされたものには以下のようなものがある。――「茶の湯」「生け花」「寿司」「剣道」「空手」「歌舞伎」「折り紙」等々である。なかには、「漢字は韓国発祥」「孔子は韓国人」などという珍説もある。

「ケンカ腰の隣人『韓国』との付き合い方　剣道も茶道も演歌もしゃぶしゃぶも韓国起源のご都合主義――日本発祥のものを韓国起源という『ウリジナル』」（『週刊新潮』二〇一三年六月六日号）、「だから韓国は嫌われる！反日の正体　読んだら頭が痛くなる〝ウリジナル〟なナンデモ韓国起源説　それってホント？　人類のルーツは韓国にアリ⁉︎　空手、柔道、剣道、茶道、そして忍者も……」（『宝島』二〇一四年二月号）、「だから世界から嘲笑される「嘘と捏造のＯＩＮＫ（オンリー・イン・コリア）国家・韓国」何でもかんでも「ウリジナル」」（『週刊ポスト』二〇一四年三月二八日号）などのように日常生活に関わる身近な問題だけに、雑誌、週刊誌では好んで取り上げられる。

このテーマに関するキーワードは、「夜郎自大」である。自分たちの外に広い世界があることを知らず、自分たちが強大で一番すぐれていると錯覚することである。広い視野から物事を見ることができず自分たちの狭い社会の基準からのみ物事を判断するので、客観的な判断ができない滑稽さを揶揄する言葉だ。

これは本当の意味でオリジナルを持たないことに対するコンプレックスの反動であるというのが一般的な解釈である。そこでよく引き合いに出されるのが、〝韓国には一人もノーベル賞受賞がいない〟というエピソードである。山本峰章『韓国人は、なぜノーベル賞を獲れないのか』（ベストブック、二〇一四年）などという本もある。実は、金大中がノーベル平和賞を受賞しているが、ノーベル賞でも「平和賞」は様々な問題があり、ノーベル賞の内にはカウントできないというのが定説なので、実質はゼロというわけだ。

もっとも、日本人もオリジナリティのなさでは「定評」がある。日本人の「猿真似」は、日本人論のおなじみのテーマだ。〝日本人の独自の発明といえば、「人力車」と「カラオケ」ぐらいだ！〟と自嘲的に語られたりもする。しかし、一方で外来文化を巧みに日本化する能力については肯定的に語られることはあっても、日本起源をことさら強調するようなことはないと思われる。そうした日本人から見ると、韓国の「ウリジナル」信仰は、滑稽だと感じられるし、最も非難しやすい対象となる。

この起源（ルーツ）自慢は、やれ「本家」だ「元祖」だという争いに似てバカバカしいものである。『日本人が知っておくべき嘘つき韓国の正体』も、「本来、文化の価値とは優劣を競うことでも、ましてや起源を争うことでもない」（七五頁）と珍しくまともな結論を下している。

⑥遵法（順法）精神を欠く：ＯＩＮＫ

⑦司法の暴走

⑥⑦も重なっている。「ＯＩＮＫ」とは、「オンリー・イン・コリア」（Only in Korea）を略した言葉で、元は欧米金融関係者の間で生まれたという。「韓国でしか起こらない、普通ならあり得ないこと」といった意味で使われる。韓国政府や韓国人の国際常識をわきまえない行動に対する怒りと軽蔑の念が込められた造語だという（『日本人が知っておくべき嘘つき韓国の正体』一一三頁）。

つまり、韓国では国際社会では当然のこととして認められている共通のルールが通用しないことがあるということに対する批判の意味が込められている。経済の領域もさることながら、これが最も顕著に表れるのが法の世界だと言える。多くの先進諸国では共有されている法律の基本的なルールが、韓国では守られない場合が少なからずあるということである。「法治国家ならぬ放置国家」と言われるゆえんである。

戦時中に日本企業によって徴用された個人への賠償を大法院（日本の最高裁に相当）が認めた「戦時徴用工問題」や「親日反民族行為者財産の国家帰属に関する特別法」（二〇〇五年）などがその代表例であり、後者は近代法の大原則である「法の不遡及」にも反している（同、一一五頁）。

「司法の暴走」に関しては、もっと分かりやすい事例もある。二〇一三年二月に大田（テジョン）地裁が下した、長崎県対馬市の観音寺から盗まれた県指定有形文化財「観音菩薩坐像」に関する判決である。それは、「観音寺が仏像を正当に取得したことが証明されるまで、韓国政府は日本側に返還してはならない」というものだった。これは、「占有者が占有物について行使する権利は適法に有するものと推定される」という民法の基本原理に反しているという。つまり、民法の規定によると本来は「観音寺が不当に取得したことを韓国側が立証しなければならないのである」（同、一一〇―一一一頁）。

この判決は、〝この仏像はもともと倭寇によって掠奪されたもの〟という不確かな根拠に基づくものだが、これが有名な「反日無罪」というものである。世論に迎合した判決であり、法の論理よりも国民感情が優先する。また、政権の意向を忖度した判断を示し、政権におもねる司法の存在から、韓国には「三権分立」がないなどと揶揄されることがあるが、二〇一四年の産経新聞ソウル支局長をめぐる「騒動」は、韓国批判の格好のターゲットとなった。[*17]

この事例に関しては、「表現の自由」の世界標準からみて、擁護することが困難なケースであった。客観的に見て、韓国の世界的評価を損なったことは事実として認めなければならないだろう。

⑧根強い優越感とコンプレックス

これは、②の小中華主義・事大主義と重なっている。日本人は自分たちよりも野蛮で劣った存在であるという「侮日観」についてはは先にふれたが、韓国人の強烈な自尊心と劣等感が一体となった激しい対日感情には驚かされる。

その根底には、〝文化はみんな自分たちが教えてやったのだという思い込み〟があり、もっとわかりやすいたとえで言うと〝韓国は兄で日本は弟、弟が兄より上であることは許されない〟という素朴な反発もあるという（呉善花『侮日論』一一一―一一二頁）。

韓国人特有の劣等感については、柳舜夏（『韓国人の癲癇　日本人の微笑み』）が取り上げていた「自激之心」についての議論が、一番納得のいく説明だった。「自激之心」とは、もともとは「自分が事を起こしながら、そのことに対して自ら不満に思う心」のことだそうだが、日常的に使われる意味は、「他人のためではなく、自らのために激発される心理状態」であり、「他人や他の対象とは関係なく、自己の内部に起こった感情の様相」で、「被害者意識、敗北感、悔恨、嫉妬、敵愾心などが含まれる」ものだという（一八〇頁）。

それは二次的発現としての過剰防衛につながり、攻撃性を帯びてくる。――この韓国人特有の心理的特性が「反日心理」の根底にあるのではないか。[*18] そして、この「自激之心」は、大概は「生産的というよりも、自己消耗的、破壊的に作用する」ということになる（一八一頁）。この指摘は重要なポイントを突いているように思われる。

「自激之心」をベースにした劣等感が、日本と日本人に向けられたとき、過激な「反日言説」が生まれるのである。

⑩整形大国

俗な話題としては、よく取り上げられるものである。これは非常に興味深いテーマであり、稿を改めて論じるべきものであるため、ここでは深入りしない。「身体髪膚これを父母に受く、敢えて毀傷せざるは孝の始めなり」は、儒教の大切な教えのはずなのに、なぜ韓国人は自分の身体にメスを入れることに抵抗がないのか？――この点を留学生を含めて韓国人にはいつも質問するのだが、なかなか納得のいく答えが得られていない。「外華内貧」、つまり外側が豪華であれば見えないところはどうでもよいという価値観と関連づけたら理解しやすいかもしれない。[*19] 確かに、韓国の建物には外見は見事にきらびやかで豪華なものが多い。

四　嫌韓本をめぐる出版動向

日本・日本人賛美本

実は出版界では、「嫌韓本」ブームと並んで、「日本礼賛本」のブームも注目されている。前出の『朝日新聞』の特集記事では、これらのカテゴリーの本も紹介されている。

一番売れている竹田恒泰『日本はなぜ世界で一番人気があるのか』（ＰＨＰ研究所、二〇一一年一月）は、何と四六万部、同じ著者の『日本人はいつ日本が好きになったのか』（ＰＨＰ研究所、二〇一三年一〇月）は、一四万部[*20]、川口マーン恵美『住んでみたドイツ　八勝二敗で日本の勝ち』（講談社、二〇一三年八月）は、一六万部のベストセラーとなっている（「売れるから「嫌中憎韓」」『朝日新聞』二〇一四年二月一一日）。

「日本礼賛本」「日本賛美本」には、この他にも本稿末の資料②に示したようなものがある。

つまり、嫌韓本ブームの一方で、〝日本はこんなにすごい！〟〝日本人はこんなに素晴らしい！〟という「日本および日本人賛美本・礼賛本」が売れているのである。「嫌韓・嫌中本ブーム」と「日本礼賛本ブーム」は、表裏一体いわばセットのブームであると言ってよい。

そしてテレビの世界にも、この動きに重なる現象が見られる。「所さんのニッポンの出番！」（ＴＢＳ）、「世界が驚いたニッポン！　スゴ～イデスネ!!視察団」（テレビ朝日）、「ＹＯＵは何しに日本へ？」（テレビ東京）、「世界の村で発見！　こんなところに日本人」（テレビ朝日）、「世界ナゼそこに日本人？」（テレビ東京）など、「日本の良さ再発見」や「世界で活躍する日本人」をテーマにしたり、外国人に日本を褒めてもらう番組が目立つ（「『世界』がテーマ　番組増加」『産経新聞』二〇一五年一月三日、「日本をほめるテレビ番組が増えているのは？」『朝日新聞』二〇一五年三月一三日）。

日本人論の系譜には、「日本人優秀論」と「日本人劣等論」の二つのカテゴリーがあるというのはよく知られた話だが、言うまでもなくこれらは「日本人優秀論」に位置づけられる。そして、特に外国人によって書かれた「日本人優秀論」に日本人はすぐに飛び付く（『ジャパン・アズ・ナンバーワン』がその代表例であることは言うまでもない）。外国人からの賞賛をことのほか喜ぶのである。それらの賛辞は日本人の優越感を心地よくくすぐるからである。

しかし、こうした心理はコンプレックスの裏返しである。他人から常に賞賛を得なければ不安になる、自信のなさの表れなのである。従って、「日本礼賛ブーム」は、日本社会に蔓延している不安という社会心理を反映しているものだと言ってよい。

対抗的な動き

「嫌韓本」のベストセラー化は日本の出版文化の問題でもあるが、「嫌韓本」や「嫌中本」の氾濫という出版状況については、出版界の内部から批判やそれを憂える声が上がっている。日本の出版界の名誉のためにも、こうした対抗する動きがあることを紹介しておかなければならないだろう。暴走に対して、何とかブレーキが機能することは、日本社会がまだ「健全さ」を多少なりとも残しているということだろう。

それらの代表的なものには次のようなものがある。

①選書フェア「いま、この国を考える――「嫌」でもなく「呆」でもなく」

河出書房新社の若手編集者四人の発案による企画で、一九人の作家や評論家の協力が得られ、全国一〇〇店以上の本屋が選定された本を置くことになった。

協力した作家・評論家には次のような人たちが名を連ねている。――小熊英二、野間易通、北原みのり、朴順梨、小林美希、斎藤貴男、雨宮処凛、いとうせいこう、内田樹、岡田利規、斎藤美奈子、白井聡、想田和弘、中島京子、平野啓一郎、星野智幸、宮沢章夫、森達也、安田浩一（『毎日新聞』二〇一四年六月二日）。

②フェア第二弾「「嫌」でも「秘」でもない未来をつくる」

北原みのり・朴順梨『奥さまは愛国』、スタンレー・ミルグラム『服従の心理』、赤坂真理『東京プリズン』など自社（河出書房新社）の六冊に加え、八人の作家、評論家らがそれぞれ〝今、読むべき本〟を推薦している。例えば、辺見庸『記憶と沈黙』（あさのあつこ）、田中宏『在日外国人』（荻上チキ）、森達也『誰が誰に何を言っているの』（森絵都）などである（『毎日新聞』二〇一四年一二月一日）。

③ブックフェア「平和を考える」

「『言葉』の力で平和、人権を取り戻そう」をスローガンに、ヘイトスピーチ関連や韓国や中国をさげすむような雑誌や書籍が増えてきている現状に危機感を持つ約二〇の中小出版社が参加。あけび書房、高文研、金曜日、コモンズなどが名を連ねている（『東京新聞』二〇一四年一〇月二八日）。

④反「ヘイト本」の出版

嫌韓・嫌中本の氾濫に対する出版業界内部からの異議申し立ては、一冊の本にまとめられ出版されたものもある。ヘイトスピーチと排外主義に加担しない出版関係者の会編『NOヘイト！　出版の製造者責任を考える』（ころから、二〇一四年一一月）。この本は、同会と出版労連、出版の自由委員会の共催で、二〇一四年七月に行われた「『嫌中憎韓本』とヘイトスピーチ――出版物の「製造者責任」を考える」と題するシンポジウムを中心に編まれたものである。〈中国や韓国など他国あるいは民族集団、あるいは在日外国人など少数者へのバッシングを目的とした出版物〉を「ヘイト出版」と定義し、この種の本が多く出回る背景を考察している。

編集者、書店員、ライターなどの出版に関わる仕事をしているまさに当事者たちの発言だけに、どれも切実な思いが感じられる。だれもが、この種の本の氾濫という現状を忌々しき事態だととらえている点では共通しているが、一方では、「売れるものを作り、扱わなければならない」という「商売の論理」との間で葛藤する苦悩が率直に表明されている。

彼らのコメントの中には、この種の本の読者の実像やこうした本が売れる背景についてのコメントも含まれており、まさに当事者の経験と実感をもとに語られているので説得力がある。

本を売る側としては、売れるものなら何でも出す。商売の論理からすれば、これは残念ながら避けられない。そこで、「嫌韓本」の中には明らかにブームに便乗したと思われるものもある。

例えば、呉善花『「見かけ」がすべての韓流――なぜ、大統領までが整形するのか』（ワック、二〇一二年）は、『韓流幻想』（文藝春秋、二〇〇八年）を改題・改訂したものだし、岡崎久彦『なぜ、日本人は韓国人が嫌いなのか』（ワック、二〇〇六年）は、『隣の国で考えたこと』（中央公論社、一九八三年）を改題・改訂したもので、二〇一二年に第三刷が出版されている。

前者は、〝「冬ソナ」ブーム〟についての正鵠を射た分析もあり、一つの日韓比較文化論になっている。また、後者も右寄りの超保守派論客として名高い人物の著作としては、意外にもまっとうなものである。自らの外交官としての韓国滞在経験をもとに率直な、時に素朴とも言えるほどの韓国論が展開されている。これらの内容の本に、ことさら刺激的なタイトル（あるいはサブタイトル）を付けているわけだが、その意図するところは、あまりにも明白である。

出版はビジネスではなく「志」だというのは言い古された言葉だが、この問題は出版が抱える究極のジレンマであり、「出版社の矜持」が問われることもある。[*21]

五　嫌韓の背景

嫌韓ブーム、嫌韓ムードの広がりの背景については様々な要因が考えられるが、まず両国の政治状況もその一つであることは間違いない。

二〇一二年一二月に成立した安倍政権と二〇一三年二月に就任した朴槿恵大統領の組み合わせは、ある意味「最悪の組み合わせ」とも言える。韓国側からすれば、安倍政権は「極右政権」であるし、朴政権は前代未聞の発足当初からの「反日政権」であった。韓国大統領は、政権末期になって低落した自身の支持率回復のために強硬な反日姿勢をとるというのが、通例であった。ところが、朴政権は最初から強硬な反日姿勢をとったのである（呉善花『なぜ「反日韓国に未来はない」のか』一四―一五頁）。

これは日本にとっては意外なことであり、期待はずれであった。なぜなら、父親の朴正熙大統領は「親日的」で知られていたから、娘もそうであろうという素朴な印象評価が、日本側には存在したからである。

しかし、これは大きな間違いであり、「朴正熙大統領の娘だから親日」ではなく、「朴正熙大統領の娘だからこそ反日」なのである。朴槿恵大統領にとっては、父親と同類だとみなされ、「親日的」のレッテルを貼られることは最も避けなければならないことなのである。そのため、かえって強硬な対日姿勢を示すことによって、父親との違いをアピールしなければならないのである。

「告げ口外交」という言葉はすっかり有名になったが、朴政権の中国への急接近ぶりは露骨で、いまだに日韓首脳会談は実現を見ていない。*22

一方、安倍政権は一強多弱という政治状況の下で、やりたい放題である。「集団的自衛権」の問題、メディアへの露骨な介入など、目に余る暴走ぶりであるにもかかわらず誰も止めることができない。安倍政権とは、一言で言えば、「知性と品性を欠く」政権であり、これがすべてを語っている。

安倍政権の対韓外交は、「わざと相手の感情を逆なですること」ばかりである。まさに「大人げない」対応であり、それが結果的には大きく「国益」を損ねているのである。例えば、外務省のホームページや『外交青書』

から、韓国に対して従来使ってきた「基本的な価値を共有する」という表現を外している。また、教科書に領土問題を明記し、政府見解の記述を必須のものとした対応などがそれである（「日韓の「価値共有」削除」『産経新聞』二〇一五年四月四日、「教科書検定　韓国から抗議」『朝日新聞』二〇一五年四月七日）。

嫌韓ムードの背景には、両国の社会状況もその一因となっていることが考えられる。両国とも、格差社会化が進行し社会全体に閉塞感が漂っている。どちらも、イライラが蔓延する不寛容社会の様相を呈している。相手を蔑み、罵ることによって溜飲を下げるというのは、最も情けないが手っ取り早い不満解消の方法なのである。〝国内の不満をそらせるために外に敵を作る〟というのは為政者の常套手段である。それにまんまと乗せられているのが、「反日」の激化であり、「嫌韓」である。

〝金持ち喧嘩せず〟という有名な言い回しがある。その反対が、〝貧すれば鈍する〟である。双方に、鷹揚な大人の対応ができるだけの余裕がないのである。

日本人の「劣化」もまた、嫌韓の一因かもしれない。これはここ一〇年くらいの間に目立ってきた現象であるように筆者には感じられる。日本でも今までだったら考えられないような人為的なミスによる事故やトラブルが発生している。[*23] 嫌韓言説は、実は日本社会の劣化を反映した社会現象・病理現象の表れかもしれない。拳をふり上げ非難し攻撃した相手をよく見ると、実はそれが「鏡に映った己の姿」だったということもあるが、反韓の言動には、そのような側面もある。

相手をおとしめ、自己の地位を相対的に高める。あるいは、高まったような気になる（幻想を抱く）というのは最も幼稚な「自己回復」の手法である。このような場合、実は当人も自信がなく、自分がダメなことにはうすうす気がついているのである。だから、自分を過剰に褒めてもらわないと落ち着かないのである。前出の一連の〝日本人スゴ〜イ!〟のテレビ番組の果たす役割はまさにこの点にある。

また、嫌韓言説は、国内にもある〝お国自慢〟の拡大版のようなところがある。同じ国内にも、地域同士の競い合いがあるのが常だが、それらはもっと大きな外からの視点で見れば、「目くそ鼻くそ……」の類で、実は「どっちもどっち!」なのである。

そうした言い争いは、最後は〝要するに××は、「民度」が低いから!〟の一言で片づけられてしまうことが多い。しかし、これは論争ではなく、一方的な「優位」の宣言でそれ以上のものではない。感情的・短絡的な断定は、生産的なものにはならない。嫌韓論にはこのレベルのものが少なくない。

嫌韓言説はまた、〝相手がより「酷い」ことを非難・攻撃するマイナスの競い合い〟になっている。「慰安婦問題」に対しては、「それじゃあ、朝鮮戦争時の韓国軍の慰安婦部隊はどうなんだ?」「在韓米軍基地村の米軍慰安婦は?」「ベトナム戦争での韓国軍の強姦・虐殺問題は?」と反論するように。

争いごとは、低次元の争いになることが宿命である。より低い方のレベルへと収斂していくからである。幼稚で次元の低い「子どもの喧嘩」というやつである。要するに「大人げない」のである。少なくとも一方が「大人」にならなければ、子どもじみた感情的な応酬は終息しない。[*24] 憎悪が憎悪を呼ぶ「相互憎悪」の悪循環である。冷静な自己評価と論理的かつ合理的な相互批判。これは至難の業ではあるが、その理想を求めなければならない。嫌韓本が取り上げているテーマは、それ自体はきちんと分析対象にすれば興味深いものが少なくない。扱い次第ではエスノセントリックでステレオタイプ的なレッテル貼りではない正統派の日韓比較文化論や国民性論に変えることができるのである。

おわりに

以上検討してきたように、「韓流ブーム」から「嫌韓ムード」への転換のプロセスと問題点は、一応確認できた。時代の社会心理は、時に大きく逆ぶれすることがある。「韓流ブーム」から「嫌韓ムード」へのシフトはその一例である。

冒頭で取り上げたように、ひところの「韓流ブーム」は感情的反発を招くほど勢いがあった。「韓流ブーム」の衰退は、確かにその通りだが、当時の「韓流ブーム」がむしろ異常なバブル状態だったとも言える。バブルははじけたが、むしろ沈静化してまともな状態に戻ったという見方もできる。韓流に関しては、にわかファンは離れたが、コアなファンは残っていると見た方が、実態を正しくとらえていると言えるだろう。

二〇一二年以来、紅白歌合戦への韓国人歌手の出場はゼロが続いている。しかし、二〇一三年でも、東方神起は日本におけるライブで九〇万人を動員したし、二〇一四年のコンサート動員ランキング上位一〇位のうち、二位（BIGBANG）と七位（東方神起）は、韓国勢である（「韓流ブーム一〇周年　転機に」『日本経済新聞』二〇一四年一一月二九日）。

現在もBS民放チャンネルを中心に多くの韓国ドラマが放映されている。筆者自身も、韓国歴史ドラマや韓国映画を相変わらず楽しんでいる。〝ヨン様は百人の外交官でもできなかったことをひとりで成し遂げた〟――こんなことが、「韓流ブーム」の絶頂期には言われた。ところが、逆に一人の政治家がそれをぶち壊してしまうこともある。

だから、ことはそれほど単純ではない。しかし、それでも大衆文化の力を信じたい。大衆文化（のコンテンツ）は、日韓の間に存在する諸問題を解決するきっかけとなる力を持ち得るのではないだろうか。

1――花王デモ公式サイト http://kaodoff.blog.fc2.com/blog-entry-61.html

2――〝最も美しい韓国女優〟として、日本でも人気の高い女優である。あまたの整形美女たちとは一線を画す、「正統派美女」として評価が高い。

3――これにはスイス側も抗議をしたという。なお、キム・テヒ本人は「僕とスターの99日」の放送開始前に来日した際のインタビューでは、自らの「親日」ぶりを強調している（「ｍｓｎ産経ニュース」二〇一一年一一月九日、および黒田勝弘「ソウルからヨボセヨ」『産経新聞』二〇一二年二月二五日参照）。

4――「ｍｓｎ産経ニュース」二〇一二年八月一五日（http://sankei.jp.msn.com/entertainments/news/120815/ent12081519540012-n1.htm）。ソン・イルグクの母方の祖父は、反日活動家・政治家として有名なキム・ドゥハンである。また、彼は二〇一二年三月に生まれた三つ子の名前を「テハン」「ミングク」「マンセ」（大韓、民国、万歳！）と名づけて話題を呼んだ。

5――「産経ＷＥＳＴ」二〇一四年一二月二九日（http://www.sankei.com/west/news/141229/wst1412290005-n3.html）。

6――「聯合ニュース」二〇一五年一月七日（http://japanese.yonhapnews.co.kr/relation/2015/01/07/0400000000AJP20150107000200882.HTML）。「日韓観光　改善なるか　訪韓日本人客　関係悪化で激減」（『毎日新聞』二〇一四年七月五日）。

7――筆者はたまたまある〝韓流おばさん〟の案内の下、二〇一五年三月の初めに新大久保巡りのツアー（フィールドワーク⁉）を行ったが、ウイークデーの昼間にもかかわらずかなりの人出があり、少なくとも「閑古鳥が鳴いている」というさびれた状況ではなかった。〝韓流おばさん〟と呼ばれた中高年女性の姿は確かに少なかったが、若者たちと外見から明らかに日本人ではないということが分かる多様な外国人の姿が目立った。

8――雑誌・週刊誌記事については「大宅文庫」のデータベースを、『朝日新聞』は「聞蔵Ⅱ」、『毎日新聞』は「毎索」、『読売新聞』は「ヨミダス歴史館」のそれぞれのデータベースを使用した。なお、二〇〇五年から二〇〇六年のところに一つの山が見られるが、これらの記事の大半は山野車輪『マンガ嫌韓流』（晋遊舎）のベストセラー化に関するものである。

9――二〇一四年後半からは、「朝日バッシング」の記事が急増していく。皮肉なことに、それによって嫌韓嫌中記事は次第に減少していくこととなった。

10――『九月、東京の路上で』（ころから、二〇一四年）の著者・加藤直樹氏が作成したもの。

11――さすが、産経新聞である。「嫌韓本」とか「嫌中本」とは言わない。トップの『呆韓論』は、後に二七万部のベストセラー（『産経新聞』二〇一四年八月一六日、広告）となり、最終的には「日販二〇一四年年間ベストセラー」総合第二〇位にランクイン、「トーハン二〇一四年年間ベストセラー」新書・ノンフィクション部門の第一位、文庫と全集を除く総合部門でも年間一七位となっている（『産経新聞』二〇一四年一二月二日）。

12――『朝日新聞』に扶桑社のしかもこの類の広告が載るのは異例のこと。

13――『ネット右翼の逆襲』（総和社、二〇一三年）の著者の評論家・古谷経衡氏のコメント。

14――この本では、日本側が取るべき具体的処方箋として、「誅韓アクションプラン」なるものが示されている。しかし、そこに示されている詳細な対応策は、二〇一五年末に「戦時作戦統制権」が、アメリカから韓国に返還されることを前提にしているので、それが再延長された今となっては、すべてが机上の空論になってしまった。

15――二〇一四年の主な事故は以下の通り。二月一七日、慶州で体育館崩落事故、一〇人死亡。四月一六日、セウォル号沈没事故。五月二日、ソウル地下鉄二号線上往十里駅で追突事故、二四〇人けが。五月一二日、忠清南道牙山市で、完成目前のビルが傾く。五月二六日、高陽市（京畿道）バスターミナル火災事故、七人死亡。六月二九日、現代百貨店で天井崩落事故。七月二三日、江原道太白市で列車同士が衝突、一人死亡、九二人重軽傷。一〇月一八日、アイドルグループのイベントで、観客らが換気口に転落し一六人死亡。

16――個人的に一番不可解だったのは、この事件では船が沈没するまでにかなりの時間があったにもかかわらず、誰ひとりとして脱出を図り海に飛び込むという逃走行動を起こさなかったということである。その理由が、「泳げなかったから！」だと聞いた時には唖然とした。海洋警察のメンバーでさえ泳げない人が多いというのである。学校にプールもなく、平均的な韓国人は学校教育で水泳を学ぶ機会がないのだそうだ。

17――二〇一四年八月三日に産経新聞のウェブサイト「msn産経ニュース」に加藤達也ソウル支局長の「追跡~ソウル発」という記事が掲載された。『朝鮮日報』のコラムを引用し、セウォル号沈没の当日の朴大統領「空白の七時間」問題を取り上げ、男性との密会を示唆した。この記事が名誉棄損で訴えられ、支局長は在宅起訴された。同時に出国禁止措置がとられ、ようやく八か月後の二〇一五年四月一四日に解除された。

18――韓国人特有の心理的特性である「恨」(はん)も、定番のテーマである。

19――ずばり〝外貌至上主義〟ととらえるものもある。申昌浩「「顔」がすべてを決める外貌至上主義の時代」(『かお』現代風俗研究会年報、三四、二〇一四年)。

20――この二冊に『日本人はなぜ日本のことを知らないのか』(PHP研究所、二〇一一年九月)を加えたシリーズ三冊で、累計約八一万部が売れたという(「日本礼賛本:嫌韓・嫌中をしのぐ勢い? ブームの理由を探る」『毎日新聞』二〇一五年二月二五日)。また、別の記事では『日本はなぜ世界で一番人気があるのか』は、二〇一四年末で累計五〇万部で、さらに五万部の増刷がかかり、竹田の三部作は「すでに九〇万部超で、一〇〇万部の達成を見込んでいる」という出版社のコメントが紹介されている(「愛国本読者の正体」『週刊東洋経済』二〇一五年一月一七日号)。

21――伝説の漫画雑誌『ガロ』の出版元だった青林堂が、嫌韓本の出版に「転向」したことが話題になった(「昔「ガロ」今「ヘイト本」」『東京新聞』二〇一五年一月一〇日)。

22――本稿の記述は、二〇一五年四月末時点までのものである。

23――埼玉の高校生二二人(のちに二九名であったことが判明)が、ソウルのショッピングモールで起こした集団万引き事件もその一つだろう。事件が起こったのは、二〇一五年三月二七日、明らかになったのは四月一〇日。韓国の高校との親善試合のため訪韓していた私立高校サッカー部員だった。最近の日本社会の状況は、多くの点で「韓国化」している。韓国に対する批判は、そのまま日本にも当てはまる。

24――広島長崎への原爆投下を〝神の懲罰〟と書いた『中央日報』のコラム(二〇一三年三月二〇日)や、サッカー日韓戦で韓国サポーターが安重根の巨大な横断幕を掲げた（二〇一三年七月二八日）などの事例。

参考文献（資料①に含まれないもの）

小倉紀蔵・小針進編『日韓関係の争点』藤原書店、二〇一四年
北原みのり・朴順梨『奥さまは愛国』河出書房新社、二〇一四年
木村幹『日韓歴史認識問題とは何か』ミネルヴァ書房、二〇一四年
黒田勝弘『韓国　反日感情の正体』ＫＡＤＯＫＡＷＡ、二〇一三年
黒田勝弘『韓国人の研究』ＫＡＤＯＫＡＷＡ、二〇一四年
澤田克己『韓国「反日」の真相』文藝春秋、二〇一五年
二日市壮『韓国擁護論』国書刊行会、二〇一四年
半藤一利・保坂正康『日中韓を振り回すナショナリズムの正体』東洋経済新報社、二〇一四年
柳舜夏『韓国人の癇癪　日本人の微笑み』小学館、二〇一四年

資料①　嫌韓本リスト

井沢元彦・呉善花『厄介な隣人韓国人の正体』祥伝社、二〇一二年一〇月
井沢元彦・呉善花『困った隣人韓国の急所』祥伝社、二〇一三年三月
宇田川敬介『韓国人知日派の言い分』飛鳥新社、二〇一四年六月
呉善花『虚言と虚飾の国・韓国』ワック、二〇一二年九月
呉善花『「見かけ」がすべての韓流　なぜ、大統領までが整形をするのか』ワック、二〇一二年三月
呉善花『反日・愛国の由来』ＰＨＰ研究所、二〇一三年一一月
呉善花『なぜ「反日韓国に未来はない」のか』小学館、二〇一三年一二月

呉善花『侮日論』文藝春秋、二〇一四年一月
呉善花『「反日韓国」の自壊が始まった』悟空出版、二〇一四年一一月
呉善花・黄文雄・石平『日本人の恩を忘れた中国人・韓国人の「心の闇」』李伯社、二〇一三年一二月
呉善花・石平『もう、この国は捨て置け！　韓国の狂気と異質さ』ワック、二〇一四年二月
大高未貴『日韓〝円満〟断交はいかがか？』ワニブックス、二〇一四年四月
岡崎久彦『なぜ、日本人は韓国人が嫌いなのか』ワック、二〇〇六年一一月
加瀬英明『中国人韓国人にはなぜ「心」がないのか』ベストセラーズ、二〇一四年五月
金慶珠『歪みの国・韓国』祥伝社、二〇一三年六月
倉山満『嘘だらけの日韓近現代史』扶桑社、二〇一三年一二月
倉山満『反日プロパガンダの近代史』アスペクト、二〇一四年二月
拳骨拓史『韓国人に不都合な半島の歴史』ＰＨＰ研究所、二〇一二年一一月
拳骨拓史『「反日思想」歴史の真実』扶桑社、二〇一三年六月
拳骨拓史『韓国「反日謀略」の罠』扶桑社、二〇一四年三月
黄文雄『なぜ韓国人・中国人は「反日」を叫ぶのか』宝島社、二〇一四年二月
黄文雄『犯韓論』幻冬舎ルネッサンス、二〇一四年三月
黄文雄『悲韓論』徳間書店、二〇一四年七月
黄文雄『犯中韓論』幻冬舎ルネッサンス、二〇一四年八月
黄文雄『恨韓論　世界中から嫌われる韓国人の「小中華思想」の正体！』宝島社、二〇一四年九月
黄文雄『立ち直れない韓国』扶桑社、二〇一四年一〇月
黄文雄・呉善花・石平『売国奴　なぜ中韓は反日を国是とするのか』ビジネス社、二〇一三年一月
黄文雄・呉善花・石平『日本人は中国人・韓国人と根本的に違う』李伯社、二〇一三年四月
ご隠居『息をするように嘘をつく韓国』宝島社、二〇一四年一〇月

SAPIO編集部編『日本人が知っておくべき嘘つき韓国の正体』小学館、二〇一四年三月
桜井誠『大嫌韓時代』青林堂、二〇一四年九月
産経新聞「新帝国時代」取材班『貶める韓国脅す中国　新帝国時代　試される日本』産経新聞出版社、二〇一四年三月
シンシアリー『韓国人による恥韓論』扶桑社、二〇一四年五月
シンシアリー『韓国人による沈韓論』扶桑社、二〇一四年九月
シンシアリー『韓国人が暴く黒韓史』扶桑社、二〇一五年三月
鈴置高史『中国に立ち向かう日本、つき従う韓国』日経BP社、二〇一三年二月
鈴置高史『中国という蟻地獄に落ちた韓国』日経BP社、二〇一三年一一月
鈴置高史『「踏み絵」迫る米国「逆切れ」する韓国』日経BP社、二〇一四年四月
鈴置高史『「三面楚歌」にようやく気づいた韓国』日経BP社、二〇一五年三月
石平・黄文雄・呉善花『日本人は中韓との「絶交の覚悟」を持ちなさい』李伯社、二〇一四年一月
竹田恒泰『面白いけど笑えない中国の話』ビジネス社、二〇一三年七月
竹田恒泰『笑えるほどにたちが悪い韓国の話』ビジネス社、二〇一四年三月
鄭大均『韓国が「反日」をやめる日は来るのか』KADOKAWA、二〇一二年一二月
豊田有恒『どの面下げての韓国人』祥伝社、二〇一四年四月
豊田隆雄『本当は怖ろしい韓国の歴史』彩図社、二〇一五年三月
日本戦略ブレイン『誅韓論』晋遊舎、二〇一四年八月
古谷経衡『もう無韓心でいい』ワック、二〇一四年八月
某国のイージス『韓国とかかわるな!』アイバス出版、二〇一四年六月
某国のイージス『非韓五原則』アイバス出版、二〇一四年一二月
古田博司『醜いが、目をそらすな、隣国・韓国!』ワック、二〇一四年三月
松木國俊『こうして捏造された「韓国千年の恨み」』ワック、二〇一四年

馬渕睦夫『「反日中韓」を操るのは、じつは同盟国・アメリカだった!』ワック、二〇一四年一〇月
三橋貴明『愚韓新論　断末魔の経済と狂乱反日の結末』飛鳥新社、二〇一四年二月
宮家邦彦『哀しき半島国家韓国の結末』PHP研究所、二〇一四年一〇月
宮崎正弘『中国・韓国を本気で見捨て始めた世界』徳間書店、二〇一四年九月
宮崎正弘・室谷克実『仲良く自滅する中国と韓国』徳間書店、二〇一四年六月
宮脇淳子『悲しい歴史の国の韓国人』徳間書店、二〇一四年一二月
室谷克実『悪韓論』新潮社、二〇一三年四月
室谷克実『呆韓論』産経新聞出版、二〇一三年一二月
室谷克実『ディス・イズ・コリア　韓国船沈没考』産経新聞出版、二〇一四年七月
室谷克実・三橋貴明『「妄想大国」韓国を嗤う』PHP研究所、二〇一四年四月
八幡和郎『誤解だらけの韓国史の真実』イースト・プレス、二〇一五年四月
渡部昇一・呉善花『「近くて遠い国」でいい、日本と韓国』ワック、二〇一三年四月
渡部昇一・呉善花『日本と韓国は和解できない』PHP研究所、二〇一四年九月
別冊宝島『反日韓国ヤバすぎる正体』宝島社、二〇一四年二月
別冊宝島『日本人なら知っておきたい「反日韓国」一〇〇のウソ』宝島社、二〇一四年八月
別冊宝島『アホでマヌケな反日「中韓」』宝島社、二〇一四年一一月
晋遊舎ムック『中国・韓国絶対に許せない一〇〇の悪行』晋遊舎、二〇一四年一二月

資料②　日本礼賛本リスト

川口マーン恵美『住んでみたヨーロッパ九勝一敗で日本の勝ち』講談社、二〇一四年九月
井上和彦『日本が戦ってくれて感謝しています』産経新聞出版、二〇一三年一〇月
池間哲郎『日本はなぜアジアの国から愛されるのか』育鵬社、二〇一三年八月

黄文雄『中国・韓国が死んでも隠したい本当は正しかった日本の戦争』徳間書店、二〇一四年二月
黄文雄『世界が憧れる天皇のいる日本』徳間書店、二〇一四年四月
樋口清之『梅干と日本刀』祥伝社、二〇一四年六月（一九七四年刊の原著を復刊）
樋口清之『続・梅干と日本刀』祥伝社、二〇一四年一〇月（一九七五年刊の原著を復刊）
平川祐弘『日本に生まれて、まあよかった』新潮社、二〇一四年五月
櫻井よしこ『日本人に生まれて良かった』悟空出版、二〇一五年二月

III 外来文化／在日文化

一九五〇年代におけるソビエト文化受容

文化運動と日本的なものとの結びつきを中心に

吉田則昭

7

はじめに

ロシア革命から約三〇年後、戦後日本に流入したソビエト文化は、通常ルートではなく、アンダーグラウンド的に、複数の経路から受容がなされていた。筆者は、これまでも一九四〇年代後半のソビエト文化事情について考察したことがあるが、そこでは雑誌、映画、歌、組合文化といったマイナーな経路が、この文化普及に貢献していたことを指摘した。[*1]

のちの一九五〇年代、この外来文化は、単に直輸入されただけではなく、日本的なものとの結びつきを強めながら、受け容れられたのではないかという仮説の下、本稿では当時の受容実態をさぐってみたい。もとより「大衆文化」の色彩の濃いアメリカ文化の受容と比較するなら、ソビエト文化受容は、「高級文化」として戦前からの知識人らによる文化受容の遺産を引き継ぐ部分も大きかったことが予想される。ただ残念なことは、戦後の日ソ文化交流の普及過程に、ロシア語専門家は、あまり積極的に関心を示してこなかった。音楽、演劇の取り組みについては、一定程度、関係者記録などからたどれるものの、映画に関してはあまり残されていない。

ソビエト文化受容と日本的なものの結びつきをみる場合、例えば、音楽研究の知見からではあるが、近代日本における西洋音楽受容を考えてみたい。明治期、その導入時に、近代国家にふさわしい西洋音楽が唱道されたとしても、一夜にして皆が西洋音楽的な感覚を身につけたり、地元の文化を担っていた芸妓たちがそっくり消え去ったりというわけではなかった。それゆえ、民衆的な場面になればなるほど、西洋音楽が「土着化」しながら根付いてゆくことが、先行研究からも指摘されている。

日本は西洋の音楽文化をそのまま輸入して猿まねしてきたかのようなイメージで語られることがよくありますが、こうしてみると（筆者注――西洋音楽を日本へ導入する際の換骨奪胎ぶり）、当時の人々は西洋の最先端の動きを、自分たちの社会状況に合わせて臨機応変に「最適化」して取り組んでいるように思われます。それを単純な「西洋化」として語ってしまうのは、タテマエだけでものを考えるエリートの視点であって、実際には文化が大衆的な局面になればなるほど、時にはそのタテマエをも有名無実にしてしまうような仕方での「土着化」が行われているのです。*2

本稿は、主に「映画」「うたごえ運動」に焦点を当てていくが、それら対象を詳しくみるというより、日本的なものとの結びつきという文化受容の形式に注目していくこととしたい。ソビエト文化をみる場合、当時の民衆レベルでの政治運動の盛り上がりとも無縁ではありえないし、日ソ両国の国家間の動向も見逃せない。これらは、その後、六〇年代以降、「経済の時代」においては、商用化もされ、費消されていく運命にあった。はたして、この文化は、一九五〇年代、一定の、限定的な効果しかなかったのか、もしくはどれほど大衆文化へ浸透したのか、を推し量ってみたい。

一　一九五〇年代前史――戦前・戦後占領期

一九五〇年代の文化状況にふれる前に、戦前・戦後の事情を簡単にふりかえっておきたい。戦前までの日本ににおけるソビエト文化とは、おおよそインターナショナルが歌われ、マヤコフスキーが詩を書き、エイゼンシュタインやプドフキンが斬新な映画を作っていた革命後ほぼ一〇年間(一九一七—一九二七年)におけるレーニンのロシアであり、また革命一〇周年記念に国賓として招待された秋田雨雀らが伝えたロシアであった。

しかし、実際、この時期は、革命直後の外国の侵略と国内戦争(一九一七—一九二一年)、新経済政策(ネップ)の時期を経て、スターリンの一国社会主義建設が実践に移され、第一次五カ年計画の開始とともに、工業化が進められた時期(一九二九—一九三二年)でもあった。その後スターリン憲法が発布され、ボルシェビキ党史が編集され、スターリン賞が制定されるなど、スターリン生誕六〇年の一九三九年という年に至っては、彼の指導権が完全に確立したかのようであった。

戦前のソビエト文化受容は、一九一七年のロシア革命を起点とし、その後、ソ連に「対外文化連絡協会」(VOKS=対文連。外務人民委員部の監督下におかれる。初代会長カメーネヴァはトロツキーの妹で、カメーネフの妻)が発足、諸外国の対ソ友好団体との文化交流を目的とする団体として機能した。一九二五年三月の日ソ国交樹立後、各外国でソ連友の会が組織される動向を受け、日本でも一九三一年に「ソヴェートの友の会」が結成されるなど、左翼知識人だけでなく一定の層による文化受容が行われていた。

当時、国内では、新劇運動の主流となったプロレタリア演劇運動が、折からの無産運動の勃興とこれに危機感を覚えて敵対する国家権力とのはざまで運命的な歴史を綴っていくさなかにあり、それは華々しくもあり、やがて敗れていく者の悲哀の影を落としていく過程でもあった。そして、この後に続く占領期とは、敗戦を機に演劇人らが長い間の弾圧から解放されたことで、ソビエト文化受容が再び広がりをみせることとなる時期でもあった。

一九四五年一〇月、政治犯、思想犯がGHQ指令によって次々と釈放される中、演出家・土方与志も仙台刑務所から出獄、戦後の新劇復興のスタートを切ることになる。一二月には、すべての新劇人らによる合同公演で『桜の園』が上演され、新劇の再スタートとしては大成功を収めた。

同年末、ソ連からシーモノフを団長に、ゴルバートフ、アガーポフ、クドレワーティフの四人の作家からなる対文連代表団が焦土の日本に来日する。当初、極東裁判を取材するためであったが、この代表団は翌四六年まで三か月間、日本全国を駆けめぐり、各界人だけでなく農民や労働者の中にも入って交流を深めた。

このとき、案内役として同行したのが、戦前のソ連大使館通訳・井上満と、幼少期をモスクワで過ごした土方与志長男・土方敬太であった。[*3]この代表団来日をきっかけに、一九四六年五月、幅広い文化人を集め、両国の文化交流を目的とする日ソ文化連絡協会（会長・土方与志）が発足し、同協会から発行されたのが、戦後ソビエト文化紹介の草分けとなる『ソヴェト文化』という雑誌であった。[*4]

図①　土方与志

図②　雑誌『ソヴェト文化』表紙

二　戦後のソビエト映画上映再開

1　輸入割当制度の下での『シベリア物語』の成功

戦後占領期において、ソビエト映画の輸入は英仏両国より早く、一九四七年八月、ソ連映画輸出協会に許可が下りると、九月には『モスクワの音楽娘』が公開された。戦後初の公開映画は、一九四六年一一月に上映された『スポーツパレード』というソビエト体育祭の記録映画である。一九四八年までに公開されたソ連映画は僅か一二本であったが、そのうちカラー映画が三本あり、前記『スポーツパレード』、一九四七年公開の最初のカラー劇映画『石の花』がアグファ・カラー系の色彩で幻想的な印象を与えて評判になり、一九四八年公開の『シベリア物語』がその後続いた。GHQ側からすれば、ソビエト映画は、敗戦国民を幻惑するに値するだけのクオリティを持ったキラー・コンテンツとして、また「マイルドなプロパガンダ」として警戒されるものであった。*5

図③　映画『モスクワの音楽娘』パンフレット

GHQは、各国の要求にあって「一国一社」に限り輸入業務を認めることとし、一九四七年八月になって英、九月に仏、年末にソ連が参入できることになった。この結果、戦後二年を経た時点で、ようやくアメリカ以外の外国映画が本格的に上映できるようになった。しかし、一九四七年度の国別の輸入本数枠の内実は、アメリカが年間一〇〇本、英が二〇本、仏一六本、ソ連はわずか六本というものだった。そのためもあってか、一九四六―四七年のソ連の対日映画政策は、GHQの手続きによらず、職域、労働組合などで自国の映画の上映会を催すというピンポイント的、ゲリラ的な方法で、ソ連シンパの日本人ネットワークを作るというものであった。

ソ連映画の上映も、当初は大手配給会社に依存していたが、興行的にも「乞食が旦那様のお情けにすがるといったありさま」（袋一平）だったため、直営的な組織でのソ連映画普及、とりわけ「一番重要な問題は上映組織の民主的な確立」（岩崎昶）を考えなければならないとしている。[*6]

占領期初期のソ連映画輸入は、日ソ映画社、映画配給社、北星商事の三社の扱いで行われていたが、先述の「一国一社」制度により、関係者協議の上、一九四七年一一月に北星商事に一本化される。土方敬太は、ソ連映画の輸入代理会社・北星商事を設立、一九五〇年以降、同社から発行された映画雑誌『ソヴェト映画』にもスタッフライターとして精力的に執筆する。[*7]

当時の上映ラインナップの中でも、映画『シベリア物語』が、占領期日本人の心の琴線にふれ、多くの聴衆を

図④　雑誌『ソヴェト映画』表紙

図⑤　映画『シベリア物語』パンフレット

得たことはよく知られている。ソビエト映画の第一人者として、土方敬太が映画監督・亀井文夫と共に著した『ソヴェト映画史』（一九五二年）から、あらましを引用してみる。

『シベリア物語』の美しい船の上の場面――主人公アンドレイの弾くアコーデオンに感動した農民達は、《これこそ、音楽というものだ！》と、叫ぶ。アンドレイにアコーデオンを貸した若者は《実はこのアコーデオンは、小遣をためて昨日街で買ってきたばかりなんだが、俺にとっては猫に小判だ。君が持ってて初めて生きる代物だ。どうか貰ってくれ》という意味の温かい言葉を吐く。アンドレイは「こんな高価なものを……」と、いって辞退する。だが取り囲んだ農民達は、わが事のように嬉しそうに、「かまわないから貰っておけ」と、すすめる。この美しい人間関係があの素晴しい天然色の風景と民族色ゆたかな音楽の中でくりひろげられるのであるから、思わず観客は感動の嘆息を吐くのである。

では、世界の働く人々に、希望と勇気を与えてくれるこの国の映画の明るさは、何処からきたものだろうか？

それは、単に天然色の色彩効果や、音楽の美しさ、乃至は俳優技術のうまさなどといった映画の美学的成功だけからきたものではないことは無論、むしろソヴェト映画の持つ、高い思想性と真実性こそ、第一に取りあげなければならない問題だと思う。*8

しかし、この映画の思想性、真実性を訴える土方らの解説に相反して、占領期の雑誌記事における受け止め方は多面的である。*9 今日的な視点からは、ピアニストとしての夢破れた主人公が復活するサクセスストーリーとして、また二組のカップルの織り成す恋愛ドラマとして、そして別の観点からは、シベリアの伐採場の労働者の明るい生活を描いたもの、とみることができる。また、この作品は、「音楽と人民のつながり」というソ連共産党政治局員ジダーノフの文化路線に忠実な宣伝映画とされるが、特に重要なのは、映画の中で歌われた「バイカル湖のほとり」など、叙情性に溢れたロシア民謡が、その後「うたごえ運動」でも歌われたことである。

しかし、なぜ日本で『シベリア物語』が、広く受け入れられたのか、今となってはその文化受容要因は不明である。管見の限り、ソ連対文連のカウンターパートとして諸外国のソ連友好団体の活動と比較するならば、イギリスの英露ソ連協会（一九二四年設立、Society for Co-operation in Russian and Soviet Studies／ＳＣＲＳＳ）や、朝蘇文化協会（一九四五年一一月設立。北部朝鮮にて新聞『朝蘇特報』、雑誌『朝蘇文化』を発行）の資料[*10]をみてもこの映画が広く受け入れられた形跡はない。日本において、この映画がなぜヒットしたのか、さらなる要因、受容プロセスの解明が待たれるところである。

2　一九五〇年代の映画産業、日本的なものとの結びつき

一九五〇年四月、劇映画の「一国一社制」は原則廃止になり、ＧＨＱは代わって輸入実績に基づく外画輸入制を大蔵省に移管する。一九五一年度以降の外画輸入は、「前年の封切本数以内」とする通達（大蔵省通達『外国映画の輸入方針について』。「主要映画輸出国たる六ケ国」に対し、①「戦前十年のうち本邦輸出の最も大きかった一暦年間の本数」、②「昭和二五年中の封切本数」、③「昭和二五年中の配給収入実績」の三要素などを考慮して配分する）が出された。その結果、封切本数は、アメリカ一五〇本、仏一五本、英一五本、伊五本、西独五本、そしてソ連はわずか三本、の枠内で輸入が配分されることとなった。[*11]

翌年、「一九五二年の前期にも、また後半期にも《全面的な外交上ならびに通商上の正常な関係が樹立されなければ》という理由で、大蔵省の定めた外国輸入割当本数の中には、ついにソヴェット映画は一本の割当もなかった」[*12]。この事実は、当時の『ソヴェト映画』でも、次のような意味をもった。

すでに読者のみなさんが知っておられるように、日本の大蔵省は、ついに今年上半期のソヴェト映画の割当をゼロにしてしまいました。戦争期の軍国政府が「敵性国家」米英仏の映画をしめだし、ヒットラーやムッソリーニの映画をかなり輸入するようになった直後に、日本が第二次大戦に突入したことを、われわれは、はっきりとおぼえています。いま、ソヴェト映画の公開が禁止され、アメリカ映画が洪水のようにハンランしているそのあとには何がやってくるか。歴史は、それがあのいまわしい戦争であることを明白におしえています。その歴史をくりかえさないためにも、この雑誌を多ぜいのみなさんに読んでいただけるものにしたいと、日夜努力しております[*13]。

他方で、一九四九年四月、日ソ文化連絡協会を改組した日ソ親善協会の記録によると、一九五〇年代当時、ソ連対文連から同協会への寄贈フィルムは四八種類（三五ミリ一二種類〔八六巻、うちカラー七九巻、白黒七巻〕と、一六ミリ三六種類〔一九三巻、うちカラー一七七巻、白黒一一六巻〕）にも達していた[*14]。

先述したように、ソビエト映画は、一九五二年には輸入割当ゼロにまで落ち込むが、いきおい映画上映は、北星映画と緊密に協力し、友好団体の運動と結びついた自主上映運動として展開した結果、同協会による上映会は、五二年度には七〇回以上の上映で一〇万人を動員し、五五年度には一三九〇回の上映で五四万人が見たという記録が残されている。

雑誌『ソヴェト映画』の誌面では、輸入割当ゼロにまで落ち込んだ一九五二年四月号には、編集部「ソヴェト映画をみるためにはどうすればいいか」という、商業ベースでの映画公演の不可能な状況をどう打開するかという記事が掲載され、また吉住五郎「わが民族の怒り・誇り　力と闘いをえがけ―民族的国民映画芸術の方向―」は、民族闘争を強調するという、この時点の二大テーマが取り上げられる。

また、同誌では、関鑑子による「紙面唱歌指導」の合計六回の連載があり、映画と「うたごえ運動」の連携もみられる。これらは、「紙上歌の指導　カチューシヤ」（七号、一九五〇年一〇月）、「シベリヤ大地の歌」（九号、同年一二月）、「紙上歌の指導　おゝ、カリーナの花が咲く」（一〇号、一九五一年二月）、「紙上歌の指導　モスクワ（五月のモスクワ）」（一三号、同年五月）、「映画『クバンのコザックより』　むかしながらに」（一七号、同年九月）、「紙上歌指導　収穫のうた」（二八号、一九五二年八月）といった曲の紹介であった。中でも、「シベリヤ大地の歌」は、映画『シベリア物語』の最も人気のあった歌曲として紹介される。

そして、同誌の広告において目立つのは、裏表紙（表3、表4）のほとんどは、独立プロ映画作品広告となっていることであろう。こうした広告事情の背景には、映画業界の動向として、北星商事の売上・経営動向、独立プロの洋画番線への参入、があったとされる。

北星映画は創立以来、ソ連映画の配給に専念してきたが、ソ連映画の輸入本数が少ないため、五一年度から新生面の開拓を邦画配給に求め、「どっこい生きてる」（前進座・新星映画提携作品、五一年七月公開）を第一陣として、邦画独立プロ作品の配給を開始した。*15

一九五一年九月から五二年八月までの一年間に、北星商事が『箱根風雲録』（前進座・新星）、『山びこ学校』（八木プロ）、『原爆の子』（近代映画協会）と三本の邦画を配給した結果、『箱根風雲録』は、配収三一八九万五〇〇〇円、『山びこ学校』は、配収五〇〇〇万円に達し、予想以上の好成績をおさめた。そこで、同社ではさらにすすんで独立プロ各社を糾合し、月一本程度、各プロの作品を計画的に配給するとともに、各プロに製作資金を融資するプランを立て、新星プロ、キヌタ・プロ、八木プロ、近代映画協会、現代俳優協会、第一映画プロ、近代座プロなど七プロがこのプランに賛同して協力を申出たので、近く実現すべく準備をととのえることとなったという。

例えば、これらの独立映画のラインナップの中に、映画『山びこ学校』という作品がある。映画製作のそもそものきっかけは、綴り方運動の主宰者・国分一太郎のところに記録映画作家の野田真吉がふらりと訪ねていったことに始まる。小学校教師の無着成恭が、民主的傾向のテーマを追い求めていた独立プロによって発掘され、マスコミのなかで次第にスター扱いされるなか、『山びこ学校』の映画化のため、シナリオ作家の八木保太郎と理研映画プロデューサーの若山一夫が、山形県山元村を訪れることになる。

スタッフは、監督の今井正以下、総勢六〇名を数え、ほとんどが東宝争議で組合側に参加し、一九五〇年のレッドパージの対象になった日本共産党主流派の映画人だった。その争議は一九四八年、「民族文化を守れ」というスローガンのもと行われ、警察と占領軍によって弾圧されることとなるが、このとき「民族文化」への注目が集まった。文部大臣・天野貞祐が「山びこ学校」を視察訪問してから三か月後、一九五一年一〇月に映画『山びこ学校』の撮影が山元村を舞台にして始まった。*16

一九五二年一月より、東宝と東映が配給提携を放棄して全プロ配給となって、映画界が五系統の配給体制になったことで、独立プロは活動の機会にめぐまれた。松竹をのぞく四社は、いずれも一年五二本の製作能力がなく、独立プロとの提携あるいは買取りの方法で配給のための不足分を補充したという。

劇映画四社の穴埋め作品の製作を求められていた独立プロにとって、一九五二年以降おこった新しい運動とは、北星映画社の配給組織を活用しての、洋画番線への喰いこみであって、前期に『どっこい生きてる』が北星配給で成功していたので、先述のとおり、一九五二年は『箱根風雲録』『山びこ学校』『原爆の子』の三作が配給され、『原爆の子』は記録的な興行成績をおさめた。五二年下期には、北星映画が中心となり新星、八木、キヌタ、近代映協など各独立プロだけの配給網を組織することになった。

このように、ソビエト映画誌と邦画独立プロとの結びつきは、映画人のレッドパージ、その関係者の動向、映画配給システム変更、といった事態の中で、相互に関連しながら、展開していた。ここにはもちろん、北星映画側の問題、東宝争議の政治的性格、業界としての作品製作要請といった個々の事情が控えていたことは明白であった。

三　ソビエト文化と「うたごえ運動」

1　その発端と展開

戦後ソビエト文化受容とほぼ同時発生的に起こった「うたごえ運動」であるが、これは、一九四〇年代後半、全国各地で企業の労働組合を母体として合唱団が数多くつくられ、合唱祭を開催するなどの様々な活動を示す言葉であった。しかし、その概念については多少整理しておく必要がある。簡潔に述べれば、「うたごえ運動」は、「うたごえ喫茶」「うたごえ曲集」とイコールでないということである。この意味では、「うたごえ喫茶」「うたごえ曲集」の大半は「うたごえ運動」に含まれないことになるのだが、この運動の持っていた射程の広がりは当然、考慮

図⑥　関鑑子

に入れなければならない。先にみた音楽研究者の渡辺裕は、工場文化、社会主義国の文化を迂回して、国民音楽が「うたごえ運動」へと流入することを説明するが、それについてはここではふれない。[*17]

一九四六年以降、「うたごえ運動」は、メーデーなどで左翼運動と密接に結びつき、その文化政策の一環に位置付けられる形で進められてきた。その後の「うたごえ祭典」の際に掲げられた「うたは闘いとともに」「うたごえは平和の力」といったスローガンが象徴的に示しているように、この運動は、政治的、組織的運動を指す固有名詞的な概念となった。

その発端は、関鑑子が、一九四六年、第一七回メーデーでメーデー歌「赤旗」「インターナショナル」を指揮し、そこで「聞け万国の労働者」「ワルシャワ労働歌」「団結の力」「同志よ固く結べ」「ラ・マルセーユズ」「憎しみのるつぼ」「くるめくわだち」「芝浦」「里子にやられたおけい」「来い来い小さな同志」などの曲が歌われたことに始まる。[*18]

また、一九四六年末には、シベリア抑留者が第一船で帰国すると、以後、抑留者の帰還が急増し、この運動を後押しした。シベリア抑留中に結成された帰還者楽団の役割も大きく、当時の日本共産党が大衆文化運動のため

に組織した「文化工作隊」の活動に大きな影響を及ぼした。ただ、帰還者楽団がソビエトのものを中心に扱うべきとしたのに対し、日本の素材を中心に扱うべきという見解もあり、共産党が「民族文化」や「国民文化」を創造することに積極的であったにもかかわらず、文化運動をめぐる日本の伝統、特に「民謡」をめぐって、路線の対立がみられた。[*19]

一九四七年、青年共産同盟中央コーラス隊（のちの中央合唱団）が結成され、関鑑子が共産党中央から要請を受け合唱指導にあたることとなる。同年五月、第一八回メーデーでは、関が新作労働歌として「メーデー八木節」を披露し、また翌年一九四八年一一月には映画『シベリア物語』が公開、東京で封切されたのと前後してロシア民謡が流行、職場を中心に合唱のサークル活動が急速に広がった。

土方与志の次男で、中央合唱団創立メンバー・初代書記長であった土方与平は、合唱団創設を回想して、一九四八年一月、「世界労連代表ルイ・サイアン一行の訪日一周年を記念する集会」の成功と、その後の二月一〇日の青共創立二周年記念集会での出来事を、述べている。

コーラス隊員でありながら文化部の専従でもあった私とK君が夜を徹してこの集会の入場券をガリ版でつくったことを今でもありありと思い出します。この集会のためのレパートリーに初めて日本民謡の木曾節が、しかも元曲に近く、本ものの樽をたたいて登場したことは特筆に値します。[*20]

当初から、「うたごえ運動」には、八木節、ソーラン節、木曾節といった日本民謡が、深く組み込まれていたのであった。

2　ロシア歌曲と日本的なものの結びつき

「うたごえ運動」における重要な役割を果たす『青年歌集』は、一九四八年九月に発行され、その後一〇集まで刊行されたが、掲載曲の九五パーセントは、広く知られている世界民謡や日本の歌で、あとの五パーセントが労働運動や民主的な運動の中でよく歌われる歌であった。[*21] そして、うたごえ運動史に数多く記されているように、一九五〇～六〇年代、そのロシア歌曲を紹介していたのは、中央合唱団、白樺、帰還者楽団カチューシャ、わらび座などの合唱団であった。

『青年歌集』にどのような歌がおさめられているのかをみてみると興味深いことが知れる。「ラ・マルセーズ」「インターナショナル」などフランス革命以来の西洋諸国の革命歌・労働歌、それらをモデルにして戦後の日本で新たに作られた「原爆を許すまじ」「若者よ」といったものにはイデオロギー色が強く感じられるが、このようないかにも「うたごえ運動」のレパートリーはもちろんのこと、「トロイカ」「カチューシャ」をはじめとする「ロシア民謡」も収録され、これらは当時の東欧諸国の歌集と共通するものとされる。ただし「民謡」と呼ばれているものの中には、実際、当時のソビエトの国策にそって作られた同時代の歌曲などが相当数混じっていたともされるが、掲載曲の多くは「おおスザンナ」「サンタルチア」や、戦前から「愛唱歌集」等のタイトルをつけられた歌集で親しまれていたレパートリーであった。

そして、何よりも「ソーラン節」「会津磐梯山」などの日本民謡が、かなり多く収録されている。こうしてみると、左翼イデオロギー的な要素はみら

図⑦　『青年歌集』

れるものの、それが歌集全体の性格を規定しているかは微妙である。

他方、官制うたごえ運動として、一九五五年に文部省が『青年歌集』による「赤化」をおそれて作ったとされる歌集に『青少年の合唱』（文部省編）がある。そこに掲載されている曲は、かなり『青年歌集』と重なっている。「どじょっこふなっこ」など、民謡由来の曲が重なるのは当然であったが、「うたごえ運動」でも象徴的な役割を果たした、映画「シベリア物語」の「バイカル湖のほとり」が入っていることは興味深い。

さらに、ここで、文化受容の一例として、ロシア歌曲翻訳にまつわる問題、すなわちハバロフスク地区の日本人捕虜による帰還者楽団「カチューシャ」による翻訳事例を取り上げたい。

この楽団によって訳され普及したロシア・ソビエト歌曲に、「バルカンの星の下に」「美わし春の花よ」「祖国の歌」「灯」のほか、有名な「トロイカ」がある。「雪の白樺並木／夕日が映える／走れトロイカ／ほがらかに／鈴の音高く」と歌う、現在でもなじみ深い「トロイカ」の訳詞は、原詞と正反対の内容になっていることが知られている。原詞を忠実に訳したのは関忠亮（関鑑子の弟）で、こちらは「走るトロイカ一つ／雪のボルガに沿い」と始まる「失恋の歌」である。楽団カチューシャ訳は、恋人のもとにトロイカを走らせていく「喜びの歌」になっている。[*22]

関忠亮が訳した「トロイカ」の原曲は、「郵便トロイカは走る」（東大音感合唱団訳）という曲である。歌の内容は、恋する女性がいるのに、彼女が金持ちのタタール人のところへ嫁いで行ってしまう、気落ちしている御者の心痛を歌っているものであった。詩人グリンカによって書かれたとする資料もあるが、グリンカが書いたのは、題のよく似た「Вот Мчится Тройка Удалая（放縦なトロイカが駆ける）」という歌で、実際は作者不詳のロシア民謡である。

先述したように、楽団カチューシャによる「トロイカ」日本語訳は、明るい歌詞であるが、こちらはピョートル・ブラーホフの詩に、ピョートル・アレクセエヴィッチが曲をつけた「トロイカ」（原題「Тройка мчится, тройка скачет〔トロイカが駆ける、トロイカが跳ぶ〕」）を訳したため、このような歌詞になったという。この翻訳作業が、うっかりだったのか、意図的だったのか、現時点では判然としない。

ただ、近代日本音楽史においては「替え歌」という伝統もあり、一概に否定的評価を下すのは早計である。例えば、『青年歌集』第三篇には、「内灘そーらん節」という曲が掲載されている。言ってみれば「ソーラン節」の替え歌であるが、同じ替え歌でも、戦前、聖戦を称える歌として『聖戦民謡集』に収録されている「ソーラン節」もある。戦後の「内灘そーらん節」は、これを全否定し、一八〇度逆の方向に歩み出したようにもみえるが、ここでは聖戦と「うたごえ運動」はふまえているイデオロギーが違うだけで、日本の伝統としての「民謡」をふまえつつ、それを「近代化」し、「改良」することを通じて、新しい時代にふさわしい「国民音楽」を確立しようという基本的な方向性に関しては、両者は全く同一線上にあるといっても過言ではなかった。[*23]

結局、この「トロイカ」は、帰還者楽団の訳が圧倒的に普及しポピュラーとなった。帰還者のもたらしたソビエトのアンサンブル楽団とその楽曲は、その後日本に定着し、日本の音楽舞踏をも取り上げる方向に変わっていき、わらび座、カチューシャ楽団といった歌舞団に育っていった。アンサンブル形式は、中国・朝鮮、当時の社会主義国圏では歌舞団と呼んでおり、これにならって日本でも歌舞団と称するようになった。

「うたごえ運動」の運動方針をめぐる議論や文書の中には、「国民文化」「国民音楽」といった語がしばしば出てくる。それだけでなく、歌われている曲の歌詞や解説などにも「祖国」「国土」などの語が頻出し、この国を担う存在としての「国民」という自覚を促す方向性が非常に強いことが感じられる。こうしてみると、戦後、新しい「国民文化」の創出といったとき、それは、むしろ戦前とは一線を画したところからスタートしようとしたはずであった様々な文化運動、とりわけ左翼的な色彩をおびた動きの中にこそ、「国民」は頻繁にみられたのであった。

3　うたごえ文化のひろがり

「うたごえ運動」の影響を受け、うたごえ喫茶では、いろいろな歌が生まれ、ひろがっていった。その初期創立メンバーであり唱歌指導者だった母をもつ丸山明日果は、その著書で、一九五〇年一二月にうたごえ喫茶「灯」が新宿にオープンしたときのことを記している。[*24] 店が評判になっていくにつれ、毎日のように店の客や関係者から、さまざまな歌が持ち込まれてきたという。

図⑧　「うたごえレコード」。ボニー・ジャックス「若人のうたごえ」

中でも最大のヒットは「北上夜曲」であった。この戦前からの歌も、マスメディアで騒がれる以前から「北上川の初恋」という題名でうたごえ喫茶で歌われていた。持ち込まれた歌は、作者だと自称する人が多く、たいてい作者不詳となり、いったん流行するとその商用化のための権利問題で作者を特定するのが大変だったという。[*25]

また、うたごえ喫茶が生み出したものは、歌ばかりではなく、上條恒彦、ダークダックス、ボニージャックスなどの歌手やグループも世に出していた。彼らがロシア民謡から世界の民謡、日本の抒情歌へとレパートリーを広げていった背景には、うたごえ喫茶の影響があった。

同時に、その頃始まったＮＨＫテレビによる影響も大きかった。番組『みんなのうた』がこうした曲を取り上げることで、相乗効果からうたごえ喫茶はさらに繁栄していった。

「うたごえ運動」自体は、一九五五年、第三回「日本のうたごえ祭典」で四万人が参加、同年の『週刊朝日』六月二六日号では、「知られざるベストセラー青年歌集」として『青年歌集』が紹介された。一九五六年一〇月には、日ソ共同宣言（鳩山一郎首相）が出され、一九五七年、関西のパルナス製菓は、「モスクワの味」をキャッチコピーとして洋菓子を発売したように、商用化の流れも加速した。同年には、クラシック音楽、サーカス、演劇などのソ連芸術団の来日ラッシュが始まり、ソ連側からの「舞台芸術、スポーツ、科学」の3S文化攻勢として、当時の週刊誌にも取り上げられた。[*26] うたごえ喫茶から生まれた歌は、一九六〇年代、「うたごえ」シリーズとしてレコード化も進んだ。まさに戦後流入したソビエト文化が、イデオロギーをひとまずおきながら、大衆に受け入れられつつあった様子がうかがえる。

まとめ

以上、本稿では、一九五〇年代のソビエト文化の受容動向を、映画と「うたごえ運動」からみてきた。まず一九五〇年代のソビエト映画の位置づけをみると、GHQの占領は終わったものの、日本国の輸入割当制の下、興行実績を残せない状況にあった。そのため、映画配給会社の北星商事は邦画独立プロ作品の配給を開始した。一九五〇年代に発行された雑誌『ソヴェト映画』も、ロシア歌曲を取り上げながら、積極的に独立プロの作品を紹介していた。

ちょうど一九五〇年代、映画人らがレッドパージなどで追放を受けたのと軌を一にして、彼らが製作した独立プロ作品が北星商事の洋画番線の配給ラインナップに流入してきた。多分に政治志向もあったが、ソビエト映画上映と日本の平和・民主主義運動の結びつきがみられた。こうした文化受容には、当然、国家間の思惑も透けてみえた。ソ連の芸術家が日本を訪れることがなかったため、一種の「文化の飢餓」状態にあることもソ連側公文書では指摘されている。[*27]

一方、音楽では、関鑑子とともに「うたごえ運動」の中心的存在であったチェリスト・井上頼豊は、機関紙『うたごえ新聞』に「国民音楽について」という記事を書いている。[*28] そこでは、ロシア民謡を歌うことの意義が述べられるが、その最大のポイントは「国民音楽は、大衆の生活と音楽を創造の源泉として、そこから生まれた曲や演奏を大衆に返すことによって大衆をはげます積極的な力とした」というところにあるという。

また、井上は自身のシベリア体験についても語っている。

日常生活でみんなが歌うのを聞くにつけ、見るにつけ、日本ではなぜこれができないんだろう、どうしたらできるんだろう、と考えるようになりました。(中略)私が日本に帰ってからすぐ、うたごえ運動をいっしょにするようになったのは、このときのシベリアでの経験がありますね。[*29]

井上は、ヴェルディやビゼーから説き起こし、ロシア人が自国の民衆音楽の遺産をどのように生かしつつそれを「芸術」に仕立てていったかを述べるとともに、このような「国民音楽」の最もお手本となる例として、グリンカに始まるロシア音楽の系譜に言及する。

同様に考えてみると、「うたごえ運動」の日本民謡への取り組みとは、古くからの音楽受容の蓄積をふまえて成立し、うたごえ歌曲は、日本の民衆文化のそうした本来の力を引き出し、当時の社会に適合するように、展開することを企図したとみることができる。

大衆文化とナショナリズムは、視点を変えてみるならば、「民族」という問題に、特徴的にみられるかもしれない。一九五〇年代前半において、「民族」が問題になるときには、あくまでもアメリカに対しての反米愛国ナショナリズム、左翼ナショナリズムとして出てきた。例えば、一九四九年に革命を達成した中国人民のナショナリズムが、「民族」たることの一つの規範として考えられた。これは当時の知識人の書いたものにしばしば見られたが、そこでは一つの「転倒」があるようにもみえる。自分たち自身が「帝国」のために植民してきた者としての立場について無自覚なまま、「ナショナルな何か」というものを考えていくとき、そのモデルとして、一九四九年の「中国」や、朝鮮戦争下の「朝鮮」の人民が措定されたりした。

知識人や左派の中では、朝鮮や中国の民衆の民族的な主体性をモデルにして、それを謳いあげ、羨望が表明される。帝国植民者にもかかわらず、ただちにそうした「民族」のレトリックに共鳴してしまう。このように、植民に対する加害と被害という入り組んだ関係が、一九四〇年代から五〇年代まで日本の左翼文化運動、ひいてはソビエト文化受容の局面にも内在していて、この混乱状態が整理されないまま、多様な要素が混在していた。もちろん、ここには左翼政治路線としての「五〇年問題」もあったが、本稿では、政党イデオロギーよりも民衆の自律的運動の側面を重視する立場を取った。

今後の課題として、映画、「うたごえ運動」の関連史を具体的資料からみることで、この大衆文化とナショナリズムの関連を精緻化することとしたい。

1——吉田則昭「占領期雑誌におけるソビエト文化受容」（山本武利編『占領期文化をひらく——雑誌の諸相』早稲田大学出版部、二〇〇六年）。

2——渡辺裕『歌う国民——唱歌、校歌、うたごえ』（中公新書、二〇一〇年）二四二頁。

3——土方敬太は、土方与志の長男として、戦後ソビエト文化紹介に尽力した。敬太は、一九三〇年代後半の中学高校時代を、父親の在ソに伴い同地で過ごし、四一年帰国。海軍で終戦を迎える。ロシア語が堪能であったため、戦後のソビエト関連雑誌にも広く関わり、執筆した雑誌記事には、一九三〇年代のソ連の生活の紹介のほか、映画、演劇についてのものが多い。戦後一九四五年一一月のソ連作家来日の随行通訳などを務め、四六年から約一年、丸の内三菱二一号館のソヴェト代表部付属読書室に勤務、極東軍事裁判の通訳、その後全国労働組合連絡協議会勤務を経て、ソ連映画配給会社の北星商事設立に加わり、一五年ほど勤務。六一年から四年間、タス通信東京支局員として勤務した。

4——「日ソ文化連絡協会」については、米国国立公文書館RG331「GHQ　SCAP」文書にも記録があるように、GHQはその動向を逐一チェックしていた。また、雑誌『ソヴェト文化』については、吉田則昭「『ソヴェト文化』総目次（解説）」（『大衆文化』九、立教大学江戸川乱歩記念大衆文化研究センター、二〇一三年）も参照のこと。

5——谷川建司「占領下日本における米ソ映画戦——総天然色映画の誘惑」（『Intelligence』七）七五頁。原資料は以下の通り。"Distribution of Soviet Films in Japan", November 29, 1949, CIA-RDP82-00457R003700120001-1, NARA.

6——岩崎昶・山内達一・美作太郎・馬上義太郎・今井正・土方敬太・袋一平「座談会　ソヴェトの映画」（『ソヴェト文化』一六、一九四九年三月）。

7——同社設立に関しては、土方敬太は後年こう記している。「ソヴェト研究者協会、日ソ文化連絡協会、映画団体の三者でソビエト映画を上映するためにこの会社（筆者注——北星商事）を私をふくめて四人で設立、ソ研の河野重弘氏が専務になりました」（「土方敬太氏に聞く」『日本とソビエト』一九八七年六月一〇・一五日号）。同社から『ソヴェト映画』（一九五〇年二月～一九五四年六月）を創刊するが、寄稿者は、『ソヴェト文化』と重なることが多かった。

8——亀井文夫・土方敬太『ソヴェト映画史』（白水社、一九五二年）二一頁。

9——吉田則昭「対抗するソヴィエト文化」（谷川建司ほか編『占領期雑誌資料大系』大衆文化編、第三巻二章、岩波書店、二〇〇九年）を参照。

10――小林聡明「解放後北部朝鮮におけるメディアの成立」（『アジア遊学』五四、勉誠出版、二〇〇三年）一二八―一二九頁。および、同「ソ連占領期北朝鮮における解放イベント」（佐藤卓己・孫安石編『東アジアの終戦記念日』筑摩書店、二〇〇七年）を参照。

11――『ソヴェト映画』（一八、一九五一年一〇月号）一一頁。

12――注8書、六頁。

13――「編集後記」（『ソヴェト映画』一九五二年四月号）。

14――日ソ協会編『回想・日ソ親善の歩み』（一九七四年）八二頁。

15――「北星映画」（『映画年鑑』一九五三年）。

16――佐野眞一『遠い「山びこ」』（新潮文庫、二〇〇五年）二四七頁。

17――注2書、二二七―二二八頁。

18――関鑑子（一八九九―一九七三年）は、声楽家（ソプラノ）、合唱指導者。一九二一年、東京音楽学校卒、同研究科修了。ソリストとして楽団で活躍する一方、一九二六年、プロレタリア芸術運動に参加。戦後は民主的音楽運動に精力を傾け、一九四八年、中央合唱団を組織、働く人々を対象に「うたごえ運動」を起こした。以後、うたごえでの指導を通して、民衆の戦いや生活感情と結びついた合唱運動を全国的に展開。一九五六年、国際スターリン平和賞受賞。日本国際コンクール、国際チャイコフスキーコンクール声楽審査員をつとめた。関鑑子追想集編集委員会編『大きな紅ばら　関鑑子追想集』（復刻、大空社、一九九六年）を参照。

19――西嶋一泰「一九五〇年代における文化運動のなかの民俗芸能――原太郎と「わらび座」の活動をめぐって」（『Core Ethics』六、立命館大学大学院先端総合学術研究科、二〇一〇年）三〇二頁。

20――土方与平『或る演劇製作者の手記』（本の泉社、二〇一〇年）六八―六九頁。

21――矢沢寛『うたごえ青春歌集』（社会思想社、一九九七年）二九三頁。

22――畠中英輔編『まぼろしの楽譜　カチューシャ愛唱歌集』（ロシア音楽出版会、二〇一二年）一五一頁。

23――注2書、二六二頁。
24――丸山明日香『歌声喫茶「灯」の青春』（集英社、二〇〇二年）。
25――注21書、二九七頁。
26――「ソ連文化攻勢の底力　世界一ねらう科学、芸術、スポーツ」（『サンデー毎日』一九五七年一二月一日号）。
27――半谷史郎「国交回復前の日ソ文化交流　一九五四―一九六一、ボリショイバレエと歌舞伎」（『思想』二〇〇六年七月）三五頁。
28――『うたごえ新聞』一九六六年一一月一〇日号、一二月二五日号。
29――井上頼豊『聞き書き　井上頼豊　音楽・時代・ひと』（音楽之友社、一九九六年）一一四頁。

Ⅲ 外来文化／在日文化

「在日」文化とナショナリズム

尹 健次

8

はじめに

「「在日」文化とナショナリズム」という題であるが、最初に私なりにタームの意味について書いておきたい。「在日」というのは「在日朝鮮人」を意味する。一九一〇年の「韓国併合」によって日本が朝鮮を植民地支配した結果、朝鮮半島に暮らしていた朝鮮人が日本に移り住み、日本で定住していった人びとを指す。日本に移住するといっても、日本で勉学しようとした者、生活苦から何とか日本で仕事を見つけようとした者、家族や肉親を頼って日本に渡った者、あるいはアジア・太平洋戦争で敗戦色が濃くなっていく一九四〇年頃以降、日本に徴用され、あるいは強制連行された者など様々であり、また「渡航証明書」をもらって「合法的」に渡日した者、そしてやむを得ず「密航」した者、様々である。ナショナリズムというのは日本で一般的によく使われるタームであるが、朝鮮半島の南北や「在日」の間では「民族主義」というタームがよく使われる。朝鮮語でいう「民族主義」は、日本語のナショナリズムという言葉に重なるものであっても、それは好むと好まざるとにかかわらず、(非国民・非独立の)植民地近代性の性格を帯びたもので、しかも本来的には、(解放・独立の)脱植民地化の課題と密接に絡むものとしてある。いわば反抑圧・抵抗の意味合いをもったもので、その意味では近代の民族問題・植民地問題に関わるタームである。

こうした説明だけでもすでに複雑であるが、しかしさらに中味を吟味していくと、「在日」でも植民地時代に朝鮮で母語を習得した一世と、日本で日本語を母語として育った二世、三世などではかなり違う。しかも同じ一世といっても、植民地時代の初期に渡日した者と、一九五〇年代、一九六〇年代に「密航」などで渡日した者とではその内実が大きく違ってくる。日本の敗戦／朝鮮の解放の一九四五年八月の時点で、日本には約二四〇万人にのぼる朝鮮人がいたが、大量帰国したあとの数年後からは、およそ約六〇万人が日本に残留する。しかも南北分断国家のもと、「在日」は国籍（表示）だけでも朝鮮、韓国、日本の「三つの国家」にまたがり、アイデンティティの表示とも言える呼称も、「在日」「在日朝鮮人」「在日韓国人」「在日朝鮮・韓国人」、さらには「在日コリアン」などと、複雑きわまりない。社会科学的な意味で、出自や階級、貧富の差とかいったものを持ち出せば、それこそ、「在日」のターム自体、収拾のつかないものとなってしまう。

つまりは、「「在日」文化とナショナリズム」という題は、簡潔で理解しやすいように感じ取れるが、実際にはそう簡単に書けないものであるということである。しかも「文化」とは何を意味するのかということになると、最初からお手上げということになってしまう。それでも「「在日」文化とナショナリズム」という題で書けというのだから、無理を承知で書くことになるが、その内容は当然のことながら、恣意的で、断片的で、きわめて主観的なものにならざるを得ない。しかしその場合でも、「在日」という限り、やはり「民族」と大きな関わりをもち、その「民族」がどんな意味内容をもつのか、あるいはどう捉えるかによって、「文化」の内実も少なからず変わってくるのではないかと思う。

一　植民地時代の芸術活動

まずは、植民地時代の芸術活動を話題にすると、日本の完全統治下にあった朝鮮人は朝鮮で活動しようが、日本で活動しようが、特高など、日本官憲の厳しい監視下にあり、その活動は大きく制約された。しかし芸術である以上、まずは演技する空間、力を確保することが先決であり、それが生活を維持し、「芸術家」たりうる基礎的な要件となった。「革命家」とか「運動家」なら検挙・投獄ということになってもそれはそれとして意味はあるが、誤解を恐れずに、敢えていうなら、芸術家は芸術を演じてこそ芸術家であり、そこにいきおい官憲との微妙な、しかし険しい関係を持たざるを得なくなる。もっとも、このことは歴史的に見るとき、朝鮮の芸術家は常に「日本」を演じなければならないというわけではなく、時には「朝鮮ブーム」などに乗じて、あるいは日本の権力の嗜好に応じる形で、「朝鮮」を演じることもあった。ただその場合には、「朝鮮」の芸術はあくまで植民地支配の枠内で、それを補完する意味合いを持たせられることになる。そのことは例えば、中国で戦前、日本人である山口淑子（李香蘭）が映画で「中国の娘」を演じて、満州支配の国策に協力させられたことを思い起こすことができる。

朝鮮の場合、植民地時代、文学は別にしても、音楽や舞踊、映画などの領域で「朝鮮」の芸術が表現された。朝鮮民族の魂ともいうべき「アリラン」に関わって言うと、アリランは朝鮮全土および在外同胞の間で広く歌われ、世界的によく知られた民謡である。三拍子のリズム、二行一連の単純さは覚えやすく、自在に歌詞をつくることもでき、植民地時代はもちろん、その後も、（在日）朝鮮人の中で歌われつづけ、あるいは朝鮮人と日本人をつなぐ絆ともなってきた。アリランは「珍道《チンド》アリラン」や「密陽《ミリャン》アリラン」をはじめ、南北朝鮮、海外のものを合わせると、優に一〇〇種を超え、歌詞にいたっては三〇〇〇種を超えるともされる。最も一般に普及している「新アリラン」は「私を捨てて行くあなたは／十里も行かずに足がいたむ」と、「アリラン峠を越えて行く」離別の哀しみを表現している。亡国、追放、投獄、屈辱、抵抗、別離、悲哀、希望、その他人生の諸々の哀歓を集中的にしかも凝縮しているアリランは、植民地時代を生きる朝鮮人にとって心の拠り所となった。

アリランが朝鮮全土に広く知られるようになったのは、一九二六年一〇月一日、京城・鍾路《チョンノ》で羅雲奎《ラウンギュ》主演の映画『アリラン』が上映されてからである。ちょうど朝鮮王朝の王宮前に一〇年の歳月をかけて完成した朝鮮総督府の新庁舎落成式の祝宴が盛大におこなわれた日である。映画の主題歌とされた民謡アリランは、鬱憤と虚無感がみなぎっていた時代の雰囲気を清冽な民族精神で一新し、以後、つねに民衆のなかに息づき愛される歌となり、朝鮮人の魂となる。朝鮮総督府はアリランの禁唱令を出し、またレコードを押収するなど、力ずくでねじ伏せようとしたが、弾圧すればするほど、逆に、アリランは名もない雑草のように朝鮮民族の心深くに刻みこまれていった。[*1] やがてそのアリランは渡日する朝鮮の民衆や知識人によって日本各地に伝えられ、時には労働歌として、また時には宴席での余興として、さらにはひとりこころ静かに口ずさむ歌として定着していく。望郷の歌、嘆きの歌でもあるアリランは、時と場所によって、歓びの歌、希望の歌ともなった。飯場や宿舎から聞こえてくるアリランの調べはやがて日本人の心をもとらえ、朝鮮人と日本人の情感をつなぐ通路ともなっていく。しかも、ラジオ放送の開始に対抗しようとしたコロムビアなどレコード会社は、朝鮮そして日本であいついで「アリラン民謡」「アリランの唄」「アリラン峠を越えて」「アリラン夜曲」などの流行歌として売り出した。それはレコード産業の繁栄と同時に、一九三一年九月の「満州事変」以後の「大陸ブーム」とも関連しているが、アリランは日本的色彩の濃いものともなっていく。

アリランは「トラジ」などとともに、植民地時代を彩った朝鮮の舞踊家や映画人によっても広められる。裵亀《ペグ》子《ジャ》、崔承喜《チェスンヒ》、文芸峰《ムンイェボン》が代表的であるが、彼女たちは日本での舞台公演でもアリランを舞い、歌い、朝鮮人・日本人観客を歓喜させ、惜しみない拍手を受けた。裵亀子は舞踊家として活躍し一九三五年には「東洋劇場」を設立し、アリランなどの舞踊劇を公演する。植民地時代の複雑な状況のもと、それでも裵亀子歌舞劇団が「内地」巡演を始めた一九三〇年代、裵龜子は弱者として支配される側への帰属を選び取り、植民地主義のもとで無残に毀損された自尊感情を恢復し、自己解放をなし遂げていく道程を歩もうとしたと言われる。それはいわば、「人種化」されて表象されるふたつの民族、ふたつの文化の権力のはざまで引き裂かれ続けた苦闘の軌跡を刻んでいくことであった。[*2]

崔承喜も西欧舞踊などを取り入れて自己の朝鮮舞踊をより豊かに、より洗練されたものへと高めていったが、そこには「アリラン物語」も含まれていた。もちろんその心中は穏やかではなかったが、主演した舞踊映画の題名から「半島の舞姫」とまで言われた崔承喜は、一九四四年一月二七日から二月一五日まで、東京・帝国劇場で全二三回の芸術舞踊発表会をおこない、満員御礼の絶賛を浴びる。客席には正装をこらした朝鮮人が大勢集まり、朝鮮語のはやし言葉で崔承喜を激励する声が場内を圧したという。しかも崔承喜はつねに官憲からスパイ行為を疑われながらも、太平洋戦争の激化にともなって「満州」中国の各地を巡演することを強いられていく。[*3]それでも、例えば、二〇一一年一二月に東京で「生誕一〇〇周年記念 伝説の舞姫〝崔承喜讃フェスティバル〟」が開催されたことに見られるように、(在日)朝鮮人の内面奥深くに刻み込まれてきた存在である。

舞踊家として活躍した文芸峰も、一九三五年に映画『アリラン峠』に主演女優として登場し、当代最高の映画スターとなった。波瀾万丈の人生を送った文芸峰は、いまでも「苦難の時代の銀幕スター」として記憶されているが、日本の植民地時代の末期には、日本の国策映画に出演したとして非難の的になり、そのためにそうした映画への出演を何度もボイコットしようとしたという。しかし現実には映画に出てこそ映画スター、芸術家であり、実際にも、文芸峰は、出演しなければ逮捕するとおどされたといわれ、仕方なく監獄に行くような気持ちで撮影場に向かったという。[*4]

こうしてアリランは、朝鮮人の舞踊家や映画人にとって、心のうちでは日本に対する「対抗文化」の密やかな意味をもったが、しかし同時に、植民地下の現実においては「内鮮融和」のシンボルとして利用されることにもなった。舞踊家にとって、映画人にとって、「踊り、歌い、演じる」場を確保・維持し続けることが必須であり、それは不可避的に、時局の流れに身をさらすことにつながった。実際、裵龜子は植民地時代末期にすべての活動から身を引き、解放後は、母・裵貞子《ペジョンジャ》が悪質対日協力者として訴追されるなか、日本そしてアメリカへと渡る。崔承喜および文芸峰も解放後その親日行為を非難されて越北するが、そこでも政治的に難しい立場に立たされる。

植民地時代の芸術家といえば、歌手の金永吉《キムヨンギル》についても書いておかねばならない。日本名・永田絃次郎で、名テナーとして日本の音楽史に刻まれている。一九〇九年平安南道生まれで、一九三〇年、首席で陸軍戸山学校を卒業し、伍長として軍楽隊に所属する。一九三三年五月の第二回音楽コンクールの声楽の部で次席になり、ポリドールから「国境の夜」（朝鮮語）でレコード・デビューするが、やがて軍歌のレコーディングで名をなしていく。朝鮮半島出身の名テナーと言われ、結果的に親日派としてぬぐえない過去を刻むことになるが、「キーンアリラン」という歌がかろうじて残っている。[*5] 解放後、金永吉は民族に目覚めて民族音楽運動に献身し、間もなく北に帰国し、やはり苦難の道を歩むことになる。

二　在日朝鮮人運動の展開と芸術

日本の敗戦／朝鮮の解放は、在日朝鮮人にとって大きな転機となり、これまでとは違った形での明確な民族運動の開始となる。この場合、在日朝鮮人の運動は「民族」を主軸とするものとなるが、それは「左翼」的意味合いを大きく帯びたものであった。しかもその民族運動は良かれ悪しかれ、朝鮮の民族運動と関連しつつも、それに劣らず最初は日本の「左翼」運動、とりわけ日本共産党と深い結びつきをもつものとなる。民族組織としては「左翼」では、在日本朝鮮人連盟（朝連）とそれに続く在日朝鮮統一民主戦線（民戦）、さらには北朝鮮支持を明確にした在日本朝鮮人総連合会（総連）があり、「右翼」としては在日本朝鮮居留民団（のちの韓国民団）に大別することができる。ここで、植民地時代との比較でいうと、解放前は同じ民族運動でも、日本共産党と共闘するのか、あるいは独自的な運動を展開するのかという〈階級重視〉あるいは〈民族重視〉という二つの考え方の相違があったが、解放を迎えてのちには、在日朝鮮人には、「祖国」が眼前に立ち現われはじめる。「祖国」はそれぞれの内面奥深くに、懐かしさや憧憬、そしてまた今後の人生に直結するものとして具象化され、しかしまた時間が経つにつれ、その「祖国」は、南北分断の権力態としての前衛党（北朝鮮労働党や南朝鮮労働党など）や右翼政党（韓国民主党など）、あるいはやがては南北の分断国家として関わり合うものとなっていった。当然に、在日朝鮮人の文化も、当初は「左翼」的な色彩を帯び、日本共産党と連携する傾向をもったが、その後は民族組織との関わりで、南北どちらかの国家・社会と深い関わりをもつものにと形を変えていくことになる。

もっとも、それ以前に、解放を迎えた在日朝鮮人にとっては、故国の解放に歓喜し、独立国家の建設に邁進しようとする前提として、自らの内面に巣くっている「皇国臣民」の残滓と闘い、「朝鮮人」として転生することが至難の業であった。とくに朝鮮や日本で皇民化教育を受けて育った若い世代は、朝鮮語を知らず、多くは「日本人」として生きることに疑いをもっていなかった。自己を凝視し、朝鮮人としての内実を獲得し、転生していくことがこの上なく困難なことであった解放直後、朝鮮人としての主体形成をなしとげていく必死の努力は、まず朝鮮語・朝鮮の歴史を学ぶことであり、実際、日本各地に朝鮮語学習のための講習所・学校が作られていく。

そして同時に朝鮮の文化を身につけていくことになるが、その場合、在日文化といえば、チャンゴや舞踊、マダン劇などが思い起こされるが、それらが具体的な形をもつものとして現れるのはかなり後のことであり、最初は見よう見まねで、「文化」に触れていくことになる。実際、例えば、在日朝鮮人の民衆文化を創りだそうとした梁民基《ヤンミンギ》が記録しているように、解放直後には、ブリキの一斗缶を切って、チャンゴを作って、叩いたという。*6

さきほど金永吉（永田絃次郎）について書いたが、金永吉は解放後、植民地時代の親日行為について疼き、苦悩したのであろう、解放後は一転して民族組織である朝連の文化・芸術運動に邁進する。〈贖罪〉の意味もあるのだろうが、朝鮮の代表的な〝オペラ「春香」〟などで力づよい歌声を披露する。生活に困窮した彼は一時、朝鮮人・金永吉を「封印」して藤原歌劇団の専属歌手として活躍するが、やがて一九五五年五月総連結成後は、傘下団体の在日朝鮮中央芸術団の初代団長に永田絃次郎の名前で就任する。しかしそれでも民族的な葛藤を消し去れなかったのか、金永吉は一九六〇年、日本人妻とともに帰国船で北に帰り、大歓迎を受ける。金日成《キムイルソン》の前で歌うなど、その活動は華々しく、「功勲俳優」として脚光を浴びるが、次第にその消息は途絶えていく。日本では藤原歌劇団で「オー・ソレ・ミオ」などの西洋歌曲を得意とした金永吉であるが、金日成礼賛の北朝鮮にはなじめず、結局は舞台活動から締め出されて、一時強制収容所に入れられたとも言われ、やがてひっそりと亡くなったとされている。

朝連時代、政治と生活の激動のなかで、文化活動はそう活発ではなかったともされるが、それでも、各種の文芸誌が創刊され、映画の製作、音楽・舞台の活動が始められる。「アリラン」「鳳仙花」「他郷暮らし《タヒャンサリ》」など、生活に根ざした歌が日常的に歌われるとともに、歌謡集なども発行され、組織運動とも関連して地方巡回公演の文工隊活動がおこなわれる。音楽団体や美術団体が徐々に組織され、地域に根ざした演劇運動では青年たちが先頭にたち、日本の青年たちとの共演も少なくなかったという。民族組織と関連して言うなら、総連結成の一カ月後に在日朝鮮中央芸術団が設立され、それまで日本の各地・各分野で活躍していた在日芸術家がひと所に集うことになった。政治的には北の共和国を支持し、したがって北の芸術を取り入れ、紹介する役割をも担うことになったが、一方で、在日朝鮮人の芸術活動を一気に充実させていくことにもなる。のちに「金剛山歌劇団」に再編成されるが、在日文化のあり方の一つを象徴するものである。

三　日常生活における文化——焼肉、キムチ

さて、何が文化か、定義しにくいが、「食文化」という言葉があるように、食べものに関することも重要な文化であることは確かである。「民族主義」は政治的なイデオロギーと深い関係をもつが、しかし「民族主義」は日常生活のなかで形成されるもので、とりわけ食べものによって育まれるとも言われる。韓国からの留学生が日本でまず最初に困ったのは、食事が淡泊で美味しくないことだったという。俗に言えば、味が薄すぎる、ということになるのだろうが、端的に言って、キムチがないとご飯が美味しくないということであった。朝鮮人がキムチなしでは生きていけないというなら、キムチは明らかに「民族主義」の意味合いをもった「文化」ということになるが、しかし、日本人でもキムチがないとご飯が美味しくない、という人が増えてくると、果たしてキムチは朝鮮特有の「文化」なのか、怪しくなってくる。これは何もキムチだけでなく、「焼肉」とも関わってくる問題である。実際、日本語の書籍を検索してみると、『キムチの文化史』などとともに、『焼肉の誕生』とか『焼肉の文化史』といった本がたくさんある。焼肉、キムチはいまではごくありふれたメニューとして、日本の食生活

に組み込まれている。

たしかに時代を遡ると、日本では肉食がほとんどなかったと言われるなかで、朝鮮では肉食の伝統があった。肉食民族であった蒙古（元）の朝鮮支配の影響で仏教文化の肉食禁止はほぼ形骸化し、加えて朝鮮王朝時代の「崇儒排仏」政策で肉食はおおっぴらとなった。敗戦後の食糧不足のなか、在日朝鮮人は屠畜場で捨てられていた牛、豚の内臓をたくみに料理してほおばった。焼肉の原点とも言える光景であったが、そこから「焼肉文化」が始まる。鄭大聲《チョンデソン》によると、カルビは朝鮮語、ハツやタンは英語、ホルモンはドイツ語に由来し、ミノは日本語だという。[*7]

小熊英二・姜尚中編『在日一世の記憶』（集英社新書、二〇〇八年）に「焼肉に賭けた半生」という題で、一九二八年生まれで、六歳で渡日した崔一権《チェイルグォン》の聞き書きが載っている。解放後結婚したあとも時計の販売とか行商、パチンコの釘師などの仕事を転々とするが、どれも長続きせず、かつかつの生活を余儀なくされる。朝鮮戦争が終わり、自民・社会の五五年体制が成立した頃に、大阪・堺でようやくのことホルモン焼屋を始める。一人で屋台を引っぱって、鉄板でホルモンを焼いて食べさせたのであるが、鉄板に焼け焦げがこびり付いてだんだん美味しくなくなって、客がつかないようになる。そこで何かの拍子で、金網でホルモンを焼いてみると、客が集まるようになった。そこで本格的に夫人と二人でホルモン焼屋を始め、キムチや朝鮮料理も出し、肉は直接屠場から仕入れ、肉の捌《さば》き方も研究した。たれの工夫もし、焼肉のたれと焼いた肉のつけだれを別々にすることを考案し、そのうちに日本人に合いそうなたれと、朝鮮人向けの辛いたれの二種類を用意するようになる。これでお客がつめかけるようになり、屋台をやめて小屋で商売を始めるようになる。違法建築の小屋であったが、一九六〇年代前半、七〇万円あれば庭付きのきれいな家が買えた時代に、月の売上げが七〇〜八〇万円になることもあったという。噂を聞いて、見よう見まねで焼肉屋を始めるものが相次いでいくことになる。東京オリンピック、立ち退き、新店舗と、人生はそれこそ焼肉に賭けたものとなっていく。実際、第一次の焼肉ブームは、高度経済成長が始まった一九六〇年前後のことであったという。

こうして生計の手段として日本各地に朝鮮人経営の焼肉店が増えていったが、客層は最初は肉体労働者や中年男性に限られていた。野村進『コリアン世界の旅』（講談社、一九九六年）には、日本で焼肉が普及していく経緯が簡潔に記されているが、それによると、肉を焼くと、当然のことながら煙が出る。店の中に煙がもうもうと充満し、壁はすすと油でべたつき、店を出ても服や髪の毛に焼肉の臭いがこびり付いて離れない。こうした焼肉にまつわる難点を解消したのが「無煙ロースター」の開発である。一九八〇年頃のことだというが、これで女性客がぐんと増えていく。いわば焼肉屋は初めて「市民権」を獲得して、一挙に全国くまなく普及し、大都市の商業ビルやホテルなどにも新規開店していくことになる。一九八八年のソウルオリンピック前後に巻き起こった韓国ブームは、第二次焼肉ブームにも火を付けた。こうして焼肉の大衆化が一挙に進むが、そこでは無煙ロースターと並んで、「タレ産業」の急成長が大きな貢献をする。韓国で「焼肉」といえば、普通は「プルコギ」と呼ばれるものであったが、日本の焼肉とはまったく違ったやり方のもので、逆に日本の焼肉が韓国に伝えられていくようになる。つまりは、「焼肉文化」というものがあるなら、それは在日朝鮮人が作りあげたものであり、そこには新しい調理法の開発や技術・機器の導入などがあった。いまでは焼肉は日本料理といってもおかしくないくらいに普及しており、それを「在日文化」と定義することはもはや困難である。

とはいっても、焼肉は血と汗に満ちた在日朝鮮人の生活の中から生みだされた、庶民的で土着性のある大衆食品であることに変わりはない。脚本家の鄭義信《チョンウィシン》の、「在日」の家族愛をテーマにした演劇『焼肉ドラゴン』は、

「在日」文化とナショナリズムのありようを見事に描いたものである。日韓合同公演となったこの『焼肉ドラゴン』は、大阪万博前後の関西の在日集落が舞台であり、焼肉屋の夫婦と子どもたち、常連客が貧しくもにぎやかに日々を送るなか、やがて国有地開発にともなう立ち退きで、北朝鮮や韓国、あるいは別の街に離散していく様子を活写している。そこで焼肉は、在日家族の物語に歴史の普遍性を刻み込む軸となっている。[*8] キムチも同じく「在日」文化の賜物であるが、しかし今では、そのキムチもすっかり日本の味と化したようである。何しろ、カレーも餃子もラーメンも、異文化の味をじわじわと取り込んでいく日本人のことである。

四　日本名のスターたち

回想録などを読むと、初期の焼肉屋には、美空ひばりと力道山の写真が壁に飾られていることもあったようである。それだけ在日朝鮮人にとって「同胞」である美空ひばりと力道山は親しみやすい存在であると同時に、日本人にもウケのいいスターであったということになる。敗戦後、打ちひしがれていた日本人にとっては一種の「敗戦ナショナリズム」といったものがあり、それを癒してくれるのは、「我らが日本人」ともいうべきスターたちであった。「フジヤマのトビウオ」の古橋廣之進、ノーベル賞の湯川秀樹、歌謡界の女王・美空ひばり、そして空手チョップの力道山、などなど。美空ひばりが朝鮮人であったかどうかは議論の分かれるところであるが、真偽のほどは別にして、父親が朝鮮人であったというのは、韓国そして「在日」の間では広く信じられていた。日本の週刊誌にもしばしば報じられ、[*9] 韓国ではもはや常識とされていたともいう。歌を通して戦後日本の庶民史を彩ってきた美空ひばりは、在日朝鮮人にとっては特別な存在であったのである。

美空ひばりが朝鮮の血を引いていたかどうかはいまや確認するすべはなさそうであるが、力道山はまぎれもない朝鮮人であった。一九五四年二月、新宿駅西口広場に設置された街頭テレビに日本初のプロレス国際試合が放映され、世界タッグチャンピオンのシャープ兄弟と力道山・木村政彦とのタッグマッチが人びとを興奮させた。日本のプロレスの父、力道山の必殺の空手チョップの勇姿に山なりの人びとが酔いしれたのである。いわば、「天皇の次に知られた男」と言われた力道山は、敗戦で自信を失っていた日本人に勇気と誇りをもたらしたのであり、その意味では、日本ナショナリズムの虚構を示すものであった。

力道山の実像が明らかにされるのはかなり後になってからである。長崎県生まれで本名・百田光浩とされていたが、じつは植民地時代の一九二四年、北朝鮮生まれで、本名・金信洛《キムシルラク》。日本の大相撲関係者にスカウトされ渡日するが、その前に妻帯して娘をもうけていた。日本で力士となって関脇まで昇進するが、自ら髷《まげ》を切って廃業する。親方との確執のためというが、実際には民族差別に反発したためとされる。日本国籍をとってプロレスラーに転向、渡米して修行したあと一九五三年に日本プロレス協会を設立する。空手チョップを武器に大柄のアメリカ人プロレスラーをなぎ倒す姿が始まったばかりのテレビで中継され、一躍ヒーローとなる。力道山は一九六三年に急死するまで、日本人を演じつづけ、マスコミも真の出自をタブーとして隠し続けた。力道山が自らの出自を公にしていなかったことは、存命中に制作された映画『力道山　男の魂』（一九五六年）を見ても明らかである。しかし在日朝鮮人はもちろん、一部の日本人も、うわさのような形で、その事実を知っていた。

朝鮮生まれの一世である力道山の内面奥深くには、やはり朝鮮人の魂があった。日本人女性と結婚していた力道山が、自分だけが出入りする部屋を自宅にもち、そこで朝鮮人になるひとときを楽しんでいたというのは、決して世間の噂話だけではなかったはずである。怒りと悲しみ、闘志と孤独、挫折と栄光を心の奥に潜め、出自を語らず、誇りを胸に――それが浮き彫りにされるのは力道山の死後であり、二〇〇六年に公開された日韓合作映画『力道山』においてであった。力道山は解放前、巡回興行で朝鮮に行ったとき、一度だけ娘に会ったという。また一九五九年一二月に北への帰国事業が始まるが、力道山は一九六一年一一月、新潟の帰国船上で、娘と対面したともいう。*10 こうして力道山は死亡する数年前から祖国を懐かしむ気持ちを具体的な行動で示しはじめていたが、それを単に望郷の故と言っていいのか、あるいは彼の何らかの「民族主義」と関わりのあることと言ってよいのか。

実力がものをいうスポーツ界や歌謡界で活躍した在日朝鮮人は数多い。しかもその多くが民族名ではなく、日本名でであった。日本社会で活躍するということは、実質的には本名など出自を隠し、「日本人」の振りをすることであった。差別社会日本で、「在日」のスターたちは、日本人を演じ続けながらも、その実朝鮮人としての誇りを捨てなかった。その意味では、敗戦／解放から今日まで、日本名を名乗ったコリアンパワーの活動のきらびやかさには驚嘆すべきものがあり、鮮烈な戦後史、在日史を刻んできたと言ってよい。一九一八年釜山生まれの藤本英雄（本名・李八龍）は、敗戦／解放前から巨人軍で活躍し、プロ野球史上最年少の監督を兼任するスター・プレイヤーとなった。同じくプロ野球では、やや後の金田正一（本名・金正一）や張本勲（本名・張勳）が代表的である。歌謡界ではもっと多かったが、一九二三年平壌生まれの小畑実（本名・康永喆）は、同胞のテノール歌手・永田絃次郎に憧れて一六歳で渡日し、苦学しながら声楽を学ぶ。秋田県出身と偽って「湯島の白梅」「勘太郎月夜唄」で新進気鋭の歌手として注目を浴びる。戦後に本格的な活躍をし、歌謡界ナンバーワンとなり、NHK紅白歌合戦にも第四回（一九五三年）から出場する。この紅白歌合戦は「在日」なくしては成立しなかったと言われるほどに、その後も日本名を名乗った在日歌手の活躍舞台となる。

五　チェサ（祭祀）と朝鮮寺

「在日」の文化を語るうえで、葬儀やお墓、そしてチェサ（祭祀）は重要である。日本の地で暮らしている以上、葬儀は時代が下るにつれ日本式になっていき、またお墓もときに朝鮮式の墳墓といったものもあるが、多くは日本化していっていると考えてよい。とくに一九六〇年代頃から「在日」の墓が集中する霊園が都市近郊に設けられるようになってからは、墓石の形態はほとんど日本式になっており、ただ墓碑名で、家門の来歴と埋葬者の事蹟をごく簡単に記しているだけである。その点、日本でいえば法事のようなチェサは、儒教式の祖先供養の儀式で、故人を追慕し、そして先祖を回想する習慣であるが、「在日」の時の流れの中で、それでも比較的大きな意味をもってきたと思われる。

チェサについて書かれた本や論稿は多いが、さしあたり李裕淑《イユスク》の「在日コリアン社会の中の祭祀《チェサ》の変容」（『韓日民族問題研究』二二、二〇一二年六月）、および「在日コリアンのチェサの継承について」（『在日朝鮮人史研究』四四、二〇一四年一〇月）が参考になる。すでに書いたように、在日朝鮮人は、日本社会の根強い差別のなかで、自分たちのアイデンティティを維持するためには、祖国につながる民族運動を展開しつつ、言葉、文化、習慣を守ることが必要であった。その中でも、正月や秋夕《チュソク》（旧暦八月一五日）を祝い、故人を追慕し祖先を敬うチェサは重要な機能を果たしてきた。とくに一世は朝鮮人である自分たちが朝鮮の故郷・同族と同じ祭祀をおこない、文化を継承するのは当然のことと考えていた。祖先崇拝の儒教的祭祀は道徳的にも正しいとプライドをもったが、それは儒教的家父長制の家族・親族関係を維持するためにも必須であった。

血縁関係だけからすると、何をもって「在日」とするかは定めがたくなるが、少なくともチェサをおこなっている家庭は「在日」だと言ってさしつかえないはずである。もちろんキリスト教信者など、宗教上の問題その他の理由でチェサを執りおこなわないできた「在日」も少なくないが、多くの場合は、家庭で長らくチェサがおこなわれてきたと考えてよい。ただ一世がチェサを祖霊を迎える聖なるものと捉えてきたのに対し、二世、三世と、世代が交代するにつれて、チェサは一族の食事会、親睦会と捉える傾向が強まってきたと言える。実際にも、チェサのとき以外は、普段は一族と食事をともにし、談笑する機会がないというのが大方のようでもある。もっとも、チェサはそれ自体、「朱子家礼」に則るもので、家庭内での男尊女卑を固定・継承するという意味合いをもち、若い人にはなじまない性質をもっている。また近年ではそれ以上に、「在日」を取り巻く環境変化、「在日」家族の変容が進むにつれて、家庭内でおこなわれるチェサがいっそう見えにくいものとなり、廃れていくという状況にあるのではと推察される。

このチェサは祖先供養の家庭内儀式であるが、在日朝鮮人の歴史を考える場合、宗教に関することではもうひとつ、「朝鮮寺」というものを思い起こす必要があるかも知れない。この「朝鮮寺」とは、在日朝鮮人によって建てられた「シャーマニズムと仏教の混交した宗教活動施設の仮称である」とも定義されるが[*11]、一九六〇年代から七〇年代にかけて、大阪の生駒・信貴山麓を中心に六〇数寺を数えていたという。神戸・六甲山系にも数カ所、それに関東では高尾山中腹や埼玉県越生にも数カ所があったという。いずれも小規模で、韓国の仏像が祭られる本堂とクッ房、その周囲に七星堂、山神堂など韓国寺院に特有の諸堂がある。またほとんどの寺が滝行場をもっている。これは戦後、「在日」の祈禱師たち、すなわちシンバン（巫者）やポサル（菩薩）、スニム（僧任）が既存の修験道系の滝行場で修業し、後継者になりあるいは所有権を得て自らの寺を設けたことによる。在日女性が願主となることが多く、迷える先祖霊をドラマチックな儀礼で救済し、あの世へ送ることによって自らの不幸や悩みが解消すると信じられていた。つまり巫俗儀礼をおこなうことによって、故郷への思いをはせ、自らの幸せを祈願する場所であった。[*12]

私が聞いたかぎりでは、大阪など近郊の都市で商売を営んでいる在日女性が日々の悩みを癒すために通いつづけたという。商売上のトラブルを打開するために、そしてとくに精神的な悩みや身体上の疾患を直すために各地の病院などを訪ね歩いたあげくに、最後はこの朝鮮寺で救いを得られたというのである。その功徳に報いるのに、一度に当時のお金で百万円もの大金を支払うこともあったという。こうして見ると、「文化」とは人の悩み、そして商売上の利得と深く関わるものであることが分かる。二〇〇〇年代以降では、この朝鮮寺は、宗教的職能者・信者両者ともに高齢化し寺院の減少が著しく、継承そのものが難しい状況になっているという。

六　「民族まつり」、そして芸術への執念

現在の時点で「在日」の文化というと、当然のことながら、二世、三世による文化運動について語ることになる。一九七〇年代、八〇年代以降、「在日」の若者にとって、差別社会日本と闘うことはもちろん、祖国の統一を願うことが、アイデンティティの根幹を成し続けていた。さすが今日ではその勢いが少し弱まってきたと言うしかないかも知れないが、しかし文化を語ろうとすると、やはり基本的な状況は同じはずである。在日三世の鄭甲寿《チョンガプス》を中心とした「ワンコリアフェスティバル」が、在日諸団体の反目・軋轢、そして幾重もの境界を乗り越えて大阪城野外音楽堂で開催されたのは、解放四〇周年である一九八五年八月のことである。それは祭りや文化

を通して統一の夢を語る運動であり、「在日はひとつ」を高らかに謳う団結をめざす運動であった。最初こそ参加者は少なかったが、年を追うごとに賛同者が広がり、応援の輪が大きくなっていき、出演者も「在日」だけでなく、日本人そして韓国からの友人達も参加するようになる。そして開催場所も、大阪だけでなく、東京、そしてソウル、ニューヨークと、世界に広がっていった。

さきほど引用した飯田剛史の科学研究費研究成果報告集に『民族まつりの創造と展開』（二〇一四年）というものがある。大阪を中心とした研究で、〈論稿編〉と〈資料編〉からなる。これによれば「民族まつり」が大阪の在日コリアン社会の中から生まれてきたのは一九八〇年代であったという。「生野民族文化祭」「ワンコリアフェスティバル」「四天王寺ワッソ」という、全く性格の異なるまつりが創りだされ、九〇年代以降も、「民族まつり」は多様化しつつ増加し、現在ではその数は一〇〇以上になるという。これには京都の「東九条マダン」や神戸、その他のまつりも含まれる。当初、趣旨としては、在日コリアンの民族文化、民族的アイデンティティの保持、あるいは南北統一を掲げるものが多かったが、その後、国際交流、多文化共生といった標語を掲げるまつりが増えてきたという。「「民族」は、排他的なはたらきをする局面と、民族文化を通して相互理解につながるという両義的なはたらきをもっている。（中略）民族まつりは、相互理解と共生を進める役割を果たしてきた」と、同報告書は民族まつりの意義について述べている。

すでに述べてきたように在日朝鮮人の生活と思想は政治と深い関わりをもち、とくに差別社会日本への抵抗と南北分断の克服という課題と密接に絡んできた。しかし南北分断の固定・対立の激化を背景に、世代の交替とも相まって、「在日」の若者のあいだでは、一九八〇年代以降はとくに総連・民団とは距離を置いたアイデンティティの探求が顕著になってきた。そのアイデンティティ探求の媒介となったのが祖国の伝統文化の系譜をひく

「民族文化」であった。その場合、その内実は焼肉やキムチなどの「食文化」と同じく、日本の地で少なからぬ変化をとげ、日本化していくことになるが、しかし食文化と比べると、その「純度」はかなり祖国のものに近いという印象を受ける。踊り、チャンゴ、マダン劇、その他の伝統芸術は、実際には「在日」の若者が韓国に留学して学ぶことが多く、それだけに韓国の芸術と「在日」の芸術は直線的に結びついているように思われる。総連組織の歌舞団の場合は、もちろん、北に連動したものとなっている。

この民族まつりを論じるに際して重要なことは、たんに文化が文化として静止した状態にあるのではなく、日常の矛盾や葛藤、苦悩、せめぎあい、闘いといったものと不可避的につながったものとしてあることである。単なる異文化ではないということにもなろうが、多文化共生の〈共生〉とは〈ともに生きる〉ことであっても、「在日」と日本人はじっとしていて共生できるわけではない。〈共生〉とは〈ともに闘う〉ことなしに成立しないのが、「在日」と日本の歴史であり、現実である。実際、日本に同化し、しかも日本人でもなく朝鮮人にもなれないというアイデンティティの揺らぎのなかで、「在日」の若者が朝鮮の伝統文化に親しむことはそう簡単なことではない。そこには日常の懐疑の中から出発し、「在日」であるとは何かという必死の問いかけ、無我夢中・苦痛に満ちたアイデンティティの追求がある。同時に朝鮮・「在日」への蔑視観を育ませられた日本の若者も、逆の意味で、日本・日本人とは何かを自問しながら、「在日」とともに活動することの意味を悟っていく苦渋に満ちた過程がある。国際化・グローバル化の今でこそ、そうした双方の葛藤や苦痛は少しは和らぎつつあるのかも知れないが、本質的にはやはりそう変わりはないのではと思う。ここで、「文化」とは何か、とくに「在日」文化とは何か、について、もう一度、考えてみなければならないことになる。

七　民族名で活躍する新世代

「在日」の歴史を見ると一九七〇年代以降、とくに八〇年代に入って個性的な芸術家が多く誕生していったようである。〝政治の季節〟がなおも続き、とくに韓国で民主化闘争が激しく展開され、それに連動して南北・「在日」の関係が揺れ動き、「在日」の若者のアイデンティティ探求がさまざまに変容していったことと関係する。もちろん、一見、そうした政治との関わりなしに、純粋に芸術が目指されたように見えることもある。一九四八年生まれの著名な劇作家、演出家、小説家であるつかこうへい（本名・金峰雄）は、慶應義塾大学在学中にアルバイト先の予備校の生徒から依頼を受けて、芝居の戯曲を書いたことが演劇にのめり込むきっかけとなる。学生劇団に加わり、そこで演劇仲間に出会い、大学在学中からアングラ演劇第二世代の劇作家、演出家として活動を始める。以後、周知のように、一九七〇年代から八〇年代にかけて一大〝つかブーム〟を巻き起こしていった。しかしそのつかも、根底には「民族」をめぐる疼きをもっていた。「つかこうへい」の名前は一九六〇年代を駆け抜けた中核派の学生運動家・奥浩平に由来するというが、「在日」に対する不公平に対し「いつかこうへいに」の思いも込められているという。名前を平仮名にした理由については、「日本語がわからない母にもわかるように」、「漫画家ちばてつやさんのファンで、自分も全部平仮名にした」と答えてもいる。[*13] その社会を見る視点は徹底して底辺の人びとからであった。

政治とは関わりないところで芸術を探求したという意味では、音楽家や映画人、画家など、多くの分野で「在日」の軌跡を見ることができる。バイオリン制作に生涯をささげ、〝東洋のストラディバリ〟と呼ばれた陳昌鉉《チンチャンヒョン》もそのひとりである。一四歳のとき単身渡日、苦学して夜学を卒業するが、朝鮮人ゆえに就職もままならず、ふとしたきっかけからバイオリン制作にのめり込んで成功する。[*14]

〝白磁の画家〟として知られている呉炳学《オビョンハク》の場合には、朝鮮での幼少期からセザンヌとゴッホに惚れ、絵を描きたさに東京にやってくる。新聞配達などをしながら美術専門学校で学び、二二歳で東京美術学校（現東京芸術大学美術科）に合格する。アルバイトで生計を立てながらの苦闘であったが、渡仏しての修行を夢見るも国籍問題でかなわず、朝鮮学校で美術講師などを務める。しかし民族運動にのめり込んだわけでもなく、あくまで画家として精進することが生きがいであり、やがて批評家から「芳醇にして強靱なる絵を描く」画家として評価されるようになる。題材は朝鮮の仮面、仮面舞、静物、人物画と多彩であるが、そこには人間の歴史と宿命をも飲み込んで生き抜くという気魄があり、まさに呉炳学は孤高・裂帛《れっぱく》の画家であったという。[*15]

こうした芸術家も子細に見ると、そこにはやはり「民族」をめぐる葛藤があった。しかし日本生まれの在日二世、三世の場合には、自らのアイデンティティを確立できない「不遇の意識」に苦しみ、その葛藤・苦悩から逃れようともがくなかで、何らかのきっかけから芸術に目覚め、そこから日本を舞台に活躍していくという経過をたどることが少なくなかった。李恢成《イフェソン》文学でいう、「日本人」から「半日本人（半朝鮮人）」をへて「朝鮮人」へ、という新しい生の道すじを獲得していくこと、つまり日本社会からの差別と拒絶によって持たせられた「不遇の意識」を「生きる力」へと転化させていくことを芸術の領域で歩んでいったということになる。しかもそこには一世以上にと言っていいくらいに、朝鮮籍／韓国籍という国籍（表示）の問題、総連か民団かという民族組織の問題が絡むことになる。やや別の説明の仕方をするなら、日本社会の差別的体質と南北分断という難題を持たざるを得なかった二世、三世は、時代的には北の首領論・唯一思想体系についていけずに総連組織から離脱し、また韓国の民主化運動に鼓舞されて、日本社会でより広い方向に活路を求めようとしていった。

　演劇で活躍する金守珍《キムスジン》は、東海大学電子工学部卒業後、朝鮮籍で就職ができず、友人の勧めで偶然、韓青同（韓国青年同盟）主催の全国公演『鎮悪鬼《チノギ》』（金芝河原作）を観て感動する。「芝居なんて、女々しいことを」と思っていたのに、全身ガツンときて、それからすぐに年会費一万円で「民芸友の会」に入って、米倉斉加年の『燕よ、お前はなぜ来ないのだ』や『奇跡の人』、『にんじん』などにのめり込む。金芝河と一緒に戒厳令下のソウルで公演（『二都物語』一九七二年）した李麗仙と唐十郎が心のどこかに引っかかり始め、その後「我良苦多《がらくた》」というアマチュア劇団で音響効果の手伝いをするようになり、養老院を中心に公演する。そして蜷川幸雄の『オイディプス』を見て、日本人をバカにしていた自分が、芝居を通して「日本人ってスゲェんだ！」と感嘆する。雑誌『新劇』に載った「蜷川幸雄教室」の広告を見つけてすぐに応募するも、見事に落ちて抗議の手紙を書く。そこから少しずつ演劇界に入っていくが、在日社会、韓青同、総連などに自分の居場所を見つけられず、やがて「状況劇場」に所属して本格的に自分探しの旅に出る。韓国の作家・黄晳暎《ファンソギョン》が日本に来てマダン劇『統一クッ』の公演をやるのを手伝い、ついに一九八七年六月、自ら命名した「新宿梁山泊」を立ち上げる。芸人の趙博《チョバク》らとも連携しつつ、「在日」と「日本」を掘り下げて問い続ける作品を作り上げるのが目標だという。「新宿梁山泊」はこの両輪で駆けながら、あくまで「日本発」の文化を紡ぎ出しつつ、玄界灘を渡り、半島へ、大陸へ、世界へ向かいたいと抱負を語る。*16

　女優の金久美子《キムクミジャ》は学生時代から割合に民族文化と演劇に関心を示していたが、劇団黒テントや新宿梁山泊などの一員として活躍する。一九八九年には「千年の孤独」で多くの賞を受賞し、さらに「愛乱」では主演を務める。映画、テレビドラマなどで神秘性を秘めた「演技派」として活躍するが、惜しくも四五歳で早世する。ソプラノ歌手の田月仙《チョンウォルソン》は、桐朋学園大学短期大学部芸術科卒業、同研究科修了。努力のかいあって世界の舞台でオペラやコンサートに出演する一方、日本・韓国・北朝鮮の首脳の前で独唱した唯一の歌手としても知られている。その過程ではやはり「三つの国家」のはざまで揺れ動く心の葛藤があった。音楽好きの人はフルートの金昌国《キムチャングク》を知っているはずであるが、一九四二年生まれで、長らく東京芸術大学で教鞭をとる。日本の音楽界で活躍した世界に通じるフルーティストであるが、共産圏への出入り、就職その他で、音楽人生をまっとうするためにやむなく日本国籍を取得した苦い経験の持主である。

歌手で活躍している「在日」は多い。新井英一（朴英一）の『清河への道』はもちろん「在日」の歌ではあるが、「在日」という冠ではなくて、彼が出会った物語である。朴保《パクポ》はロックボーカリストであるが、その音楽領域はロック、レゲエ、ソウル、韓国の民族音楽や日本民謡と幅広く、平和、反核、反原発をテーマに、ライブを中心に活動をしている。

映画プロデューサーの李鳳宇《イボンウ》は京都生まれの朝鮮籍であったが、韓国映画『風の丘を越えて――西便制《ソピョンジェ》』に感動し、日本に配給したいと韓国政府発行の四八時間だけの臨時パスポートを得て初訪韓する。日本でヒット作になるが、やがて「シネカノン」を設立して映画「パッチギ！」を作り、ソウル上映を成功させる。「在日」が日韓の架け橋となるのは、李鳳宇だけでなく、金守珍など、多くの在日芸術家の功績とも言える。できれば北との交流にも踏みだしたいのであるが、それができないのが現実の政治である。その点、音楽プロデューサーの李《リ》喆雨《チョルウ》が「在日」と北だけでなく、世界を結びつけようとする努力を積み重ねているのが注目に値する。総連の在日朝鮮中央芸術団（現金剛山歌劇団）に所属し、創作演奏活動をしていたものの、狭い範囲での活動に甘んじていることに不満を感じていた。やがてドイツで名声を得ていた作曲家・尹伊桑《ユンイサン》の日本公演でその音楽・芸術観・

人生観を知って驚嘆する。尹伊桑は一九六七年の「東ベルリン事件」で韓国情報部によってソウルに拉致された体験の持ち主で、ドイツの地で朝鮮民族の優れた音楽の伝統と思想と精神を完全に体得し、それを高度な西洋音楽の技法でもって表現する世界的な芸術家であった。以後、李喆雨は南北朝鮮、日本、アメリカその他、世界で現代音楽の架け橋たろうとしている。

「「在日」文化とナショナリズム」について書き出せば、際限がなくなってしまう。「在日」文化とナショナリズム。それは「民族」にこだわりつつも、「民族」を乗り越えようとする必死の努力のなかにこそ見いだせる重要なテーマであると言ってよかろう。

1――宮塚利雄『アリランの誕生』創知社、一九九五年。
2――宋安鍾『在日音楽の一〇〇年』青土社、二〇〇九年。
3――高嶋雄三郎＋むくげ舎『崔承喜（増補版）』皓星社、一九八一年。
4――『朝鮮新報』二〇一五年三月二三日。
5――『甦る幻の名テナー 永田絃次郎（金永吉）』キングレコード、二〇一〇年、解説・李喆雨。
6――『みずからの文化を創りだす――梁民基記録集』梁民基記録集編纂委員会、二〇一二年。
7――『朝日新聞』二〇一五年一月五日。
8――『朝日新聞』二〇〇九年一月一四日。
9――『週刊文春』一九八九年八月一〇日号、『週刊女性自身』一九八九年九月一九日号、その他『噂の真相』など。
10――『朝鮮新報』二〇一三年一二月二日。
11――飯田剛史『在日コリアンの宗教と祭り』世界思想社、二〇〇二年。
12――『在日コリアン辞典』明石書店、二〇一〇年。

13――『娘に語る祖国』光文社、一九九〇年。
14――『月刊　環境ビジネス』二〇〇四年一一月号。
15――山川修平『白磁の画家』三一書房、二〇一三年。
16――金守珍「我々は、現代の河原乞食である」『在日総合誌　抗路』創刊号、二〇一五年九月。

Ⅳ　スポーツ

Ⅳ　スポーツ

9　日本のスポーツナショナリズム

プロレスラー力道山を中心に

朴　順愛

はじめに

第二次世界大戦後、冷戦期においてアメリカが世界に向けて民主主義と自由主義体制の宣伝および反共のために文化政策を繰り広げていく道具として、プロレスが日本に導入されることになる。大衆スポーツが親米に有益な役割を果たしうるという点に着眼したアメリカは、対アジア文化政策に便乗して、プロ野球やプロレスを映画やテレビのようなメディアとともに普及することを図った。

日本におけるプロレスは、力道山によって花開いた。そして力道山は日本の国民的ヒーローとなった。日本人はプロレスを通じ「敗戦コンプレックス」を拭うことを望んだ。日本のヒーロー力道山は、一〇年間のレスラー生活において、多くのサクセス・ストーリーとともに多くの課題をも残した。力道山の死後五〇年が過ぎたが、力道山というコンテンツは現在進行形である。そのコンテンツはスポーツ文化の領域に止まらず、媒体論、社会論、在日問題、人種差別問題、大衆文化論、ジェンダー問題に至るまで、その地平を新たに広げつつある。

従来の分析においては、力道山人気は、日本人の「敗戦による反米ナショナリズム」の表れであるという見解であった。本稿では、スポーツという大衆文化においても、アメリカ文化の受容とアジア文化の排除の論理が同時に存在していたことを浮彫りにしながら、アメリカ文化の受容と民族差別という問題が、大衆スポーツを通じて生成されたことを明らかにしたい。まずはじめに、力道山が活躍した当時の状況を概観した後、対米ナショナリズム、対韓ナショナリズムの観点から考察する。

一　大衆スポーツとしてのプロレス

大衆スポーツ時代の到来とプロレス

敗戦後の貧しさのなかで、ハリウッド映画の中にかい間見られるアメリカ人の生活は、日本人には夢のまた夢であった。豊かな国アメリカは、日本に憧れのイメージとして押し寄せた。それは、日本映画とは比較できないスケールで製作されたアメリカ映画の影響が大きい。当時、年間一五〇本程度のハリウッット映画が日本で封切られた。このような戦後の大衆文化の流行を、無思考化または愚民化と批判する知識層もいた。愚民化の中心には、アメリカ映画とスポーツがあるという。[*1]

占領期、大衆スポーツの活性化は特にプロ野球やプロレスから窺うことができる。一九四九年ごろから大衆スポーツの人気は、大相撲からプロ野球へ傾いていった。日本のスポーツ大衆化に先立って相撲のファンたちがプロ野球に押し寄せてしまったので、いつも満員御礼であった大相撲の観覧客が大幅に減った。スポーツを通じた日米親善という名目の下、一九四九年にサンフランシスコ・シールズが訪日し、[*2]読売巨人軍をはじめとする日本チームと試合を行った。この日米親善野球競技は、「若者の夢と青春をかける」という高校野球の「甲子園の夢」への熱狂的支持層を定着させるきっかけとなった。野球少年は圧倒的に増えたが相撲少年はいなかった。スポーツへの信仰が定着しつつあった。このようなスポーツ大衆化の背景には、スポーツ・ファンの形成があり、そのなかでもプロレスのファンが最も狂信的であった。大宅壮一は「一億総白痴化」現象には何よりもプロレスの影響が大きいと主張、また主婦連合会の批判などが台頭するようになった。[*3]

アメリカのアジア文化政策とプロレスの導入

プロレスが日本で大衆スポーツの一翼を担うようになった背景には、アメリカの対アジア文化政策があった。その文化政策のさらなる背景には反共政策があった。一九四八年一月に可決された米国情報・教育交流法（Smith-Mundt Act）は、ＶＯＡ（VOICE OF AMERICA、アメリカによる国営の国際放送）とともに一連のアメリカ宣伝のためのものであった。[*4] 一九五一年にはドイツと日本の両国を反共の要塞とするためのプロパガンダを目的として、アメリカはＶＯＡにテレヴィジョンを併用するヴィジョン・オブ・アメリカ（VISION OF AMERICA）を構想する。日本テレビ（ＮＴＶ）設置もそのヴィジョンの延長線上にあった。[*5] 親米反共宣伝のための工作として、当時、アメリカ映画を一元的に配給していたセントラル映画社（Central Motion Picture Exchange）は、ＣＩＡの心理・文化戦術を映画を通じて行った。特に日本においては、ＧＨＱ・Ｇ２のＭ資金（ウィロビー資金）、ＣＩＡ、ハリウッド、リーダーズダイジェスト、外資系石油会社、ディズニー映画などの資金が動いた。

当時日本には敗戦による戦争孤児や爆撃による障碍者が多く、ＧＨＱの社会事業団は、在日米国人の寄付だけでは資金が足りないことから、チャリティー事業としてプロレス試合を開催することになる。アメリカ本土においても、慈善募金を集めるため音楽コンサートと一緒にプロレス試合を行うことが一般的であった。サンフランシスコ講和条約と日米安全保障条約が調印されたのは、一九五一年九月八日であるが、その直後、ＧＨＱの社会事業団、トリオ・オアシス・シュラインクラブが、「世界一流のプロレス・ショー」を日本で開催する。肢体不自由な児童の救済を目的に、一九五一年九月三〇日、アメリカからプロレスチームが初来日し、チャリティー興行を行ったのである。最初はアメリカ人プロレスラーによる日本駐屯米軍とその家族を観客とするチャリティー試合であった。しかし、日本人レスラーが出場しないために日本人観客の興味を引かなかったという判断から、日本人レスラーの参加を呼び掛けた。日本人の中から、彼らアメリカ人選手と競えるレスラーを探したのである。当時、師匠である二所ノ関親方との軋轢によって髷を切り、相撲界と決別していた力道山にもアプローチがあった。アメリカのプロレスラーであるボビー・ブランズ（Bobby Bruns）と、GHQ法務局の弁護士であるプランクスコリノスの紹介であった。[*6] 一九五一年一〇月に突然参加することになった力道山の初試合は、引き分けであった。勝てはしなかったが、相撲で磨いた技量を持つ力道山は、プロレスに魅力を感じるようになる。GHQが特別に力道山を選んだわけではなかった。力道山は参加した日本人選手の中の一人に過ぎなかった。

テレビ時代の開幕とプロレス

「スポーツ番組を抜きにしてテレビの歴史を語れない」[*7] と言われるほどに、テレビの普及とテレビ放送の発展にはスポーツ中継が大きく寄与した。テレビ中継スポーツで最も人気があったのはプロレスであり、街頭テレビに人々を集めたのは力道山であった。力道山が空手チョップを振り回し、プロレスラーとして有名になる直接的な原因として、テレビ中継をあげざるを得ない。

日本でNHKテレビが放映を開始した一九五三年二月一日は、プロレスラー力道山がアメリカでの修行を終え、日本に上陸した時期とほぼ一致する。NHKもプロレス中継に参入したが、力道山のプロレスをコンテンツとして、テレビを名実共に大衆のものとすることに成功したのはNTVであった。ことにプロレス旋風が巻き起こった一九五四年は、力道山が大衆のヒーローになった年でもあった。一九五四年二月一九日から三月九日まで、五回にわたって中継された力道山・木村チームとアメリカのシャープ兄弟チームの試合の視聴者数は、五日間で延べ一〇〇〇万人を数えた。この理由として、「日本人対アメリカ人という試合が対抗意識をおう盛にしたこと」[*8]

などが考えられる。プロレス、プロ野球は、プロボクシングとともに、テレビの番組としての確固たる地位を確保するまでに至る。

この時期、テレビ受信機が二万台にも満たない状況で、一〇〇〇万という視聴者を獲得できたのは街頭視聴によるものであり、そのために事故が相次いだ。しかし警察も「力道山プロレスは国威宣揚で国家的行事」と好意的であった。[*9] NTVの正力社長は、「力道山のプロレスは日本人に勇気とプライドを持たせた」と述べた。[*10] 街頭受信機一台に最高二万人が集まる状況が続くなかで、プロレスの試合会場にも毎日観衆が殺到するようになる。プロレスブームによってプロレス放映はドル箱になり、一九五二年開局のNTVは、プロレスを放映した一九五四年上半期に黒字に転換した。一方、NHKはNTVとは対照的に、四年間で一六億九〇〇〇万円という巨額の損失を出した。[*11]

一九五五年四月、毎日新聞社系列のKRテレビ（現TBS）局が発足すると、それまでNTVが独占していた力道山プロレスは、後援新聞社の関係によりNTVとKRテレビが中継放送を並行するという事態が発生した。同一サービス地域においては、同一プログラムを単独スポンサーが二ヶ所の放送局によって放映するという事態まで起こったのである。そうせざるを得ないほどに、プロレスの人気は加熱していた。[*12] 当時、一ヶ月に四回程度のプロレス中継に二億から三億円がかかったが、これに対し強力なスポンサーとしての役割を三菱電機が買って出た。[*13] プロレスの発展は、日本のテレビおよび家電産業の発展と互いに依存する関係であった。[*14]

一九五七年末にプロレスのテレビ視聴率は八七％にまで上る。[*15] 力道山人気の絶頂期には、テレビでプロレス視聴中に興奮のあまりショック死した視聴者も出るほどであった。この事件を受け『朝日新聞』は、「プロレスは有害な番組であるので中止すべき」というキャンペーンを繰り広げた。朝日新聞社は当時直営テレビ局を持たず、プロレスに関する新聞記事もあまり掲載していない。[*16] ところが、日本教育テレビ（テレビ朝日の前身）を発足させた後は、プロレスの中継に参入しようと力道山に執拗に接近したが、三社協定を根拠に拒絶された。[*17]『東京スポーツ新聞』[*18]はプロレス専門紙として、率先して力道山を取り上げた。一九六〇年の発刊当時は四万部であったが、一九六三年一二月の力道山死亡当時には三〇万部が発刊されていた。

二　対米ナショナリズム

「反米ナショナリズム」幻想

日本でのプロレスブームは、一九五四年二月の力道山・木村タッグ・チームとシャープ兄弟との試合から始まった。そして、同年八月九日に行われた「汎太平洋プロレス選手権試合」においては、シュナーベルとニューマン組が悪役にまわり反則を犯し、その結果、力道山・遠藤タッグ・チームが緒戦で敗北を喫してしまった。会場を埋めつくした一万五〇〇〇人の大観衆は群衆心理が作用して集団ヒステリーを起こし、「わあッ、殺せ！」と叫びながらリングに向かって駆け込むと、シュナーベル・チームは驚いて汎太平洋選手権トロフィーを投げ出し逃げてしまった。観衆は興奮を増し、会場は収拾がつかないほど大混乱に陥った。観衆は外国人レスラーの反則に興奮するあまり、暴徒化する例もあったし、テレビのブラウン管を叩いて壊す視聴者までいた。この日は原宿署から警官一個中隊を投入したという。アメリカのカンザス出身であったシュナーベルは「いままでいろんな試合をやって来たが、この試合くらい恐ろしい目にあったことはない」と述懐した。[*19] このような日本のプロレス・ファンの興奮は、反米ナショナリズムの発露であったのだろうか。

ほかのスポーツにおいても同様な現象が現れたのか見てみよう。上述のように、プロレスに先立って一九四九年一〇月に、スポーツを通じた日米親善という名目の下で、GHQ最高司令官のマッカーサーの招聘により、サンフランシスコ・シールズが訪日して読売巨人軍を中心とした日本のプロ野球チームと試合を行った。試合はシールズが全勝した。新聞記事などを検索してみても、この時の大衆の観戦態度について特に激化したという内容はあまり見当たらない。しかし丸山真男は、一九五一年の「日本におけるナショナリズム」という論考で次のように指摘している。日米野球で米国チームとの試合に熱狂する大衆をみると、「戦前の伝統的ナショナリズムは滅んだわけではなく」、すなわち過去のナショナリズム、つまり反米が消滅したり変化しているわけでなく、底辺に分子化されているのだという。[*20] 大衆スポーツにおけるナショナリズムの表出は、上から押し付けられた戦前の反米ナショナリズムの延長線上であるという意味合いだろう。

このように従来の研究においては、大衆スポーツの観戦時の興奮、とりわけアメリカ人チームとの野球やプロレス試合における観衆の行動を、敗戦コンプレックスによる反米ナショナリズムと片付けてしまう傾向が強い。果たして日本の大衆は一九五〇年当時、反米ナショナリズムを持ち続けていたのであろうか。

当時の日本人に対する、白人の有色人種差別の調査がある。一九五一年一月に清水幾太郎が発表した論考「日本人」に引用されたアメリカの調査データである。アメリカ人は、他の「人種と縁組する気がありますか」という質問に、イギリス人とは九三・七%、カナダ人とは八六・九%が縁組可と答えたのに対し、「日本人と縁組可」という答えは二・三%に過ぎなかった。この結果に対して、清水は「日本人とは何か」と問いかけながら、「フィリッピン人、トルコ人、中国人、朝鮮人、インド人と共に、そしてニグロ及び白黒混血児と」「相互に殆ど区別され得ない数字」、「いや、零に近い数字」であると述べた。アメリカの知性と良心とを代表する一七二五人の言葉によってみれば、「日本人はアジア人である」ということになると述べる清水は、アメリカによる人種差別を強烈に意識するようになる。[*21]

さらに、一九五一年五月五日、占領軍のマッカーサー元帥は退任後、米上院軍事外交委員会において、日本の民主主義の成熟度について、「米国がすでに四〇代であるのに対して日本は一二歳の少年、日本ならば理想を実現する余地はまだある」と述べた。[*22] その内容が、五月一六日になって日本で報道されるや、「日本人は未熟である」という否定的な意味として受け止められ、日本でのマッカーサーに対する熱気が冷めることになる。日本政府による、マッカーサーに対する「終身国賓待遇の贈呈」「マッカーサー記念館の建設」などが先送られ、日本人のアメリカに対する微妙に冷めたムードが強まった。

一九五一年九月、サンフランシスコ講和条約会議の直前に行われた日本人の他民族観についての調査がある。「日本人の異民族に対する好き嫌い」の調査データをみると、[*23] 全一六民族中、好意を感じる順位の一位がアメリカ人で、日本人の四九%が好きと答えた。アメリカ嫌いは二%にとどまった。二位がフランス人三四%、三位がイギリス人三一%、四位がドイツ人二四%、五位がイタリア人七%であった。この調査データによると、不思議にも日本人は反米どころか、アメリカが最も好きということになっている。アメリカ人が断然一位ということもさることながら、一位から五位まですべてが西洋人である。嫌いな順で見ると、「ニグロ人」、朝鮮人、ロシア人、オーストラリア人、フィリピン人、安南人（ベトナム人）、「シナ人」、インドネシア人、ビルマ人、タイ人、インド人となる。この調査からも、日本人は西洋人好き、アジア人嫌いという構図が確認できる。

敗戦による屈折した反米思想が全くなかったとは言い切れないが、六〇年安保闘争が激化した世相のなかでさえ、日本人の対米意識は反米ではなかった。一九六〇年当時の世論調査においても、「好きな国家」でアメリカは四七・四%、「嫌いな国家」では五・九%に過ぎなかった。[*24] 続いてアメリカに親近感を持つ日本人は、一九七八年七二・七%、一九八〇年七七・二%、一九八五年七五・六%、一九九〇年七四・二%、一九九五年七一・二%、二〇〇〇年七三・八%、二〇〇五年七三・二%、二〇一〇年七九・九%と、日本人の七〇%以上がアメリカに対し好感を持ち続け、さらに二〇一〇年代に入ってからは、二〇一二年八四・五%、二〇一三年八三・一%、二〇一四年八二・六%と八〇%を超え、非常に「安定的な親米社会の姿」を見せているわけである。アメリカに対する好感度は世界中で低落傾向にあるが、日本では相対的に高い数値を維持している。[*25]

アメリカナイズ

進駐軍に対する反米感情が力道山ブームを支えた面があるという紋切り型の意見もある。進駐軍により反米感情がもたらされる可能性のある事柄として、アメリカへの従属の「象徴的存在」としての「パンパン」[*26]がある。一九五〇年六月二五日に朝鮮戦争が勃発するや、同年九月一四日、アメリカのトルーマン大統領は対日講和促進の声明を発表し、一九五一年九月八日にはサンフランシスコ講和条約が調印された(五二年四月発効)。これによって日本は独立した。占領期には占領軍による検閲で報道や出版が自由でなかったのも事実であった。占領が終わると、日本のジャーナリストや作家たちによって米軍支配下の社会問題であった売春と性暴力を素材にした多数のノンフィクションが出版されるようになる。五〇年代に多くの男性作家たちは、米軍によって犯された日本の女性たちを描写する「占領文学」を出版し続けたのである。占領文学の特徴は、自らの男性性、それを基にした民族主義的な主体をどのように再構築していったかを描写したことである。[*27] 多様なジャンルで表象された〝売春〟が、一九五〇年代当時の日本社会の大衆世論に強い影響を与えた。

代表的な占領文学として大きな反響を呼び起こした『日本の貞操』[*28]はベストセラーとなり、その影響で扇情的な「パンパン物」の出版が続出した。『日本の貞操』の大部分が日本人男性を「無力なもの」や「去勢や不能といった性的メタファー」として描いていた。[*29]パンパンは日本人のプライドを傷付ける存在であり、「日本男子」としての情けなさを感じさせる存在でもあった。そして、パンパンたちが主導する新しい時代のアメリカニズムは、日本の軸をなす男性性を威嚇するものと認識されつつあった。

占領期の日本社会は、報道の自主規制、占領軍に対する批判の自主規制、さらには米軍が起こした交通事故の報道までうやむやにした。日本人は劣等感に駆られ、「酒に酔った日本人が米軍に殴られた」といった新聞記事が一日に何本も出た時期であった。[*30]このような鬱憤を、日本人は格闘技で晴らすことになったのだろう。

日米親善プロ野球においてはアメリカが圧倒的優位であったにもかかわらず、対米ナショナリズムはそれほど強く表れなかった。ところがプロレスにおいては、力道山が猛烈な勢いで、「巨大なアメリカ人」を倒した。力道山の魅力は、日本の男性性を発現させてくれたところにある。力道山が空手チョップを乱発した時に、日本の観衆はアメリカ人をやっつけるという男性性の回復を叫んだわけである。

朝鮮戦争の「特需」が輸出の七〇％を占め、日本の景気回復へと繋がった。一九四六年には日本全国で七万から八万であったパンパンの数も、五二年には朝鮮戦争の激化によって一五万人に増えた。[*31]五六年には売春防止法によってパンパンは減少したが、ベトナム戦争によって六〇年代後半まで米軍基地周辺に存在した。パンパンは軍事的な「米兵たちの性暴力の被害者」[*32]または「アメリカへの従属の象徴的存在」[*33]であるに止まらず、日本の都市風景の中で文化政治的な象徴性を帯びていた。パンパンのアメリカニズムは、物質第一主義、消費至上主義の先駆でもあった。パンパンたちの稼ぎもその獲得に貢献したであろう外貨によって[*34]、経済発展も加速し、アメリカニズムの受容は「太陽族」という現象として際立つようになる。

当時のアメリカニズムはパンパンを先駆に太陽族へと繋がる。若者のアメリカニズムは、太陽族の出現によってその様相を代弁される。一九五六年、石原慎太郎が短編小説『太陽の季節』を発表し「太陽族」ブームが起こったのも、基地文化の影響であると同時に、日本の若者のアメリカニズムの大衆的消費と密接な関係にある。「男女関係と関連したライフ・スタイル」において「少なくともアメリカ兵士が駐屯していた都会においては」刮目すべき変化が青年男女の間で起こった。[*35] 暴力と性文化の消費に象徴される「太陽族」が、大衆文化の中心に位置づけられたのである。神武景気により高度経済成長期が始まり、五六年には経済企画庁の経済白書の「もはや戦後ではない」という記述が流行語になった。家電中心の耐久消費財のブームが起き、テレビ文化に対する「一億総白痴化」（大宅壮一）も流行語となった。

力道山は、アメリカ文化を積極的に取り入れ、「角界きっての国際派」と形容された。[*36] 力道山と言えば、連想されるコードがあった。オートバイ、アメリカ産乗用車、アロハシャツ、オールバック・ヘアスタイル、ポマード、チェック・コート、そして逆三角形スタイルの体型は、すべてアメリカナイズされたものである。力道山が持つ代表的な表象は、アメリカニズムが凝縮されたものである。「アメリカのスポーツで、アメリカンなスタイルの力道山が、アメリカ人を凝らしめる」。日本人の「敗戦コンプレックス」の感情のなかで、力道山が行ったドラマツルギーは、単純なスポーツの領域を超越したものであった。それは、戦後日本の社会像および思想的矛盾を、あるがままに見せてくれるものでもあった。プロレスはアメリカ文化である。アメリカ文化であるからこそ、日本では隆盛した。

力道山の人気の要因を「人間本来の戦闘性や残忍性」という人もいたし、彼の「性的魅力」をあげる人もいた。[*37]

なかでもプロレス隆盛の最も大きい理由の一つは、日本男性の男性性の刺激であっただろう。つまり一九五〇年代の力道山人気は、反米ナショナリズムの発露というよりは、基地周辺の売春問題など男性性の刺激に因をなすものであり、むしろ大衆にとっては占領の実体を現実に実感するようになったもので、反米ナショナリズムそのものではなかったわけである。

三　対韓ナショナリズム

力道山のアイデンティティ

力道山は朝鮮人コンプレックスが強かったという指摘がある。[*38] 力道山は周りの人々にも、息子たちに対しても、出生に関することに一切言及しなかったという。[*39] 力道山はプロレスラー・デビュー当時の一九五一年一〇月には、すでに日本に帰化していた。長崎県大村市生まれの百田光浩という戸籍を作成し、日本国籍を取得しているのである。[*40] 植民地時代の創氏改名政策に命をかけて抵抗した史実からも窺えるように、「血統」を重視する朝鮮人が国籍替えをすることは、並みならぬ決断が必要であったと思われる。[*41] 力道山本人は名字だけでなく国籍まで変えたのだから、根っから日本人になろうとしたに違いない。そして日本籍を持っているのだから、出生に関することにわざわざ言及する必要性を感じなかったはずである。

力道山が日本に帰化したきっかけが「相撲界から朝鮮人であるが故に差別された」からだという言説には異論もあるようだが、[*42] 自ら髷を切った事実や、その後、失敗に終わりこそしたが、後援会会長の新田新作を通じ相撲界への復帰工作を試みたことなどを前提としてみると、ある程度は説得力のある話ではないだろうか。[*43] 彼は本気で相撲を辞めたかったわけではなく、番付や昇進などに不満があったのだろう。

このように、力道山が日本国籍を取得するようになったのは、日本社会の差別から逃れるためであったと考えられる。ところが、周囲の多くの人が力道山は朝鮮人であるという、その事実を知っていた。日本帝国主義の植民地時代、朝鮮語教育の廃止や神社参拝、創氏改名など「皇民化政策」が極限を迎えていた一九四〇年、相撲に入門した当時の力道山は、「金」という本名で呼ばれていた。[*44] 当時の力道山は、朝鮮生まれを隠そうとしなかった。[*45] 戦後の四六年一一月場所になって力道山は、「金村光浩」に改名、長崎県大村出身という出自変えをして相撲をとり続ける。一九五〇年九月の相撲廃業後、一一月に百田巳之助の養子「百田光浩」となった。とりわけマスコミ関係者は力道山の朝鮮生まれを「知っていながら、言わなかった」。つまり力道山の出生に関してはタブーとされていたという。タブーとされていたその事実にこそ注目すべきである。

力道山の出生に対して、マスコミ関係者などは「言ってはいけないことになっていた」[*46] という。それが常識であった。『スポーツニッポン』紙の元記者、寺田静嗣は「当時は、あえてあばきたてることは、本人も私も、そして読者も望まないことだった」[*47] と言う。ところが、マスコミの本来の仕事は真実を報道することにあり、むしろ隠れたことや隠している事柄を積極的に暴くことにその本質がある。にもかかわらず、知っていながら言わなかった。何のために言わなかったのか。知っていながら言わなかったということは、ある意味では〝隠蔽〟していたことになる。隠蔽の責任は誰にあるのか。[*48]

今まで力道山の出自に関する意見の大半は、「徹底的に自分の出自を隠しとおそうとした」といったものであった。[*49] しかし、力道山が朝鮮人であることを隠していたという表現は、日本社会の差別の裏返しである。なかには、「力道山が嫌がるから」、「取材拒否された」などと、隠蔽の原因を力道山に求めているものもある。これは日本社会の矛盾を力道山に責任として被せてしまう論理でもある。また、多くの日本人は「知ってはいるが、知らないことになっている」という二重構造のうえに力道山を意識していた、[*50]という理屈は大いに矛盾している。一九五〇年代の日本の大衆の心理は日本のヒーロー力道山の存在を必要とした。でも、朝鮮人は嫌いだ。そこで力道山朝鮮人説の報道を避け続けてきたというわけである。

力道山に限らず、日本にいた朝鮮人は朝鮮人であるが故に酷い差別をうけた。上述した、一九五一年九月に行われた日本人の他民族観についての調査で、[*51]「日本人の異民族に対する好き嫌い」の調査データをみると、好意を感じる順位において、朝鮮人は一六民族のうち一五位の二%であった。一六位は「ニグロ人」で一%と最下位であったが、「ニグロ人」という民族はいない（この調査のデータには使われていたが）。さらに内容を覗いてみると、「ニグロ人」嫌いは一九%であるのに対して、朝鮮人嫌いは四四%とそれを遥かに上回る。ちなみにロシア人嫌いは三一%、「シナ人」嫌いは二二%となっていた。当時の日本社会において、朝鮮人がいかに差別されていたかが窺える。

在日のアイデンティティ

大部分の在日朝鮮人たちも、力道山が朝鮮生まれであることを知っていたらしい。在日のコミュニティでは、力道山は朝鮮人であるとささやかれていた。そして〝民族の英雄〟と誇り高く思ったに違いない。ところが、本人たちも日本名（＝通名）を使っていたため、家の中でしか話題にできなかったようである。日本社会で暮らすには、否応なしに通名で生活するしかなかった。上述したように、日本社会の差別が日本名を使わざるを得ない状況にしていたわけである。社会の要求というよりは、社会からはみ出さないために、通名で暮らすことが一般化していた。

在日とは日本籍を持たず、朝鮮半島に戸籍を持つ人たちである。日本の植民地時代、日本の国籍を有した朝鮮人、つまり戸籍の出自欄が「朝鮮」となっていた人々は、敗戦後、次のような経緯で日本国籍を剝奪された。一九四七年に制定されたポツダム命令の一つである外国人登録令（勅令第二〇七号）が施行され、日本在住の朝鮮戸籍登載者は、日本国籍をもちながらも、国籍などの欄に出身地である「朝鮮」という記載がなされた。一九四八年に大韓民国政府が樹立された際、GHQ／SCAPに対し要請が行われ、在日朝鮮人は韓国籍を取得することになるとして、一九五〇年以降、本人希望という条件付きで、「朝鮮」から「大韓民国」に書き換える措置が取られた。一九五二年、サンフランシスコ講和条約の発効により、いわゆる平和条約国籍離脱者として正式に日本国籍が喪失する。そして外国人登録法が公布施行されるようになったが、一九六五年、日韓基本条約の締結により、自ら韓国籍への変更の手続きを取らない在日コリアンは「朝鮮」が国籍欄に表記されたまま残った。同年の韓国との国交正常化により、朝鮮半島の南半分を占める韓国だけを合法的な政府として認めることが条約の条件であったからである。現在の外国人登録の国籍欄に「朝鮮」と表記されている者は、朝鮮半島に出自のある者で、必ずしもそれは国籍を表すものではない。二つに分断された朝鮮半島生まれの在日は、南か北かどちらかの国籍を選ばなければならなかった。しかしながら、選ばない人々も多く存在している。その理由としては、二つの祖国を認めたくないといったものから、思想関係、事業関係、帰化、やり方が分からないなど、様々であった。二〇一三年の韓国外交部の統計によると、在日はおよそ五二万人で、そのうち韓国国籍取得者は四八万人程度であり、無国籍者である「朝鮮」籍は四万人（七・七％）程度となっている。

一般に在日コリアンは、北朝鮮（総連）か韓国（民団）か、どちらかの所属になることになっている。[*52] しかし、総連にも民団にも力道山の籍はない。これは、力道山が日本国籍を取得したのが一九五〇年一一月で、外国人登録法が実施される直前であったことと関連している。力道山は日本の国籍を取得していたので、日本を支持するナショナリズムに加担したことになる。力道山は、民族的な帰属から自由になろうとしたわけではなかったのだろうか。

朝鮮半島と日本、力道山の生き方への評価が、三つの国と二つの民族の間で揺れ続けている。在日朝鮮人の間では「力道山は同胞」ということが口コミで広がっていた。「日本で生きる大変さを知っている在日の人々は、力道山の気持ちを理解し、優しいまなざしを向けていた。我々には、日本で英雄になった朝鮮人がいたこと、それが在日一人一人の心の支えになっていた、という事実が重要なのです」と、ルポライターの黄民基は語る。[*53]

日本人のアイデンティティ

日本の大衆は、力道山に「日本人」というナショナリティを羽織らせて、リング上へ送り続けた。対米コンプレックスが顕在化していた時節、「外人が日本人にやられた」というステレオタイプが共有されるのに、それほどの時間を要しなかった。アメリカに勝てる男、「突如として出現した力道山という存在が、一夜にして英雄」となってしまったわけである。[*54] 無論、日本人の外人コンプレックスだけでなく、憧憬の対象でもある「強いアメリカ人」をやっつけた日本人がいるということにも驚きがあったはずである。力道山は自分のためにスポーツをしていたが、日本の大衆は「リキは日本のためにファイトしているのだ」と信じ込んだ。大衆は、リング上においてだけは、リキが日本人であることを期待した。リング上やブラウン管の中のリキには本当の国籍を問わなかった。

そこには、政治家や世論に影響を及ぼすオピニオン・リーダーなどが加勢をした構図もあった。日本テレビ会長の正力松太郎は、テレビ中継解説者の田鶴浜弘に「力道山が白人を投げとばすプロレスリングは、日本人に勇気を与える」と言うようにと、解説に注文をつけたり、プロレスのプロデューサー戸松信康には、「戦争に負けた日本の大衆に、日本人の強さを見せてやろう」[*55]と言うなど、プロレスのテレビ中継を世論操作に利用した。一九二三年の関東大震災では、流言デマが原因で自警団による朝鮮人虐殺が起こったが、正力は当時の警視庁の責任者であった。[*56]つまり、公安との強いつながりをもち、かつ大衆の世論操作に長けていた人物である。彼は、力道山を英雄に仕立て上げ、日本の大衆に扇情的に働きかけ、勇気と夢をもたせるというプロパガンダに力道山を利用したわけである。

日の丸を背負って戦ったプロレスラー力道山は、今で言えば、野球やサッカーで日本国籍をとった外国人選手のような、一種の傭兵スポーツ選手とまったく同じ立場にあったのだろうか。力道山はリングの上では「日本人」であることが期待された。力道山の死亡前後、いくつかの記事や書物には、「力道山は朝鮮生まれ」ということが書かれていた。大衆は、力道山の朝鮮人説を見て見ぬふりをしたのだろうか。「ヒーローはやはり日本人でなくてはいけない」と、力道山と親交のあった元『スポーツニッポン』記者の寺田静嗣は言う。

力道山の出生にマスコミが触れるようになったのは、死後一〇年が過ぎてからのことである。[*57]そして、そこからまた一〇年が経った一九八三年、力道山の息子たちが「父が日本人でなかったら、あれほどの熱狂的なブームはわき起こるはずがない」[*58]とのコメントをした。その後から、マスコミは力道山が朝鮮人であることに公然と言及するようになる。こうしてみると日本社会が力道山の朝鮮人説を受け入れるようになるまでには、死後およそ二〇年から三〇年の歳月がかかったわけである。そこには「日本のヒーロー」を簡単に日本人でない方向へ譲りたくないという日本の大衆の心理が窺える。

「〝日本人〟ではないからといって力道山の〝国民的英雄〟としての人気が揺らぐことはなかったのである」[*59]という評価もある。果たしてそうであっただろうか。力道山の朝鮮出生は公には言及されていなかったものの、力道山が「本物の日本人」ではないという空気は、スポーツ関係者の間で常に漂っていた。それゆえに「偽の日本人」の代わりに「本物の日本人」を探す雰囲気が胚胎していた。プロレス協会は力道山には内緒で、横綱東富士を日本を代表するプロレスラーに仕立て上げようとした。しかし、結果として東富士は成績が芳しくなかった。

アイデンティティとしての日本人の条件は、国籍ではない。「日本人」の条件として、国籍は充分条件ではない。日本国民というのはすなわち「日本人」ではない。国籍より血筋のほうが重要であるということである。[*60]日本国籍を持っていても、血筋が問われる例は他にも多い。[*61]当時のプロレスラー芳の里は、「とにかくリキさんは、相撲時代でも、強いし、弟子思いで、礼儀正しいし、韓国人だなんて僕はぜんぜん思っていなかった」[*62]という。ここでの「日本人」であるというイデオロギーは、「礼儀正しくて良い人」なのである。

マスコミ、政治家、知識人のプロレスへの批判の側面をみてみよう。

スポーツ界、家電業界、そして放送関係やスポーツ新聞などというジャーナリズムまでもが、プロレスラー力道山をビジネスの領域にとりこんだことで、力道山プロレスは日本の大衆に着実に根を下ろした。しかし、大衆文化、とりわけ大衆スポーツである力道山プロレスが抵抗なく受け入れられたわけではない。プロレスを軽視し、スポーツとして認めたくなかったマスコミやジャーナリストもいた。力道山を戦後の黒幕、つまり暴力団やGHQが指定した暗黒社会と結び付けようとする風潮もあった。

日本人の無思想化、愚民化の背景には、スポーツ（プロ野球、高校野球、プロレス）とアメリカ映画があると批判していた大宅壮一は、「平和が念仏のように叫ばれた時代、鬱積したエネルギーを吐き出すことの難しい時節に挑戦したのが、プロレスであり、石原慎太郎であり、創価学会であった」と述べた。彼は、また力道山の死を「暴力をセールした男が暴力で倒れたのはアイロニーだ」と皮肉った。[*63]「昭和の巌流島の対決」と称せられた木村政彦戦の報道ぶりも、相撲対柔道という構図から、プロレスの批判に廻る。マスコミは、プロレスを「ルールある喧嘩」と糾弾し、「殺し合いさえ起こしかねない下賤のジャンル」という批判がつきまとった。[*64]

一方、当時の自民党副総裁であった大野伴睦は、「敗戦によって荒廃した国土、そして占領下にあった世情のもとで、身体の大きな外人レスラーをたたきのめし、投げつけることによって、当時のうっせきした感情の爆発を力道山君が代弁してくれたこともあろうが、当時の日本人に勇気を与えた功績も忘れてはならない」と語った。[*65]力道山が活躍した時期には、占領は終わっていたが、当時は占領の延長線上の感覚であったのかも知れない。ほかにも、少なくない政治家が力道山との付き合いを持っていた。[*66]

知識層のプロレスに対する批判が続くなかで、力道山のような体を所持したい願望を隠せなかった、作家三島由紀夫は、ボディービルディングを始めた。筋肉と「Mプラスの男性美」に憧れ、「力道山みたいな肉体をつくろう」とした三島は、平素「肉体的劣等観が非常にある」と打ち明け、「文士も結局は体力だ。五十、六十になっても書けるように」と述べていた。[*67]

おわりに

日本の開国以来、いつの時代においてもアメリカニズムは一つの重要なテーマであった。近代化以後、アメリカに対する認識と受容などその影響と戦略的関係において、初期の対米認識は親米的であった。近代国家システムは、ヨーロッパの受容をも図ったが、大衆文化においてはアメリカニズムが主流であった。はやくも一九二〇年代の大衆消費文化の拡大の中心にアメリカ文化の受容があった。ハリウッド映画、ジャズ、野球など、米国のライフスタイルを含めたアメリカ文化の受容は、積極的かつ親米的であった。移民問題、満州問題、黄禍論、カリフォニア州排日土地法など、対米感情が悪化した局面もあったが、反米的であったと言える時期は太平洋戦争期の極めて短期間で、それも国家政策による強制的な面が強かったと言えよう。戦時期は、アメリカニズムは一時中止というだけで、大衆文化においてのアメリカニズムは遮断されたわけではなかった。戦争が終わるやハリウッド映画が洪水のように押し寄せ、親米的なアメリカ大衆文化の受容は続く。

マッカーサー元帥は、敗戦後の日本の君主制を存続させた一番の功労者であった。そして、占領体制は天皇を含め支配層の戦争責任を回避出来るよう、アメリカと日本との相互補完的な状況を提供した。また冷戦期の東アジア国際情勢のなかで、アメリカの全面的な軍事的保護や経済支援により、日本は経済大国に成長することが出来た。戦後の戦略的な日米関係は、このようなアメリカの圧倒的な恩恵によってもたらされた日本の親米意識の維持を基盤としている。

戦前、戦後を問わず、日本のアメリカ重視、アジア軽視の政策は変わっていない。現在の安倍政権が集団的自衛権問題、ひいては憲法九条改正問題などを内外的に無理に進めていることも、従来からのアメリカ一辺倒の日本の政治姿勢が少しも変っていないことを見せてくれている。

力道山の国籍が北朝鮮なのか、韓国なのか、日本なのか、この問いに意味はない。それよりは、力道山が日本国籍を取得することになったそもそもの原因を理解すべきである。日本の朝鮮支配の結果がもたらした朝鮮半島の分断が、今の北朝鮮と韓国の対立関係となり、東アジアの緊張が醸成され続けていることなどを認識すべきではあるまいか。

1――牛島秀彦『もう一つの昭和史① 深層海流の男・力道山』(毎日新聞社、一九七八年)八九―九五頁。
2――San Francisco Sealsは、一九〇三年から一九五七年までアメリカに存在していたパシフィック・コースト・リーグ所属のチームで、現在AAAに属しているFresno Grizzliesの前身にあたる。
3――日本テレビ放送網『大衆とともに25年』沿革編(一九八八年)六四頁。
4――市川紘子「米国の対外文化政策研究理論の系譜」(『東京大学大学院情報学環紀要 情報学研究』七七、二〇〇九年八月)。The US Information and Educational Exchange Act of 1948(Public Law 80-402)。このSmith-Mundt Actは、USIA(United States Information Agency)による対外文化政策の存在を法的に保証するという意義の外に、プロパガンダの否定性を克服する仕掛けが組み込まれていたという。
5――注3書、八一―一〇頁。
6――李淳馹『もう一人の力道山』(小学館文庫、一九九八年)、海老原修「時代を映すスポーツ人物・考7 冷戦戦略「健全な経済」の狭間で――力道山プロレスの呪術性とその葛藤」(『体育の科学』五〇―一〇、二〇〇〇年一〇月)八二二頁。
7――注3書、六九頁。
8――注3書、七一頁。
9――田鶴浜弘『日本プロレス20年史』(読売新聞社、一九五七年。引用は、注1書、一二六―一二七頁より)。
10――牛島秀彦「茶の間の英雄・力道山の光と影(もう一つの戦後史発掘)」(『潮』二一〇、一九七七年九月)二七二頁。
11――NTVは毎月平均三〇〇〇万円の業績を上げ、五四年度一三〇〇万円、五五年度五一〇〇万円、五六年度二億三〇〇〇万円、そして五七年度上半期には三億を越えた。NHKは五三年度三億六〇〇〇万円、五四年度五億五〇〇〇万円、五五年度五億一〇〇〇万円、五六年度二億七〇〇〇万円の赤字を出した（注3書、四九—五一頁）。

12——一九五五年から五六年の間に、全国で一〇八局が相次ぎテレビ放映を開始した（注10記事、二七六頁）。

13——三菱電機は、一九五七年から七二年まで、一五年間にわたりプロレスのスポンサーであった。勿論三菱がプロレスのスポンサーになったのは、家電部門の拡充を図るための戦略であった。当時の三菱宣伝部予算の半分程度の約二〇億円以上がプロレス育成に投入された。広告代理店の博報堂に支払われた金額より力道山に支払った金額の方が多かったという（注10記事、二七八頁）。

14——いいだもも「力道山——暴力を商品化した大和魂」（『現代の眼』一四—七、一九七三年七月）九四頁。

15——一九五七年末電通調査（注10記事、二七五頁）。プロレス中継は、NTVが午後七時、NHKが午後八時と二重中継であった。

16——例えば力道山の活動期間における力道山関係の記事を検索してみると、『読売新聞』は四〇〇件あまりあるのに対して、『朝日新聞』は四〇件とその一割程度である。なかでも純粋な力道山のプロレスに関する記事は二〇件以下で、プロレスと関係ない「暴力」や「大暴れ」などの私生活の否定的内容が一〇件あまりある。

17——注10記事、二七七頁。

18——『東京スポーツ』（東スポ）は一九六〇年に創刊。資本金一〇〇〇万円で児玉誉士夫が経営。後に『大阪スポーツ』『九州スポーツ』『中京スポーツ』へと基盤を広めた。一九七七年には発行部数一一〇万部に達する（注10記事、二七六頁）。

19——注10記事、二七三頁。

20——小熊英二は「米国チーム罵倒に熱狂する大衆」と述べ（『〈日本人〉の境界』新曜社、一九九八年、五三四頁）、丸山の言おうとした日本人のナショナリズムをやや拡大解釈した面がある。ともかく、丸山も日本人の熱狂ぶりが度を過ぎていたことを危惧していたわけである（丸山真男「日本におけるナショナリズム」『中央公論』一九五一年一月。『現代政治の思想と行動』〈未来社、一九六四年〉に収録、一六七—一六八頁）。

21——アメリカの心理学者ボガーダス（Emory Stephen Bogardus）が、一七二五人のアメリカ人を対象に調査した質問記録である（『清水幾太郎著作集』第一〇巻、講談社、一九九二年、六—七頁。小熊英二『〈民主〉と〈愛国〉——戦後日本のナショナリズムと公共性』新曜社、二〇〇二年、二七五頁）。

22——「日本とドイツの占領の違い」に関する回答。

23——リー・トンプソン「力道山と「日本人」の呈示」（岡村正史編『力道山と日本人』青弓社、二〇〇二年）七六—七七頁。調査時期は、一九五一年九月二、三日、サンフランシスコ講和条約会議が開催される前日と前々日、調査者は泉靖一（「日本人の人種的偏見」『世界』一九六二年三月号）、サンプルは、東京都内二五ヶ所で一五人ずつ、合計三四四回答が得られたものである。

24——吉見俊哉『親米と反米』（岩波新書、二〇〇七年）一一頁。室谷克実「日本人の「好きな国・嫌いな国」」（『中央調査報』五七五、二〇〇五年九月）。

25——内閣府「外交に関する世論調査」(http://survey.gov-online.go.jp/index-gai.html)。注24吉見書、九—一二頁。二〇〇二年の調査においては、アメリカに対する好感度は、韓国が五三％であるのに対し、日本は七二％であった（『朝日新聞』二〇〇三年一月一五日）。二〇〇六年のアメリカの世論調査機関が世界一四ヶ国を対象にアメリカに対する好感度を調査したところ、日本が六三％と最高であった。続いては、イギリス五六％、フランス三九％、ドイツ三七％、トルコ一二％であった（『読売新聞』二〇〇六年六月一五日付）。

26——パンパンの起源は、一九四五年に遡る。八月一五日の敗戦によって、日本に占領軍が上陸することになる。東久邇内閣は、一九四五年八月一八日「占領軍兵士によるわが婦女子に対する犯罪予防対策」を立て、日本女性を保護するための方便として慰安婦を募集した。特殊慰安施設協会（ＲＡＡ）により組織された売春婦、すなわち日本政府公認の占領軍慰安婦「ダンサー」が誕生した。占領軍の中枢的施設があった銀座にはＲＡＡ本部が設置され、ビヤホール、キャバレー、バーなど多様な慰安施設が集中的に開店した。第二次世界大戦中、日本軍兵士が朝鮮半島、中国、アジアの各地の女性たちに対して犯して来た組織的性暴力が、今度は占領軍兵士により日本人女性に対してなされると考えた日本の支配層の決定によって、戦時期に日本軍兵士のために実施したのと同じ手法で、米軍のために日本政府が率先して慰安婦を組織したのである（注21小熊書、二七五—二八〇頁、および注24吉見書、一〇四—一一四頁）。

27——マイク・モラスキー『占領の記憶／記憶の占領』（鈴木直子訳、青土社、二〇〇六年）。注24吉見書、一一〇—一一一頁。

28——水野浩編『日本の貞操——外国兵に犯された女性たちの手記』（蒼樹社、一九五三年）。

29——注24吉見書、一一二頁。
30——米兵の暴行は、日本政府が肩代わりに見舞金を払った例だけでも、一九五〇年には一一一二件、一九五二年には二三七四件を数えた。いわゆる「泣き寝入り」のケースは、それよりはるかに多かった(注21小熊書、二七四頁)。
31——注21小熊書、二七五—二八〇頁。注24吉見書、一〇四—一一四頁。
32——注24吉見書、一一〇頁。
33——注21小熊書、二七五頁。
34——一九五一年の外貨輸入は、朝鮮戦争の「特需」が全体の七〇%を占めた。パンパンが稼いだ二億ドルは、生糸の輸出額の三倍に達した(注21小熊書、二七七頁)。
35——鶴見俊輔「占領——押し付けられたものとしての米国風生活様式」(『戦後日本の大衆文化史』岩波書店、一九八四年)二二—二三頁。
36——小野原教子「黒く覆われた脚——力道山ファッションを考える」(注23岡村編書)一二一頁。
37——注10書、一一一頁。
38——朴一『〈在日〉という生き方——差異と平等のジレンマ』(講談社、一九九九年)九頁。注23岡村編書、一三・一〇九頁。
39——『スポーツニッポン』の元記者の発言「いくら親しくなろうとも、力道山の口から民族に関する話はなかった」(村松友視『力道山がいた』朝日新聞社、二〇〇〇年、三〇五頁)。注23トンプソン論文、九一頁。
40——一九五〇年一一月に就籍届けを出していた。
41——「血統」というのは、名字を祖先から受け継ぐことを意味する。朝鮮人は、養子縁組が希であり、名字をかえることは〝儒教的な罪〟とされていた。
42——注38朴書、九頁。また、岡村は「言説の流布」と、否定的に叙述している(注23岡村編書、一〇九頁)。
43——相撲界の人種差別はしばしば社会問題化する例があった。一九九二年ハワイ出身の小錦が横綱に昇進できず大関で引退すると、『ニューヨーク・タイムズ』に小錦による相撲協会の人種差別発言のインタヴュー記事が掲載され、日米間の微妙な雰囲気を醸し出したりもした。

44――しこ名・力道山、本名・金信済、出身地・朝鮮。信済は信洛の誤植、年齢は満一六歳。「相撲協会発行の「相撲」四〇年七月号の新弟子検査合格者の中に力道山の名がある」(「同化するしか道はなく　海峡の力道山2」『朝日新聞』一九九四年一二月一四日付)。井出耕「追跡!　力道山」(『Number』一九八三年三月五日号)。注23トンプソン論文、八五頁。

45――板垣竜太は、一九四二年に番付表での出身地と名前の表記が「長崎力道山光浩」になり(『野球界』一九四二年一二月一五日号)、力道山自ら出自を隠蔽したと主張する(板垣竜太「力道山」板垣竜太・鄭智泳・岩崎稔『東アジアの記憶の場』河出書房新社、二〇一一年、一九九―二〇〇頁)。

46――『スポーツニッポン』の元記者の発言「力道山が朝鮮出身ということは、記者のあいだではタブーだった」(注39村松書、三〇五頁)。東京スポーツ文化部長桜井康雄「力道山が嫌がることは書かないという雰囲気があった」(注44井出記事)。注23トンプソン論文、九〇―九一頁。

47――注39村松書、三〇五頁。「ヒーローの日本人伝説　海峡の力道山3」(『朝日新聞』一九九四年一二月一七日付)。

48――「記者たちは、隠蔽に積極的に協力していた。むしろ力道山を「日本人」と認めることが出来る口実を探っていた」(注23トンプソン論文、九一頁)。

49――笹倉千佳弘「金信洛としての力道山」(注23岡村編書)一一四頁。

50――川村卓「演じられた「力道山」、演じられた「日本人」」(注23岡村編書)五七頁。

51――この調査については、注23を参照。

52――総連にも民団にも所属してない朝鮮人四万人は、無国籍者という立場上、パスポートを取得できず、現在においても日本の外に出られない。

53――「在日一人一人の支えに　海峡の力道山5」(『朝日新聞』一九九四年一二月一七日付)。黄民基は「在日朝鮮人たちの力道山伝説」というルポルタージュも書いている。『東亜日報』(一九六三年一月八日付、七面)は「帰化しても、韓国人の血を誇りに思って「おれはどこまでも韓国人」と語っている」と、歓迎記事を書いた。一九六三年の韓国訪問をきっかけに、民族的アイデンティティが復活することになったのだろうか。

54――注50川村論文、四三頁。

55――田鶴浜弘『日本プロレス30年史』（日本テレビ放送網、一九八四年）四〇頁（引用は、注50川村論文、四九頁より）。

56――「朝鮮人暴動」の流言が流され、自警団による朝鮮人が虐殺されたことに関して、正力松太郎は一九四四年の警視庁講演において、虚報であったことを認め、警視庁は事態への対応に失敗したと認めている（石井光次郎『回想八十八年』カルチャー出版、一九七六年）。

57――佐野美津男「力道山物語」（『朝日ジャーナル』一九七三年四月一三日号）。牛島秀彦「力道山の出自に関する記事」（『潮』一九七七年八・九月号）。注1牛島書。石井代蔵「巨人の肖像――双葉山と力道山」（『小説現代』講談社、一九八〇年）。

58――百田義浩・百田光雄『父・力道山』（勁文社、一九八三年）七七頁。注23トンプソン論文、七七頁。

59――注50川村論文、五七頁。

60――注23トンプソン論文、七一頁。

61――例えば、キャリア大蔵官僚出身で衆議院議員・新井将敬は、一六歳の時に日本国籍を取得した。一九八三年に東京都大田区から立候補したが選挙ポスターに「一九六六年に北朝鮮から帰化」という黒シールが貼られ落選した。同じ選挙区で当選したのは石原慎太郎である。黒シールには、「北朝鮮」と書いてあったが、正しくは、便宜上の「朝鮮」籍のことで、韓国や北朝鮮の国籍を持っていたわけではない。帰化したのは六五年の韓国と国交正常化の次の年である。

62――注23トンプソン論文、八五頁。

63――注10書。

64――村松友視「スポーツジャンルの鬼っ子力道山の〝傷〟」（『文藝春秋』一九八〇年九月）一八四頁。

65――力道山光浩『空手チョップ世界を行く――力道山自伝』（ベースボール・マガジン社、一九六二年）。序文に寄稿した内容である。

66――当時のリキマンションには、中曾根康弘の事務所もあった。力道山の葬儀委員長は大野伴睦（訪韓のため児玉誉士夫が代行）、焼香の顔ぶれには河野一郎自民党衆議院議員、樽橋渡自民党衆議院議員などもいた。

67――『読売新聞』（一九五五年九月八日付）。

＊――本論考は、『韓日民族問題研究』二九（二〇一五年一二月、韓国ソウル）掲載論文に、加筆・修正を加えたものである。

Ⅳ スポーツ

戦後日本の人気スポーツとナショナリズム

寺沢正晴

10

はじめに

スポーツは、芸能と並び、大衆によって最も愛される、大衆文化の一つのジャンルである。ちなみに、テレビ視聴率の歴代ランキングを眺めてみれば、上位を占めているのは、「紅白歌合戦」以外では、ほとんどがスポーツ中継である。そして、視聴率の高いスポーツの種目は、時代によって、様々なものに変化している。つまり、大衆が好むスポーツは、必ずしも固定しているわけではなく、時代の変化に対応して、変化しているのである。

ところで、二〇一五年、日本は、「戦後七〇年」の節目の年を迎えた。戦争終結の日付に関しては、ミズーリ号上で降伏文書の調印が行われた、一九四五年（昭和二〇）九月二日とするものもあり、年月に関しても、国際法の形式に従って、サンフランシスコ講和条約発効の五二年四月二八日とする考えもある。また、〝終戦〟という言葉に関しても、現実を明確に表す〝敗戦〟とすべきという主張もある。しかし、それらの指摘の思想的・現実的な意味を理解した上で、大多数の日本国民と同様に、天皇の終戦詔勅が放送された、昭和二〇年八月一五日を、「終戦の日」としても良いだろう。

それ以来七〇年、日本人の興味を引きつけたスポーツは、どのように変化してきたのだろうか。そして、そのスポーツに、日本人のナショナリズムは、どのように現れていたのだろうか。本稿は、「戦後日本の人気スポーツとナショナリズム」を考察する試みである。

一　「スポーツ」・「ナショナリズム」とは

本題に入る前に、本稿のキーワードである「スポーツ」と「ナショナリズム」について、簡単に考察しておくことにしよう。

「スポーツ」をめぐって

まずは、スポーツについて。「スポーツ」という言葉の語源は、ラテン語のdeportare「重荷（憂鬱）を持ち去る、港（日常）を離れる」に遡り、それが、古フランス語のdesport「気晴らしをする、遊ぶ、楽しむ」を経て、イギリスに渡り、現在のsport「スポーツ」となったようである。

前世紀の産業革命を経た、一九世紀のイギリスでは、〝逞しいキリスト教徒運動〟や運動による人格形成論の台頭を背景に、新興市民階級や貴族・地主階級によって、協会・連盟等、運動を統括する組織が結成され、競技のルールが整備されるようになった。そして、その組織とルールの下に、試合や大会が運営され、その結果が記録されるようにもなった。こうして、「優劣・勝敗（競技力）を競う身体運動」である「近代スポーツ」が、成立したのである。スポーツは、現在では、オリンピックやワールドカップ等の世界的な大会によって、また、それを放送するメディアによって、世界中に広まっている。

世界の他の地域と同様に、日本においても、現代のスポーツと同様の競技的な身体運動は、古くから行われていた。日本各地の古墳から出土する人形や『古事記』『日本書紀』の記述によって確認される、日本最古のスポーツは、相撲である。相撲は、古代統一国家が成立する八世紀前半、宮中の年中行事〝相撲節《すまいのせち》〟として定められ、一二世紀まで続けられた。宮中は、七月の相撲節以外にも、正月の〝射礼《じゃらい》〟と五月の〝騎射《きしゃ》〟を年中行事として定め、〝三度節〟とした。その他、宮中では、蹴鞠も古くから好まれていた。

鎌倉時代に入ると、武士が、その身体文化（武芸・武術）を発展させるようになる。中世武士の身体運動文化の中心は、〝馬上三つ物〟とされる流鏑馬・笠懸・犬追物であり、弓と馬の武芸であった。その他、相撲は、戦闘者たる武士にとって不可欠の修練法であり、宮中文化の蹴鞠も、習いおくべき教養として奨励された。

歴史学と民俗学の発展によって、古くから伝承された近世庶民の身体文化が解明されるようになってきた。農村庶民のそれは、年中行事に組み込まれ、しばしば、豊作を祈念する儀式として行なわれ、男女対抗の綱引きや相撲が、人気のある競技であった。

都市においても、人気があったのは、やはり相撲である。相撲は、江戸時代初期に幕府によって禁止されたが、後に寺社奉行の管理下での興行が許可され、深川の富岡八幡宮境内や本所の回向院で開催された。江戸期には、京都・大阪でも興行があり、江戸相撲をしのぐ勢いであった。しかし、一九世紀初めに、江戸幕府が江戸相撲方取締役を吉田司家に認めたことによって、幕末へとかけて、江戸相撲が盛況となっていく。

太平の世となった江戸時代の武士は、城下に暮らす官僚と化し、武士の身体運動文化である武芸は、宗家・家元によって技術が磨かれ、様々な流派に分化していく。稽古・修行の意味も、戦場へ向けての実践から、武士の〝たしなみ〟へと変化していった。

幕末の開国から明治維新。近代国家日本の形成に対応して、欧米から、様々な「近代スポーツ」が伝来し、普及していった。近代スポーツも、他の欧米文化と同様に、政府に雇用された外国人や洋行帰りの日本人によって、大学・高等学校・師範学校等の高等教育機関に移入され、学校と新聞を通じて普及していく。

近代スポーツの展開に対して、伝統的な身体運動は、あるいは衰退し、あるいは変容を余儀なくされた。しかし、日清・日露戦争の勝利等で高揚した民族意識よって、再生したものもある。たとえば、武芸・武術は、武士の身体文化から、心身の修養のための国民文化、〝武道〟として復興する。柔術を継承し、嘉納治五郎が創始した柔道と、大日本武徳会によって統括され、やがて剣道と称されるようになる、剣術に代表されるであろう。

明治期に移入された、欧米の近代スポーツも、第一次世界大戦後の一九二〇年代から三〇年代、陸上・水泳のいくつかの種目やテニスでは、欧米の一流の選手と対等に競い合える選手も出現し、オリンピックで、金メダルを獲得するようにもなった。しかし、そのような発展も、東京五輪の中止と同様に、戦争によって、中断を余儀なくされたのである。

「ナショナリズム」をめぐって

つぎに、ナショナリズムについて。ナショナリズムとは、「自己の属するネイション（民族・国民・国家）を区別して意識し、その統一・独立・発展を志向する思想あるいは運動」である（江口朴朗「ナショナリズム」『社会学辞典』有斐閣、一九五八年）。少し補足を加えつつ、ナショナリズムを再規定してみよう。ナショナリズムとは、人間のナショナルな自己認識・自己主張であり、民族主義・国民主義・国家主義である。そして、ナショナリズムには、独立という対他的側面と、統一という対自的側面があり、思想という精神的側面と、運動という行動的な側面が含まれている。ただし、ナショナリズムには、〝民族としての誇り〟や〝愛国心〟等の不定形で曖昧な心理的要素も含まれている。それ故に、「思想」とするよりは、より広義の「観念」などとする方が適切である

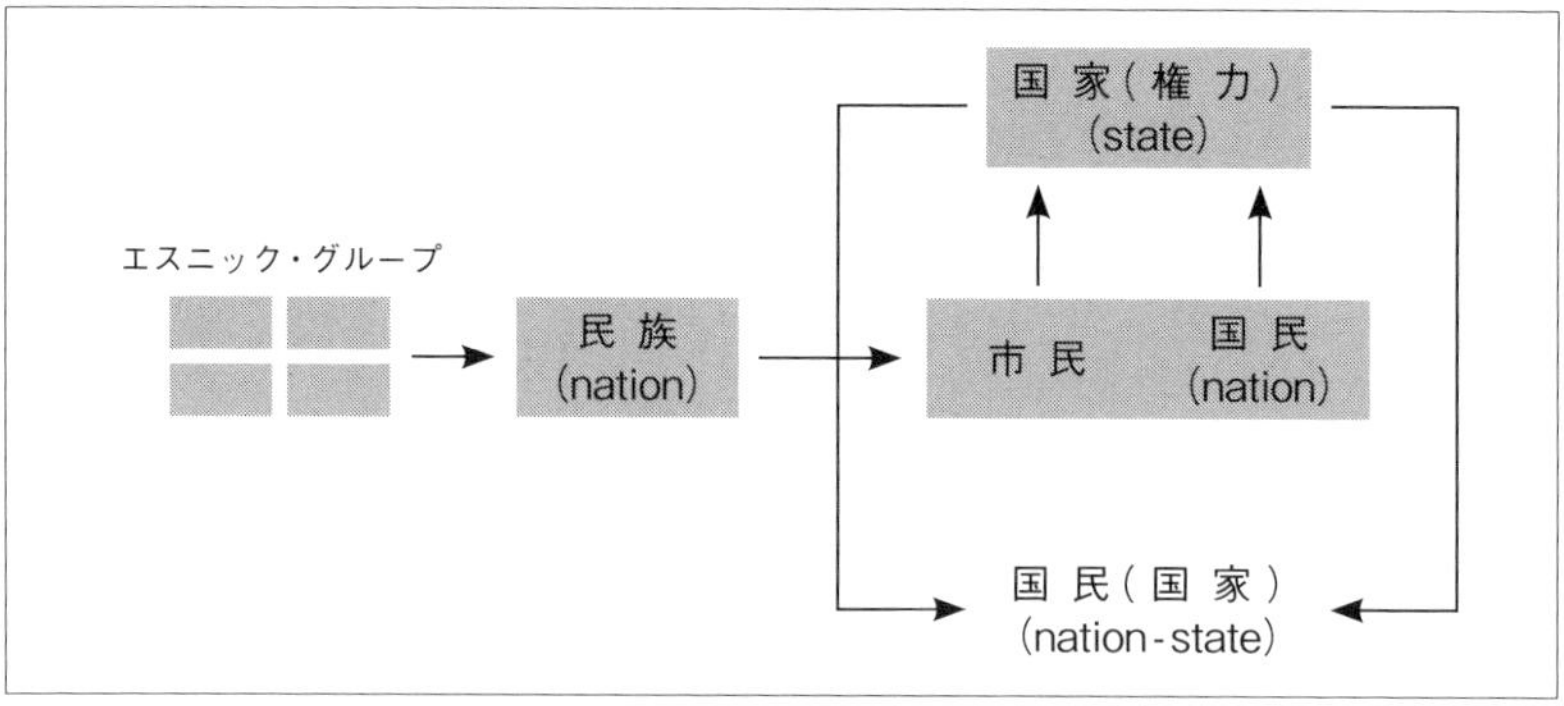

図①　「民族」「国民」「国家」の関連図

だろう。

ナショナリズムの概念をより明確にするために、民族・国民・国家の概念を規定してみよう。

「民族」（ネイション）とは、言語・文化の共通性、伝統と歴史の共有を基礎に、民族意識を媒介として、その独立・統一と発展を志向する、人間の集合である。時には、信念的な血縁の共同性が強調されることもあるだろう。文化の概念を広義に理解すれば、民族とは、近代国家成立以前のあるいは以後の〝文化共同態〟である。そして、民族意識成立以前の、地域的・身分的に、より小規模な文化的集合を、「エスニック・グループ」と呼ぶことにしよう。

これに対して、「国民」（ネイション）は、近代国家を前提とした概念であり、近代国家を構成する、〝市民〟あるいは〝人民〟が、同時に〝国民〟である。したがって、国民の概念をより明確にするためには、国家の概念を明確にしなければならないことになる。

「国家」（ステイト）とは、第一に、市民社会の上に屹立し、社会を支配・統治する「国家権力」であり、国家権力は、社会から外化・疎外された、社会の〝共同意志〟、すなわち〝国家意志〟と、それが実体化された〝国家機構〟の総体として構成される。そして、その国家権力によって市民社会は統括され、市民が国民として一体化されるとともに、国家と国民も一体化される。こうして成立した政治共同体が、〝国民国家〟、あるいは単に〝国家〟と呼ばれる、近代主権国家である。それ故に、「国家」とは、第二に、「国民国家」(ネイション・ステイツ)である。そして、西欧の言語において、〝nation〟に、民族と国民双方の意味が含まれていることが示しているように、近代国民国家は、少なくとも理念的には、民族を基盤に、その発展として成立したとされているのである(以上を図示すると、図①のようになるだろう)。

近代国家は、近代初頭のヨーロッパにおいて、絶対主義権力による、中央集権的民族国家の形成として開始された。そして、フランス革命期以降、西欧から中南欧・東欧へと、全ヨーロッパにおいて、本格的に展開された。その過程において、ナショナリズムは、人民主権の原理との結合、あるいは国家権力の啓蒙によって、権力内部の観念・行動から、民族的・国民的なものへと拡大されていく。さらに、一九世紀後半以降の帝国主義の展開によって植民地・半植民地化されていた、アジア・アフリカ諸民族は、第二次大戦後、次々と独立し、国家を形成していった。こうして、現代の世界は、多数の国民国家の並存として存立しているのである。

日本におけるナショナリズムと国民国家の形成を考察してみよう。近代的な民族意識の発生は、欧米列強の極東進出に対する危機感を契機とし、一八世紀末の国防論にまで遡る。そして、歴史は、幕末の尊王攘夷から開国へ、それに続く明治維新へと展開され、近代日本統一国家が成立する。明治中期には、国家機構の整備が完了し、日清・日露の戦勝によって、ナショナリズムは、国民の間にも浸透していく。こうして、近代日本は、国民国家として完成したのである。

近代日本が発展し、欧米列強と肩を並べるようになると、利害関係や価値観等、列強や近隣と対立する面が顕在化するようになる。昭和に入り一九三〇年代になると、対立は、より顕著になった。日本のナショナリズムは、軍部・官僚の主導権掌握と戦時体制の強化にともなって昂進し、四〇年代前半の日米戦争期、特に戦争末期には、極限的な形で展開された。この時期のナショナリズムは、独善的・排外主義的な〈国家・民族至上主義ナショナリズム〉とせざるをえないのではあるまいか。

二　終戦から一九六〇年代初めまで——〈敗戦国ナショナリズム〉の時代

時代の状況

戦後日本の歴史は、一九四五年（昭和二〇）の敗戦・占領から、翌年の極東国際軍事裁判（東京裁判）開廷と日本国憲法公布を経て、五一年のサンフランシスコ講和条約・日米安全保障条約（日米安保）の締結、そして、五二年の主権回復へと展開される。世界情勢は、東西冷戦が本格化する中、日本は、五六年、国際連合への加盟を認められる。国内状況は、経済復興なって、五五年体制が成立し、好景気を背景に、冷戦の国内版である保革対立が継続する。そのクライマックスとしての六〇年安保闘争と、安保改定を経て、高度経済成長時代へ。国民生活は、敗戦直後の最低の水準から脱すると、急速に上昇していった。このような時代状況を背景に、戦後日本のスポーツは、どのように、出発したのだろうか。

スポーツの復活・再開

戦後日本のスポーツは、降伏文書の調印間もない九月二三日、三高と関西ラグビークラブの対抗試合によって開始された。一一月には、大相撲秋場所が、屋根の破損した両国国技館で開催され、ラジオによって、戦後初めてスポーツが放送された。

翌年春には、プロ野球が再開され、夏には、第一回国民体育大会（国体）が開催される。そして、翌四七年正月には、東京箱根間往復関東大学駅伝競技大会（箱根駅伝）が復活し、春には、全国選抜中等学校野球大会が復活する等、数年の間に、様々なスポーツ競技が、復活・再開されたのである。

〝フジヤマのトビウオ〟古橋広之進の活躍

終戦直後、占領期にあたるこの時期に、敗戦によって打ちひしがれた日本人の心に、希望の灯を点し、最初に国民的ヒーローとなったのは、水泳の古橋広之進である。

古橋は、国際水泳連盟から日本が除名されていたために、公式記録とはされなかったが、一九四七年（昭和二二）夏の、四〇〇メートル自由形をはじめとして、次々に、世界記録を更新していった。日本の参加が認められなかった、四八年のロンドン五輪競泳決勝と同日に開催された、日本選手権四〇〇メートルと一五〇〇メートル自由形では、同五輪金メダルの記録と当時の世界記録を上回る記録で優勝している。翌四九年には、日本の国際水連復帰が認められ、八月、古橋は、ロサンゼルスで開催された全米選手権に、橋爪四郎等とともに招待された。そこでも古橋は、四〇〇メートル・八〇〇メートル・一五〇〇メートル自由形で、立て続けに世界新記録を樹立し、米紙によって、〝The Flying Fish of Fujiyama〟（フジヤマのトビウオ）と称えられたのである。

日本人初のボクシング世界チャンピオン白井義男

古橋に続いてこの時代の国民的ヒーローとなったのは、日本人初のボクシング世界チャンピオン、白井義男である。白井は、一九五二年五月に行われた、ダド・マリノ（アメリカ）との世界フライ級タイトルマッチに勝利し王座を獲得、以後四度の防衛に成功する。白井は、ＧＨＱ（連合国軍総司令部）の職員であった、アルビン・カーン博士の科学的な指導によって、その才能を開花させた。その後、カーン博士は日本に永住したが、白井夫妻は、恩師を最後まで介護したという。なお、五四年五月三〇日に開催された、パスカル・ペレス（アルゼンチン）とのリターン・マッチ（元王者の王座復活戦）の視聴率は、九六・一％を記録した。テレビ局の数やテレビ所有率は異なるが、この数字は、現在においても破られていない。

戦後最大のヒーロー力道山

この時代の日本人大衆を熱狂させた最大の国民的ヒーローは、プロレスの力道山である。力道山は、テレビ放送が開始された翌年の一九五四年二月、アメリカからシャープ兄弟を招聘し、柔道史上最強とされる木村政彦とタッグを組み闘った。その試合が中継されると、力道山のプロレスに国民は熱狂した。

力道山は、太平洋戦争が始まる前年の一九四〇年、遥か遠い故郷を離れ角界に入門した。四四年に十両、四六年には幕内に昇進し、翌年六月場所では、同場所より設定された優勝決定戦にも出場している（優勝は羽黒山）。四九年に関脇に昇進したが陥落、翌五〇年、関脇に返り咲いたが、突然、自ら髷を切り廃業した。

しばらく角界後援者の建設会社に勤務していたが、連合国軍慰問のために来日していたレスラーと知り合い、プロレス転向を決意する。五二年、ハワイ、ロサンゼルス等、アメリカでプロレス修行し、翌年帰国すると、日本プロレスリング協会を設立。翌五四年、テレビによるプロレス放送が開始される。駅前の街頭テレビに群がる大衆の姿は、テレビとスポーツの今後を予測させる、テレビ黎明期を象徴する映像と言えるだろう。

プロレスとは何か。プロレスの起源は、一九世紀後半のアメリカで、サーカスの出し物の一つとして行われていた、カーニバル・レスリングにある。したがって、純粋なスポーツというよりは、見せることを前提にした「ショー・スポーツ」である。とはいえ、その具体的なあり方は、競技性が強く現れているものから、娯楽性を前面に押し出すものまで、様々なスタイルで行われている。いずれにしても、大衆心理の底にある、いわば無意識の〝本音〟に訴えかけ、それを挑発・扇動して、観客を興奮させる。そして、観衆の精神的なエネルギーを充満させた上で、クライマックスにおいて、観衆が期待する決着を提供し、そのエネルギーを一気に爆発させるのである。

力道山は、当時アメリカのプロレス界で日本人に強いられていた、〝田吾作スタイル〟で塩を目潰しに使う卑怯な日本人というステレオタイプを拒否し、ガウンを身につけ登場し、黒のロングタイツで闘った。多くはアメリカの白人からなる巨大な外国人レスラーの反則攻撃を耐えに耐え、最後には、〝怒濤の空手チョップ〟で、彼らを撃退する。勝利した後の笑顔も、素晴らしかった。敗戦・占領によって自信と誇りを失っていた日本人に、自らの肉体を通して、それらを回復させるドラマツルギーであった。

力道山は、一九六三年末、暴力団構成員にナイフで刺されたことが原因で死亡したが、最後の好敵手となったザ・デストロイヤーとの世界選手権試合の視聴率は、六四・〇%を記録している。なお、力道山は朝鮮半島出身であるが、そのことが広く知られるようになったのは、死後二〇年以上を経てからのことであり、朝鮮戦争勃発の五〇年には、日本の戸籍を作成し、日本に帰化している。

テレビ黎明期の人気スポーツ

日本のテレビ放送黎明期において、国民大衆の人気を獲得したスポーツは、プロレス・プロ野球・大相撲の三競技であった。

プロ野球は、米国の思惑もあり、敗戦直後の〝川上の赤バット・大下の青バット〟から、サンフランシスコ・シールズの来日、セ・パ二リーグ制の成立等、人気を盛り上げてきた。しかし、プロ野球の人気を一段と高めたのは、五八年、六大学野球ホームラン記録を更新した長嶋茂雄の巨人入団、翌年の天覧試合と、そこにおける王・長嶋の〝アベック・ホームラン〟であろう。その王・長嶋が全盛期を迎えた、六〇年代半ばから七〇年代初めにかけて、読売巨人軍はV9の黄金期を迎えた。

国技大相撲は、五〇年代後半の人気横綱、栃錦・若乃花の〝栃若時代〟から、六〇年代の柏戸・大鵬の〝柏鵬時代〟と続き、中高年の年齢層を中心に、安定した人気を獲得していた。テレビが大多数の家庭に普及した六〇年代には、「巨人・大鵬・卵焼き」の言葉も流行している。

戦後初期のスポーツに現れたナショナリズム

日本の敗戦と連合国軍による占領は、日本人、特に日本人男性にとって、衝撃的な体験であった。日本人としての誇りと自信は失われ、敗戦・占領が外傷体験となり、卑小感とコンプレックス（複合感情、劣等感）が形成された。幕末以来の欧米人に対するコンプレックスも、昂進したことだろう。そして、日本国民の国家に対する一体感は瓦解したが、国民としての一体感、同じ日本人という感覚は、まだまだ失われてはいなかった。

そんな日本人の心理を補償する機能を果たしたのが、日本人スポーツ選手の活躍である。我々日本人の代表が、世界を相手に戦い勝利する。敗戦に打ちひしがれた日本人の願望を体現し、一瞬の間でも、日本人に勇気を与え、自信と誇りを回復させたのである。力道山のプロレスへの熱狂に代表される、この時期の日本のスポーツには、ナショナリスティックな〈民族主義的な〉心情が、満ち溢れていたように思われる。それは、失われた誇りを回復したいという、〈敗戦国ナショナリズム〉とでも呼ぶべきものだったのではあるまいか。

三　一九五〇年代末から七〇年代半ばまで——〈経済成長ナショナリズム〉の時代

時代の状況

日本経済は、一九五〇年代後半から成長の時代へと移行し、〝神武景気〟〝岩戸景気〟を経て、六〇年代の一〇年間を中心に、石油危機の七三年まで、高度成長路線を驀進した。六〇年代前半には、為替の自由化、OECD（経済開発協力機構）への加盟と東京オリンピックの開催で、先進国の一員として認定され、後半の〝いざなぎ景気〟の間には、自由主義世界第二位の「経済大国」となった。世界状勢は、冷戦構造が緩和されることもあったが、キューバ危機やベトナム戦争等、危機的な状態が継続する。国内状況は、経済成長を背景に、安定した自民党政権が続く中、学生の反乱や革新知事の誕生、公害問題等、それに反する事態も噴出していた。日本人の意識は、戦後一〇年が経過した一九五五年頃から、戦後的な意識が優勢になりはじめ、「平和と民主主義」という戦後的価値観は、その後二〇年を経て、日本人の間に定着していった。

日本ボクシングの黄金時代

この時代の日本のスポーツの中心となったのは、言うまでもなく、オリンピックであるが、オリンピックを見る前に、一九六〇年代から七〇年代へとかけて〝黄金時代〟を迎えた、ボクシングを見ておこう。

白井義男が世界王者のタイトルを失った一九五四年以後、金子繁治・三迫仁志・矢尾板貞雄等、好選手は多数活躍していたが、資金不足から世界王座に挑戦する機会も少なく、王座獲得はならなかった。六二年、ファイティング原田が、世界フライ級王者ポーン・キングピッチに挑戦し、ラッシュ戦法でKO勝ち、日本人二人目、七年一〇ヶ月ぶりに世界チャンピオンが誕生した。原田は、前王者とのリターンマッチに敗れるが、すぐに〝カミソリパンチ〟の海老原博之が、キングピッチにKO勝ち、王座は再び日本人の手に。海老原もリターンマッチで敗れ、タイトル防衛に失敗するが、日本ボクシング界は、黄金時代を迎えようとしていた。

六〇年代前半のテレビ普及期、ボクシング中継は週一〇本を超え、世界に名だたるチャンピオンが来日し、防衛戦を闘った。多数の日本人挑戦者は葬り去られたが、日本人ボクサーの競技力も向上した。

一九六五年、ファイティング原田は、〝黄金のバンタム〟と言われた無敗の王者エデル・ジョフレに挑戦、これを判定で降し、二階級目を制覇した。原田は、リターンマッチにも勝利し、四度の防衛に成功している。原田のタイトル獲得以後、六〇年代後半には、ハワイ出身の〝ハンマーパンチ〟藤猛や、沼田義明・小林弘・〝シンデレラボーイ〟西条正三が世界を制覇し、七〇年代に入ると、大場政夫・柴田国明・輪島功一・ガッツ石松・具志堅要高等、個性的なチォンピオンを多数輩出している。一九七〇年前後、沢村忠等のキック・ボクシングや、ボクシング劇画『あしたのジョー』が、若者の間で熱狂的な人気を博していたことも、付け加えておきたい。

この時代になると、敗戦国としてのナショナリスティックな要素は希薄化し、個性的な選手それぞれが、ファンの好みに対応した人気を集めていた。とはいえ、当時の日本人大衆の心の琴線に訴える選手と試合は、確実に存在していた。ファイティング原田のキングピッチやジョフレとの試合、三階級制覇を目ざした、ジョージ・ファメション戦、輪島功一が、失ったタイトルを奪回した、オスカー・アルバラード、柳済斗との試合が、それに当たるだろう。貧困故の幼い頃の苦労、絶対的な強者ではなく、技巧と努力の末に摑んだ栄光、そして、倒されても倒されても立ち上がる〝根性〟。要するに、八〇年代初めのテレビドラマ『おしん』にも共通する、〝浪花節〟であったように思われる。

日本のボクシング界からは、七〇年代までに、一六名の世界チャンピオンが誕生し、八〇年代以降二〇一五年六月の現在まで、六〇人以上のチャンピオンが誕生している。八〇年代以降のチャンピオンの中にも、数多くの名選手が含まれていることは、間違いないだろう。しかし、階級と団体の増加のために、チャンピオンの価値が低下していることも、認めざるをえないのではあるまいか。

オリンピックと日本人

古代オリンピックは、古代ギリシャのオリンピアにおいて、紀元前九世紀から紀元後四世紀まで千年以上にわたり、スポーツの祭典として、四年に一度開催されていた。一九世紀末、フランスのクーベルタン男爵が、それに倣った、平和の祭典としての世界的なスポーツ大会を提唱した。それに基づき、一八九六年（明治二九）、第一回近代オリンピックが、ギリシャのアテネで開催された。それ以来、二度の世界大戦により数回の中止を余儀なくされているが、現在まで継続し、二〇二〇年の大会は、東京での開催が決定している。冬季のオリンピックは、第一回大会が、一九二四年、フランスのシャモニーで開催され、日本は、七二年の札幌・九八年の長野と、二度開催している。

日本のオリンピックとの関わりは、かなり古く、クーベルタン男爵の勧誘を受けた、日本人初の国際オリンピック委員会（ＩＯＣ）委員・嘉納治五郎の努力により、一九一二年の第五回ストックホルム大会への参加が実現している（女子選手の参加は、二八年のアムステルダム大会から）。この大会に出場したマラソンの金栗四三が、レース途中に行方不明となったが、五五年後、そのことに気づいたスウェーデンオリンピック委員会が、金栗を記念式典に招待。金栗がゴールのテープを切ると、「只今の記録は五四年八ヶ月六日五時間三二分二〇秒三、これで第五回ストックホルム大会は、全ての競技を終了しました」のアナウンスが流れ、金栗が「長い道のりでした。この間に孫が五人できました」とスピーチしたのは、ちょっと良い話。

日本は、〝ナチスドイツの国威発揚大会〟と悪名高い三六年のベルリン大会においては、陸上と競泳で、金六・銀四・銅八のメダルを獲得している。同大会より始まったラジオ放送における「前畑ガンバレ！」の連呼は、あまりにも有名なエピソードであろう。この大会に関して、紹介したいエピソードは他にも数多いが、紙数の余裕がない。

四年後の一九四〇年第一二回大会は、夏季の東京と冬季の札幌開催が決定していた。一九四〇年は、日本の紀元二千六百年にもあたっている。しかし、日華事変の泥沼化と、第二次世界大戦のために、開催返上を余儀なくされた。

戦後、日本は、一九四八年のロンドン五輪には招待されず、日本のオリンピック参加が認められたのは、五二年の冬季オスロ大会と夏季ヘルシンキ大会からである。五四年には、六〇年夏季五輪の開催地として、東京が立候補しているが、五五年のＩＯＣ総会において、ローマに敗れている。一九四〇年の開催地返上を越えて、日本悲願の東京オリンピック開催が決定したのは、五九年五月にミュンヘンで開催された、ＩＯＣ総会においてであった。それ以降一九七〇年代半ば頃まで、日本人が最も関心を抱いていたスポーツは、世界的な総合スポーツ大会、オリンピックである。

東京オリンピックの成功

第一八回オリンピック・東京大会は、一九六四年一〇月一〇日、前日の雨が嘘のように晴れ渡った東京国立競技場で開幕した。日本は、重量挙げ・レスリング・柔道・体操等で、金一六・銀五・銅八のメダルを獲得した。金メダルの数は、アメリカ・ソ連に次いで、第三位であった。

日本人が感動した場面を、いくつか紹介してみよう。

メイン競技の陸上と水泳では、ともに最終日に銅メダルを獲得したに過ぎなかったが、男子マラソン円谷幸吉の走りは圧巻であった。体で劣るとすれば、日本人は、心と技で優位に立たねばならない。侍か日本兵を思わせる風貌で自衛隊所属の円谷は、マラソン経験の少なさ故に、それほど期待されていなかった。その円谷が、疲れ切った姿にもかかわらず、二位で国立競技場に戻って来た。すぐ後ろには、イギリスのヒートリーが迫っている。円谷は、「男は後ろを振り向いてはいけない」という父親の戒めを愚直に守り、トラックで抜かれてしまう。三位ではあったが、国立競技場に、唯一の日の丸が翻った。

その後、円谷は、孤立無援の状況に追い込まれ、腰痛などで体調も悪化、かつてのような走りができなくなってしまう。そして、メキシコ五輪が開催される六八年の正月、自らその命を断った。その時の彼の遺書。「父上様、母上様、三日とろろ美味しうございました。（中略）幸吉は、もうすっかり疲れてしまって走れません。（中略）幸吉は父母上様の側で暮らしとうございました」。生真面目で純粋で禁欲的で、責任感が強く礼儀正しい、古風な日本の青年が思い浮かぶ文章である。

軽量級・中量級・重量級でほぼ圧勝した日本柔道は、柔道本来の無差別級で、六一年世界選手権の覇者、アントン・ヘーシンクを迎え撃つ。日本人代表は、神永昭夫。決勝戦において、ヘーシンクは、九分二二秒、支え釣り込み足からの袈裟固めで、神永を降した。この時、オランダの関係者が試合場に駆け上がろうとするが、ヘーシンクはこれを制し、勝者・敗者ともに相手を称えた。「礼に始まり礼に終わる」柔道精神の、静かで美しい表現のように感じられた。

ヘーシンクの優勝によって、柔道は、国際的競技として認知され、世界に普及していく。七二年のミュンヘン五輪では、ウィレム・ルスカが、無差別級と重量級の二階級で優勝した。以後、柔道は、ますます世界に普及し、現在、世界柔道連盟には、二〇〇前後の国と地域が加盟している。しかし、柔道は、世界的に普及したがゆえに、Ｊｕｄｏ化・スポーツ化し、見事な技での一本勝ちをめざすことに象徴される武道的な精神は、希薄化しているように思われる。

東京オリンピックの全日本女子バレーボールチームは、〝東洋の魔女〟と呼ばれた、日紡貝塚女子バレーボールチームを主体として形成された。「回転レシーブ」の技と、〝鬼の大松〟と呼ばれた監督のシゴキに耐えた〝根性〟で、ソ連女子を破り、金メダルを獲得した。東京大会は、衛星中継によってオリンピックが世界に放送された、最初の大会であるが、女子バレー決勝戦の日本の視聴率は、六六・八％を記録した。この数字は、テレビの放送体制が整った六〇年代以降のスポーツ中継の最高記録とされている。

競技が終了した一〇月二四日の閉会式は、夕闇迫る小雨の国立競技場に昭和天皇・皇后両陛下をお迎えして行なわれた。各国のプラカードと国旗が入場し、その後に、国別に整列した選手団が入場する予定であった。ところが、競技の重圧から解放された選手達は、待ちきれず、入り乱れたまま競技場に入っていった。旗手最後尾の日本人選手は、外国人選手に肩車されている。様々な国と人種の選手が入り混じり、肩を組み腕を組み、入場した。輪になって踊る選手もいれば、パフォーマンスで周囲を笑わせている選手もいる。無秩序ではあるが、楽しく和気あいあいの雰囲気は、「平和の祭典」「世界は一つ、東京オリンピック」が現前したような光景であった。

その後のオリンピックでは、この〝東京方式〟が採用されている。

札幌冬季オリンピック

高度成長も終焉に近づいた一九七二年には、札幌で、第一一回冬季五輪が開催された。日本の競技結果としては、七〇メートル級純ジャンプで、笠谷・金野・青地の〝日の丸飛行隊〟が金・銀・銅メダルを独占したことが、最大の快挙であった（それまでの冬季五輪で日本人が獲得したメダルは、スキーの猪谷千春の銀メダル一つのみ）。

しかし、それ以外では、〝銀盤の妖精〟ジャネット・リンの笑顔と尻もちが、そして、トワ・エ・モアの「虹と雪のバラード」が記憶に残るぐらいであり、どちらかと言えば、冬季五輪の地味な印象が残る大会であった。

高度成長期のスポーツに現れたナショナリズム

経済の成長とオリンピックの開催・成功によって、日本人は、かなりの程度、自信と誇りを回復した。そのため日本人の間でも、ナショナリスティックな感覚が、多少なりとも昂揚している。日本人に対して、常に戦争期の反省を迫る、『朝日新聞』八月一五日の社説でさえ、唯一この時期には、日本のナショナリズムを積極的に主張している。この時期の日本のナショナリズムは、戦前のナショナリズムの復活ではなく、否定的すべきような要素は、ほとんど含まれていない。「平和と民主主義」という戦後的価値観が、国民の間に定着していく時期であり、それと結合しているからである。オリンピックに現れた日本人のナショナリズムは、国際社会を前提に、マイナスの状態から出発した戦後日本が、国際社会の中で〝名誉ある地位〟を得ることができたと感じた、日本国民の喜びの発現であるように思われる。これを、〈経済成長ナショナリズム〉と呼ぶことにしよう。

四　一九七〇年代半ばから九〇年頃まで――ナショナリズム非在の時代

時代の状況

一九七〇年代前半、ドルショックと石油危機によって、高度経済成長は終焉し、世界は、同時不況に陥る。先進国首脳会議（サミット）が開催され、各国の経済協調が図られるが、その中で日本一国が不況から脱出し、安定成長路線を推進、自他ともに認める経済大国へと発展していった。世界情勢は、米中が接近するが、ソ連のアフガン侵攻と中距離核兵器をめぐって、冷戦状況が深刻化する。国内の状況は、七〇年代の保革伯仲から、八〇年代の自民党安定政権へ。七〇年代後半には、戦後世代が多数派となり、経済成長の成果が、日本全体へと波及していく。八〇年頃からは、国際社会への貢献を求められるようにもなるが、日本は、国内で充足し、八〇年代後半には、「大型景気」に突入、経済大国の繁栄を謳歌していた。

オリンピックの変容

オリンピックは、世界的な大会に成長するにしたがって、様々な問題が発生するようにもなった。たとえば、一九六八年のメキシコ大会においては、表彰式が、黒人差別を訴える場となり、七二年のミュンヘン大会では、イスラエル選手へのテロ事件まで発生した。七六年のモントリオール大会は、アフリカの二二ヶ国がボイコットし、八〇年のモスクワ大会は、ソ連のアフガン侵攻に反対して、西側諸国がボイコットする。さらに、八四年のロサンゼルス大会は、前回の報復として、ソ連・東欧がボイコットした。また、オリンピックが巨大化するにしたがい、開催都市の財政負担も増大し、七六年の大会では、大幅な赤字を計上する事態となった。

この財政的負担に対処するために、八四年の大会は、組織委員長ピーター・ユベロス指揮の下、オリンピックの商業化、ショー・ビジネス化を進め、黒字転換に成功した。そして、その流れに乗って、選手のプロ化も進んでいったのである。

このようなオリンピックの変容につれて、日本人のオリンピックに対する思いも変化していった。オリンピックを、以前のように、理想化・神聖視するようなことはなくなり、スポーツ競技の大きな大会の一つに過ぎず、日本人選手が活躍すれば、観戦してみようというように、冷静・客観的に見るようになってきたのである。

プロ野球の全盛と高校野球の人気

欧米から移入した近代スポーツの中で、日本人に最も馴染み深いスポーツは、なんと言っても、野球であろう。日本には、一八七一年（明治四）に伝来しているというから、相当に古い。野球が、高等学校に伝わり普及するという経緯もあり、戦後の一九五〇年代までは、東京六大学を中心とする学生野球の方が、〝職業野球〟と呼ばれたプロ野球より、権威も人気もあった。しかし、五〇年代後半からは、テレビ放送と、長嶋・王をはじめとする多くのスター選手の登場によって、プロ野球中心に変化したのである。

一九六五年から七三年の、ペナントレース・日本シリーズ九連覇（Ｖ９）を中心に、七〇年代半ば頃までは、巨人一辺倒であったが、プロ野球の人気は、他の球団にも国民全体にも拡大していった。テレビ放送によって、ルールや選手が広く知られるようになったこと、六〇年代の漫画やアニメの影響もあるだろう。広島カープのファンによって始められ、日本の応援風景として定着した、観客参加の鳴り物入り応援の影響もあるように思われる。王貞治が、ホームランの記録を打ち立てたこともあり、日本におけるプロ野球人気は、巨人人気の時代を含めて、半世紀以上にわたり継続するのである。

高校野球が、国民の注目を浴びるようになったきっかけは、六〇年代末の第五一回全国高校野球選手権決勝で、松山商業と三沢高校が、延長一八回の死闘を演じたことであろう。一人で投げ抜いて敗れた、三沢高校の太田幸司は、一躍〝悲劇のヒーロー〟となった。その後も甲子園では、江川卓・荒木大輔・桑田真澄・清原和博・松坂大輔をはじめとして、多くの話題の選手が登場している。高校野球の人気には、国内ローカリズム（地域主義）の要素が働いているのかもしれない。

相撲人気の盛り上がり

五〇年代の〝栃若時代〟、六〇年代の〝柏鵬時代〟を過ぎた大相撲は、七〇年代は、初の学生出身横綱輪島と怪童北の湖の〝輪湖時代〟を迎える。この時代には、大関貴ノ花も、相撲人気を一層高めた。また、七二年には、東アジア以外ではじめての幕内力士、高見山が幕内最高優勝を果たしている。ジェシー高見山は、大きな体で、強い時は圧倒的なパワーを発揮するが、弱い時には、下半身の脆さを露呈し、簡単に負ける。愛嬌のある性格と、誰もが知る辛抱で、日本人の誰からも愛された。

八〇年代に入ると、七〇年代の脱臼癖を克服し、筋肉の鎧を身に纏った、精悍な顔立ちの千代の富士が、若い世代、特に女性からの支持も受け、〝ウルフ・フィーバー〟を巻き起こす。八一年正月場所千秋楽、北の湖との優勝決定戦に勝利し、初優勝を遂げた日のテレビ視聴率は、大相撲の最高視聴率五二・二％を記録している。

八二年に入門した小錦は、新弟子検査時に体重が量れなかったほどの重量を生かし、スピード出世すると、入幕二場所目の八四年九月場所、初顔合わせの千代の富士・隆の里から金星を奪い、一二勝三敗で殊勲賞・敢闘賞を獲得、〝黒船襲来〟と日本人に衝撃を与えた。二〇〇キロを優に超える史上最重量の体軀、「相撲は喧嘩（ファイト）」の過激な発言で、〝品格〟を問われたりもした。八六年、大関昇進を賭けた場所の北尾との対戦で右膝靱帯を損傷、以後その後遺症に苦しむこととなった。二場所の休場明けから復帰すると、五場所連続十勝以上の好成績をあげ、外国出身力士として初めての大関昇進を果たした。さらにその上の横綱への挑戦は、八九年から始まる。同年一一月場所で、悲願の幕内優勝を飾り、最初の挑戦をしたが、翌場所十勝五敗の成績に終わり、失敗。千代の富士引退後の九一年一一月場所で二度目の優勝、翌九二年初場所は準優勝に次ぐ三位の一二勝三敗、翌三月場所は、一三勝二敗で三度目の優勝。横綱に推挙されたとしても、確かに不思議ではない。しかし、「大関で二場所連続優勝」の内規を満たしていないことも事実である。当時、〝人種差別〟と批判する意見も散見されたが、それは、必ずしも妥当ではあるまい。

プロレス人気の復活

力道山亡き後のプロレス界は、短い豊登時代の後、ジャイアント馬場とアントニオ猪木のＢＩ砲、柔道の坂口征二、吉村道明、大木金太郎等によって、人気を取り戻し、テレビ中継も、一九六〇年代末には、多局放送体制となっていた。

七〇年代に入ると、七二年、猪木が新組織の新日本プロレスを設立、馬場は、全日本プロレスを設立した。アントニオ猪木は、元国際プロレスのストロング小林とのエース対決、大木金太郎との遺恨試合や、カール・ゴッチ、ビル・ロビンソンとのストロングスタイルの試合によって、人気を高めていく。七六年の、柔道金メダリスト、ウイリアム・ルスカ戦に始まり、ボクシング世界チャンピオンのモハメッド・アリ戦から、八〇年の〝熊殺し〟ウイリー・ウイリアムス戦と続く、一連の「格闘技世界一決定戦」は、緊張感のある闘いであった。新日本プロレスのマットには、坂口征二・藤波辰巳・長州力・タイガーマスク等の人気レスラーも登場している。

一方のジャイアント馬場の全日本プロレスは、〝人間発電所〟ブルーノ・サンマルチノ、〝鉄の爪〟フリッツ・フォン・エリック等々、豪華な外国人レスラーを、次から次へと招聘し、アメリカン・スタイルのプロレスを展開した。手薄だった日本勢には、ミュンヘン五輪レスリング代表の鶴田友美が、アメリカ修行から帰国し、ジャンボ鶴田として参戦した。馬場・鶴田の他にも、天龍・輪島や太仁田厚・三沢光晴等も加わっている。

強豪外人レスラー対日本人という構図は、一九五〇年代の力道山時代から、六〇年代・七〇年代を通じて、変化していない。しかし、高度経済成長を経た、七〇年代日本人大衆の意識と、五〇年代庶民の感覚とは、まったく異なっている。敗戦国コンプレックスは、ほとんど消滅し、観客のレスラーへの一体感や観客同士の一体感も消失している。日本人レスラーも、外国人にそれほど引けを取らない体格で、リングネームからしても、純粋に日本的であるわけではない。ファンの中にあるのは、それぞれの個性を持った強力なレスラーに対する、個人的な共感と憧憬である。だからこそ、スタン・ハンセンやブルーザー・ブロディー等の外国人レスラーも、多くの日本人ファンを獲得していたのである。

時代が昭和から平成へ移行する頃になると、偉大なプロレスラー達が第一線から退いていく。テレビ放送は、ゴールデンタイムから深夜帯に移行し、中継回数も減少、やがては撤退していく。総合格闘技やK1等の他の格闘技に、その地位を奪われることもあった。こうして、現在のプロレスは、多くの団体が林立し、特定の愛好家が会場で楽しむ興行と化している。寂しいことである。

大学ラグビーの人気

イギリスのパブリックスクール、ラグビー校発祥のラグビー・フットボールは、一九世紀後半、手の使用をめぐってサッカーと決裂し、別の道を歩んだ。さらに、ラグビーは、「ユニオン」と「リーグ」に分岐している。ユニオンは、オックスフォード大学とケンブリッジ大学の対抗戦に代表されることが示しているように、イギリス南部の、上流・中流階級を母体とし、一五人制でモールとラックを認め、一九九五年まで、アマチュアリズムを標榜してきた。日本のラグビーは、もちろん、このユニオン側に属している。

戦後の日本ラグビーは、六〇年代に入り、カナダ・ニュージーランドへの遠征によって、本格的に再開された。ニュージーランド遠征において、そのころ「ジャパン」と呼ばれるようになった全日本は、坂田好弘の活躍で、オールブラックスジュニアに勝利している。さらに、日本代表は、六九年に開催された第一回アジア選手権・翌七〇年の第二回と連覇し、七一年には、来日したイングランド代表を相手に、三対六と大健闘している。七〇年代半ば頃まで、日本ラグビーは、フランス・オーストラリア等の強豪国にも、かなり善戦していたのである。

大学ラグビーにおいても、日本一を決定する大学選手権が六四年より開始され、出場枠は、関東二校・関西二校から、次第に拡大されていった。七〇年代後半には、大学進学者の増加を背景に、大学ラグビーの人気が沸騰した。早慶戦・早明戦等の伝統校の対抗戦は、毎回、国立競技場に超満員の観衆を集めた。社会人ラグビーも、七八年からの松尾雄治の新日鉄釜石、八八年からの平尾誠二の神戸製鋼の七連覇で人気を集め、実力的には、学生を凌駕するようになった。

一九八〇年前後の〝大学ラグビーブーム〟に反して、七〇年代後半以降のラグビー日本代表は、アジア諸国以外には、ほとんど勝利することができない状況が続いていた。八七年には、四年ごとに開催される、「ユニオン」のワールドカップも開始され、「ジャパン」は、以後八大会すべてに出場している。第七回大会までの成績は、ジンバブエに一勝し、カナダと二度引き分けたのみで、九五年のニュージーランド戦の大敗を含めて、二一敗であった。しかし、二〇一五年の第八回大会では、優勝候補の南アフリカをはじめ、サモア・アメリカに勝利し、決勝トーナメントにこそ進むことができなかったものの、躍進をとげたといえるだろう。二〇一九年には、日本でのワールドカップ開催が決定している。

ナショナリズム非在の時代

この時代の日本の人気スポーツは、定期的にテレビ放送される、野球・相撲とプロレスであり、日本社会全体が、日本一国で充足し、経済的繁栄を享受していた状況を背景に、日本のスポーツも、国内で充足していた。戦後世代が国民の過半数を占めるようになり、個人主義的感覚が蔓延していたことも、背景にあるのだろう。この時代の日本のスポーツには、ナショナリズム的な要素、特に他者に対抗するナショナリズムは、ほとんど存在していなかったように思われる。

阪神優勝時のランディー・バースや大相撲の高見山、ミル・マスカラスやファンクス等の外国人レスラーは、日本のスポーツに彩りを与え、日本人からも愛された。唯一小錦が、一時期反発をかったが、後には、人気者になっている。

五　平成時代――〈普通のナショナリズム〉台頭の時代

時代の状況

平成元年（一九八九）は、昭和終焉の年であるとともに、天安門事件・東欧の民主化・ベルリンの壁崩壊と進行し、東西冷戦が終結した年でもあった。以後、世界は、ボーダーレス・グローバリゼーション（地球化）の進行と同時に、民族・国家の利害対立が顕在化し、テロや紛争として噴出する時代となった。日本国内では、バブル経済が崩壊し、長い平成不況に陥るとともに、五五年体制が終焉、政治的混迷が続いた。

二〇〇〇年代に入ると、小泉首相の人気によって、国内政治は一時期安定したが、自民党と民主党との間で、二度の政権交代が起こる。世界情勢は、イスラムの〝同時多発テロ〟によって、激動の時代へと突入する。日本の周辺においても、北朝鮮による日本人拉致が明確化し、一九八〇年代以降、中国・韓国両国と日本の一部マスコミが反日的言説を強硬化させていたが、近年、中韓両国は、その行動を、さらに激化させている。

平成時代の大相撲――〝若・貴〟vs〝ハワイ勢〟

初の外国人横綱となった曙は、一九八八年三月場所、初土俵を踏んだ。同期入門には、若乃花・貴乃花・魁皇等がいる。曙は、二メートルを越える体格と長い腕の突っ張りで、九〇年三月場所新十両、同年九月場所には、若花田（後の若乃花）と同時に、新入幕を果たしている。入幕こそ、貴花田（後の貴乃花）に、わずかに遅れをとったが、九二年五月場所には、一三勝二敗で初優勝し、大関に昇進する。異例の速さでの出世である。新大関の場所は、直前の稽古中に足の指を骨折、やむなく休場した。翌場所、大関陥落の危機を何とか脱すると、一一月場所に二度目の優勝。翌九三年初場所千秋楽結びの一番で、関脇貴花田を圧倒、大関で二場所連続の優勝を果たし、第六四代横綱に推挙された。横綱空位が数場所続いていたこともあり、〝すんなりと〟昇進が決まった。横綱に昇進した年は、三場所目の夏場所から三連覇、年間最多勝も獲得している。また、翌年一一月場所まで一一場所にわたり、一人横綱の重責を、立派に果たしている。

第四五代横綱の初代若ノ花を伯父とし大関貴ノ花を父とする、若乃花と貴乃花は、一九八八年三月、初土俵を踏んだ。貴花田は、数々の最年少記録を更新し、九三年初場所後、曙の横綱と同時に、大関に昇進、父と同じ貴ノ花に改名した。大関昇進後、貴ノ花は三回優勝し、横綱獲得に挑戦しているが、失敗や見送られて、綱取りには至らなかった。貴ノ花は、九四年九月場所にも、史上最年少で初の全勝優勝を記録したが、横綱審議会に見送りとされ、貴乃花に改名する。そして、翌一一月場所、この場所も全勝し、大関で二場所連続全勝優勝、文句なく横綱に推挙された。

兄若花田も、八八年春場所初土俵。弟貴花田に一歩先を行かれたが、九三年三月場所、一四勝一敗で初優勝、若ノ花に改名する。翌場所、新関脇で一〇勝五敗、翌夏場所は、一三勝二敗で、横綱曙・大関貴ノ花とともに、優勝決定巴戦に出場した。優勝はならなかったものの、三役で三場所合計三七勝八敗の好成績で、大関に昇進した。大関時代は、それなりの成績を残してはいたが、怪我に泣かされることも多く、翌年には、若乃花に改名もしている。九五年一一月場所では、弟貴乃花との優勝決定戦に勝利し、二度目の優勝。九七年初場所にも優勝しているが、いずれも、綱取りには失敗し、「横綱は望めないのでは」と囁かれるようにもなった。しかし、九八年三月場所、一四勝一敗で優勝すると、五月場所も、一二勝三敗で優勝、二場所連続優勝を果たした。後者は低いレベルでの優勝で、見送りの声も聞こえたが、場所後、第六六代横綱に推挙された。史上初の〝兄弟横綱〟の誕生である。

曙と同じハワイ出身の武蔵丸は、一九八九年九月場所初土俵。九一年新入幕、九二年新小結・新関脇と順調に昇進、九三年は少し足踏みしたが、九四年初場所後に、大関に昇進する。同年夏場所では、外国人力士初となる全勝で、初優勝も達成した。この時の綱取りは失敗し、以後、二回の綱取りにも失敗している。しかし、九九年三月場所千秋楽、武蔵丸・貴ノ浪二大関の相星決戦に勝利し、一三勝二敗で優勝。翌五月場所も一三勝二敗で優勝し、場所後、第六七代横綱に推挙された。大関在位三二場所での昇進、外国出身力士二人目の横綱誕生であった。

一九九二年の初場所から二〇〇二年九月場所まで、若乃花（五回）・貴乃花（二二回）・曙（一一回）・武蔵丸（一二回）と、四力士で五〇回の優勝を成し遂げている。平成初期は、国技大相撲を代表し、角界屈指の血統を継承する〝若貴兄弟〟と、〝ハワイ勢〟の対決の様相を呈し、若・貴二人が、かろうじて、国技としての面目を保った形である。

二一世紀の大相撲──モンゴル力士の席巻

二〇〇〇年代に入ると、琴欧州（ブルガリア、〇八年五月場所優勝）・杷瑠都（エストニア、一二年初場所優勝）等のヨーロッパ出身力士も加わった。しかし、二〇〇〇年代以降、特筆せねばならないのは、何と言っても、モンゴル人力士の席巻であろう。旭鷲山・旭天鵬（一二年五月場所、三七歳八ヶ月で幕内初優勝）等、一九九〇年代から、台頭してきてはいた。

一九九七年、日本の高校に相撲留学した朝青龍は、九九年、スカウトされ、若松部屋に入門した。多彩な技とスピードで、〇一年初場所新入幕、五月場所新小結と、出世街道を駆け上った。〇二年初場所、モンゴル出身力士として初の関脇。関脇を四場所で通過し、大関に。新大関の場所こそ、一〇勝五敗に終わったが、翌一一月場所、一四勝一敗で初優勝すると、〇三年初場所も一四勝一敗で、連続優勝を果たした。横綱昇進に際しては、その品格を問題にする意見もあったが、モンゴル人初の第六八代横綱が誕生した。横綱昇進後は、時折、問題を起こしながらも、〇五年の年間六場所完全優勝と七連覇等、数々の記録を更新している。一〇年初場所、朝青龍は、一三勝二敗で二五回目の優勝を達成する。しかし、場所後、場所中に暴力事件を起こしていたことが発覚、引退を表明した。

モンゴル相撲の横綱で、モンゴル初のオリンピックメダリストを父に持つ白鵬は、二〇〇〇年に来日した。当時小柄だった白鵬を受け入れる部屋はなかったが、ツテを辿り、弱小の宮城野部屋に入門を許可された。入門後は、体も急激に大きくなり、稽古熱心でもあったため、急速に素質を開花させていった。〇四年五月場所新入幕、〇五年初場所新三役、三月場所には関脇に昇進する。大関取りには失敗し、一旦平幕まで落ちるが、翌〇六年三月場所千秋楽、一三勝二敗で、朝青龍との優勝決定戦に臨んだ。朝青龍には敗れるが、場所後、大関昇進を果たす。この一番のモンゴル国内視聴率は、九三％に達したという。新大関の五月場所で初優勝するが、綱取りには失敗する。しばし停滞していたが、〇七年二月に結婚すると、三月場所、優勝決定戦で朝青龍を破り二度目の優勝。五月場所は、初の全勝で連続優勝を達成し、第六九代横綱に推挙された。白鵬は、横綱昇進後も、安定した強さを継続し、双葉山の六九連勝に次ぐ六三連勝を記録、大鵬が保持していた三二回の優勝回数を更新する等、数多くの記録を書き換えている。

朝青龍・白鵬以後も、一二年秋場所、日馬富士が二場所連続の全勝優勝を達成し、一四年春場所には、鶴竜が、前場所一四勝一敗の準優勝、同場所一四勝一敗の優勝であったが、それぞれ、第七〇代・七一代の横綱に推挙されている。四代続けて、モンゴル出身横綱が誕生し、現役横綱三人全員が、モンゴル出身というわけである。それに対して、〝国技〟大相撲とされながら、第六六代若乃花以来、日本人の横綱は、一人も誕生しておらず、幕内優勝者も、二〇〇六年初場所の栃東以来、出現していない。日本人力士の台頭を待望する声も多く聞かれるが、懸賞金の本数は増え、〝満員御礼〟となることもしばしば。テレビ視聴率も安定している。

サッカーと日本

一八六〇年代に統括組織と統一ルールが成立したサッカーは、大英帝国の世界制覇にともない、ヨーロッパ各地から、南米・アジア、世界各地へと伝播して行った。現在、国際サッカー連盟（ＦＩＦＡ）には、二〇九の国と地域のサッカー協会が加盟し、ほとんどの国でナショナルチームが結成されている。

サッカーは、成立当初の一八七〇年、イングランドとスコットランドの間で国際試合が行われて以来、国際的な試合が盛んに行われていた。最初に開催された世界大会は、オリンピックである。一八九六年の第一回アテネ大会から数回は公開競技として、一九〇八年のロンドン大会からは、公式競技として採用されている。しかし、オリンピック憲章にはアマチュア条項があり、プロ選手の参加が禁止されていたために、五輪優勝国を世界最強とすることはできなかった。そこで、一九〇四年に結成されていたＦＩＦＡは、三〇年、真のサッカー世界最強国を決定するために、ワールドカップ（Ｗ杯）を開催した。ちなみに、第一回Ｗ杯優勝国は、ウルグアイである。

日本へのサッカーの伝来は、いくつかの説があるが、一八七三年、イギリス海軍軍事顧問団が、東京の海軍兵学寮で紹介したのが最初とされている。その後は、神戸・横浜等の港湾都市で外国人によってプレーされていたが、神戸市の兵庫県尋常師範学校（後に神戸大学となる）で受け入れられ、東京高等師範学校（現筑波大学）をはじめとする、全国の師範学校・中等学校・高等学校へと普及していった。

一九一七年には、東京高等師範学校が、第三回極東選手権のサッカー競技に出場しているが、これが、日本代表チームが最初に行った国際試合とされている。一八年には、後に全国高校サッカー選手権大会となるサッカー大会が開催され、二一年には、日本サッカー協会の前身、大日本蹴球協会が創設されている。天皇杯全日本サッカー選手権大会の前身、ア式蹴球全国優勝競技会が開催されたのも、この年。二三年の第六回極東選手権の試合は、日本で初の国際Ａマッチとして認定され、二七年の第八回大会では、フィリピンを破り、国際大会初勝利をあげている。二九年には、ＦＩＦＡに加盟しているが、第二次世界大戦時に、欧米のスポーツが〝敵性文化〟とされるような風潮もあり、ＦＩＦＡを脱退。そして、大戦後の五〇年、大日本蹴球協会は、日本蹴球協会と名称を変更、ＦＩＦＡに再加盟した。日本サッカーが、ワールドカップ予選に初めて参加したのは、戦後五四年の第五回大会である。中華民国が出場を辞退し、韓国との決戦となったが、一分一敗で、本選出場はならなかった。

日本サッカー代表は、オリンピック初出場となる一九三六年のベルリン五輪で、優勝候補の一角スウェーデンを破ったが、この試合は、〝ベルリンの奇跡〟と称えられ、多くの人の記憶に刻まれている。一九六四年の東京オリンピック。日本は、予選グループで強豪アルゼンチンに逆転勝利、ベスト８に勝ち上がった。翌年、日本サッカーリーグの創設。そして、六八年のメキシコ五輪。大会得点王となった釜本邦茂や杉山隆一の活躍で、日本は、アジア初の銅メダルを獲得した。日本チームは、そのスポーツマンシップも賞賛され、最初のフェアプレー賞も受賞している。一九七〇年代と八〇年代は、日本サッカーが低迷した時代であり、〝冬の時代〟と評されている。

Jリーグの誕生と〝ドーハの悲劇〟

一九九三年、日本にも、プロのサッカーリーグ、「Jリーグ」が誕生した。Jリーグは、日本サッカーの水準向上とサッカーの普及のみならず、国民の心身の健全な発達への寄与、豊かなスポーツ文化の振興、さらには、国際社会における交流と親善への貢献という、壮大な理想を掲げ、地域に密着する一〇のクラブチームで出発した。開幕試合は、視聴率三二・四％を記録、〝Jリーグブーム〟を巻き起こした。ブームは、数年で収束するが、「百年構想」の下、参加チームを着々と増やし、九九年には二部制に移行、二〇一四年には、J3を新設し、一五年現在、国内三七都道府県に本拠地を置く、J1：一八、J2：二二、J3：一二の計五二チームが、Jリーグに加盟している。

しかし、Jリーグの誕生以上に日本人に衝撃を与えたのが、同年一〇月二八日深夜、カタールで起こった、〝ドーハの悲劇〟である。九四年のワールドカップへ向けた、アジア最終予選最終試合の対イラク戦。この一戦に勝てば、初のW杯出場が決まる日本は、後半四五分まで、二対一でリードしていた。もう一プレーで試合が終了するかというロスタイム、ショートコーナーからのセンターリングに合わせたイラクFWオワイランのヘディングしたボールが、日本ゴールに吸い込まれた。この試合に引き分けた日本代表は、手が届くところまできていた、悲願のW杯出場を逃し、膝から崩れ落ちた。この試合の視聴率は、四八・一%を記録したが、これを目撃した日本人は、国際試合のスリルと興奮を知った。歓喜と落胆と衝撃を知った。そして、国際試合による国民の一体感を知ったのである。

その後、日本代表は、〝ジョホールバルの歓喜〟で、イランとのプレーオフに勝利し、九八年フランスワールドカップに初出場。以後、五回連続出場を果たし、〇二年の日韓大会と一〇年の南アフリカ大会では、予選リーグを突破、ベスト16にまで進出している。二〇〇二年の第一七回ワールドカップは、日韓両国の〝共同開催〟として、日本と韓国で行われた。なお、オリンピックの男子サッカーは、九〇年代以降、U23（二三歳以下）の大会となっているが、日本は、九六年のアトランタ五輪で、メキシコ五輪以来二八年ぶりの出場を果たし、以後五回連続出場している。

女子サッカーと〝なでしこ〟の活躍

女子サッカーは、一九七〇年代以来、女性解放の趨勢から、しばらく閉ざされていた競技機会が再び開放され、ヨーロッパやアメリカを中心に、発展していた。そして、九〇年代に入ると、九一年、第一回女子サッカー世界選手権（後にＦＩＦＡ女子ワールドカップに）が中国で開催され、九六年のアトランタ五輪では、正式競技として採用された。

日本でも、七〇年代から、女子サッカーチームが誕生し、七九年に、日本女子サッカー連盟が設立され、八〇年には、全日本女子サッカー選手権大会も開催されている。八一年の第四回アジア女子選手権に際し、初めて正式の女子代表チームが結成されると、代表は、国際試合の経験を重ね、徐々に競技力を向上させていった。二〇〇〇年代に入ると、〝なでしこ〟の愛称の下に、国際大会でも、好成績を収めるようになる。そして、二〇一一年夏の第六回女子ワールドカップ・ドイツ大会、世界が驚く〝パスサッカー〟で優勝。澤穂希が、大会MVPと得点王に輝いた。日本女子の優勝は、東日本大震災で呆然とする日本人に、元気と勇気を与えた。「なでしこ」は、国民栄誉賞を受賞し、翌一二年のロンドンオリンピックでも、銀メダルを獲得。さらに、一五年のカナダワールドカップでも、銀メダルを獲得している。

平成時代の野球

昭和終盤のバブル期に最盛期を迎えていた日本プロ野球は、セ・パ両リーグのリーグ戦と日本シリーズの人気によって、日本国内で充足していたが、一九九五年、野茂英雄がメジャーリーグ入りし、〝トルネード旋風〟を巻き起こした。これに刺激され、以後五〇名ほどの日本人が、大リーグに挑戦している。全体として言えることは、投手陣は、コントロールの良さと変化球を生かして、かなり健闘しているが、打撃陣は、パワーが不足し、イチロー以外には、それほどの結果を残していない。松井秀喜でさえ、ホームランを量産していたわけではない。国内では、二〇世紀最後の年の日本シリーズ、長嶋巨人と王ダイエーの〝ON監督対決〟が話題を呼んでいる。

サッカーの国際性に対抗する意味あいもあって、二〇〇六年には、野球の国際大会、第一回WBC（ワールド・ベースボール・クラシック）が開催された。大会の決勝戦は、日本とキューバの対戦となり、日本が優勝を飾った。テレビ視聴率も、四三・四％を記録している。〇九年の大会でも、決勝で日本が韓国を破り、二連覇を達成した。しかし、一三年の第三回大会決勝は、ドミニカ共和国対プエルトリコで、日本は、三位に甘んじている。WBCは、メジャーリーガーのほとんどが出場を辞退する等々、多くの課題を抱えており、本場アメリカでは、ほとんど注目されていない。日本での関心も、次第に低下している。

プロ野球の人気は、二一世紀に入り、急速に低下している。テレビ視聴率は低下し、通常のリーグ戦で二〇%を超えることはなくなり、地上波の中継数は削減される。それらが相乗的に作用し、現在では、プロ野球の地上波放送は激減、視聴率が一〇%を超えることも、稀になっている。日本女子が金メダルを獲得したロンドン大会を最後に、野球とソフトボールは、オリンピックの正式競技から削除された。新聞・テレビのマスメディアの支援があるために、報道量は依然として多いが、野球が危機的状況にあることは、否定できないのではあるまいか。

近年の人気スポーツ

近年人気のあるスポーツを見てみよう。

フィギュアスケートは、冬季競技の中では、原田雅彦・舟木和喜等が金メダルを獲得したスキーのジャンプ、清水宏保が金メダルを獲得したスピードスケートの五〇〇メートルと並んで、以前から人気のある種目であった。七〇年代に活躍した渡辺絵美、八九年の世界選手権優勝、九二年のアルベールビル五輪で銀メダルを獲得した伊藤みどり、二〇〇六年のトリノ冬季五輪女子フィギュアシングルで、アジア人初の金メダルを獲得した荒川静香等の選手が活躍している。

二〇〇五年、世界ジュニアフィギュアスケート選手権に初出場した浅田真央は、同大会で初優勝した。翌〇六年のオリンピックには、年齢制限によって出場できなかったが、全日本選手権では優勝する。浅田は、女子選手として最高度の技術を持ち、日本人好みの愛らしい容姿で、以後一〇年間にわたり、フィギュアスケートの人気をリードしていった。その間、競技規定の改定に苦しみ、一〇年のバンクーバー冬季五輪では、韓国のキム・ヨナに敗れたが、銀メダルを獲得。世界選手権で三度、全日本選手権では、六度の優勝を果たしている。一四年のソチ五輪では、ショートプログラムのミスで一三位と出遅れたが、フリーで、六種類八度の三回転ジャンプを跳び、自らが「最高の演技」という内容で、六位に入賞した。そして、三月の世界選手権では、三度目の優勝を果たしている。浅田は、シーズン終了時、一年の休養を発表し、その後に関しては態度を保留していたが、一五年五月、現役続行の意思を明らかにしている。なお、浅田は、様々な「好きなスポーツ選手」のランキングで、女性の一位に選ばれている。現在、日本で最も人気のある女性スポーツ選手である。

フィギュアスケートのファンに女性が多かったことや、好成績をあげるようになってきたことから、男子フィギュアスケートの人気も高まっている。高橋大輔は、二〇一〇年のオリンピックで銅メダルを獲得し、同年の世界選手権では、アジア人として初の優勝を果たしている。

羽生結弦は、ジュニア部門で活躍していたが、二〇一一年一六歳の時に、地元仙台で、東日本大震災に遭遇する。そのショックから立ち直り、シニアとなった羽生は、一一年末の全日本選手権で三位に入り代表に選出されると、翌年春の世界選手権でも三位となり、二位の高橋とともに表彰台に上った。羽生は、一二年末の全日本選手権で初優勝を飾り、翌一三年も、ＩＳＵグランプリファイナル初優勝に続いて、全日本選手権連覇、日本王者として、二〇一四年二月のソチ冬季五輪と三月の世界選手権に臨んだ。ソチでは、フリーの演技が不本意ではあったが、アジア人初の金メダルを獲得。優勝時のインタビューは、一九歳とは思えない成熟と謙虚さ、細やかな感受性をもって、この勝利を語ったと称えられた。続く世界選手権では、ショートプログラムで出遅れたものの、フリーではほぼ完璧な演技で優勝。このシーズン、羽生は、ＧＰファイナル・五輪・世界選手権の主要大会すべてを制し、三冠を達成している。

日本のテニスは、一九二〇年代と三〇年代に黄金時代を形成していたが、戦争期に国際舞台から退いた。戦後は、五一年に復帰すると、五五年には、全米選手権男子ダブルスで、宮城淳・加茂公成組が優勝している。その後は、七三年に、神和住純が戦後初のテニス・トーナメントプロとなり、七〇年代から八〇年代にかけて、世界でも活躍した。

女子では、一九七五年、ウィンブルドン選手権ダブルスで、沢松和子・アン清村組が初優勝している。九〇年代には、伊達公子が登場し、九五年、日本人最高の世界ランキング四位を記録した。二〇〇〇年代に入ると、杉山愛が、〇四年、八位にランキングされ、日本女子二人目のトップテン入り。杉山は、ダブルスでの評価が高く、〇〇年と〇三年には、世界一位にランクされている。

男子に戻れば、一九九五年に、松岡修造がウィンブルドン男子シングルスでベスト8まで進出したが、それ以後、世界のトップレベルで活躍する日本人選手は見当たらなかった。そこに登場したのが、錦織圭である。錦織は、二〇〇八年、一八歳で、日本人最年少ATPツアー優勝を果たし、一四年の全米オープンで、アジア人初の決勝進出、年末のATPワールドツアー・ファイナルにアジア人として初出場、準決勝まで進出し、一五年には、世界ランキング四位を記録している。錦織の躍進で、テニスの人気も高まっている。

毎年正月の二日と三日に行われている、東京箱根間往復大学駅伝競走（箱根駅伝）は、一九二〇年に始まっている。まもなく、一〇〇周年を迎えようとしているわけである。第二次世界大戦中に一時中断されたが、一九四七年に復活し、五六年の第三二回大会から、正月二日・三日の開催となっている。大学進学者が増え、団塊ジュニア世代が大学生となりつつあった八〇年代後半から、全国放送で全区間テレビ中継されるようになり（完全中継は、八九年から）、国民的な正月の〝風物詩〟となったのである。

現在、高視聴率を獲得するスポーツ中継は、男女のサッカー日本代表の試合、男女フィギュアスケートと、箱根駅伝の三つである。

〝普通のナショナリズム〟の台頭

国と国が対抗するチームスポーツは、ナショナリズムが最も発現されるスポーツである。部族の軍団と軍団が接近戦で闘う、原始の戦争の趣があるからである。それ故、世界中でプレーされ、国と国の対抗で試合が行われるサッカーの世界大会ワールドカップに、世界中が熱狂する。試合前には、国旗が掲げられ、国歌が演奏され、フェアプレーが誓われる。いやがうえにも、緊張感が高まる。試合が始まれば、国民は、われらが代表と一体化し、ともに戦っている感覚になる。観客を試合に引き込む、サッカーの魅力もあるだろう。ともに声援を送る日本人同士の一体感も高揚する。こうして、国民全体が、勝てばともに歓喜し、負ければ、悔しくて意気消沈するのである。

そんなナショナリスティックな心情は、権力やイデオロギーとは、まったく関係ない。どこの国でも見られる、〝普通のナショナリズム〟の自然な発露なのである。それまで、ナショナリズムを、ただちに、〝偏狭〟で〝不健全〟な「悪」と考え、自国の応援も遠慮がちであった日本人も、普通に、日本と日本人を応援するようになった。それでも、相手の素晴らしいプレーには、拍手が起こるくらいであるのだから、まだまだ公平であり、抑制されてもいる。スポーツの世界は、日常を離れた世界である。何も問題はないように、私には思われる。

おわりに──戦後日本のナショナリズムとスポーツ

戦後日本において、特にマスコミや言論界において、日本のナショナリズムは、GHQによって、「軍国主義的なものや日本的な価値観」に関する言及が統制された占領期以来、ほとんど常に、否定的に論じられてきた。たとえば、日本の世論を代表する『朝日新聞』の、元日と八月一五日の「社説」を辿ってみても、日本のナショナリズムを多少とも肯定的に扱っているのは、日本が主権を回復した五〇年代初頭と、経済成長によって先進国の一員と認められるようになった六〇年代半ばのみである。特に八月一五日の社説は、七〇年のそれを嚆矢とし、八〇年代以降は、戦前・戦中の〝加害者としての日本〟を、執拗に追及している。もっとも、日本のナショナリズムに否定的なマスメディアも、スポーツ欄やスポーツコーナーでは、読者・視聴者獲得のために、ナショナリスティックな感情を煽り立てているが。戦争の悲惨さを身に染みて知った日本国民も、権力者によって強制される、国家主義的ナショナリズムには、本能的に、拒否感を感じてきたのである。

しかし、郷土や同胞に対する愛着や一体感（パトリオティズム）は、自然なものであり、現代の世界は、多数の国民国家が並存する世界として存立している。そして、日本という「国」や「民族」は、古代における統一の歴史と、島国という地理的な条件によって、かなり古い時代に形成されたと感覚されている。したがって、日本人にとって、日本という国や民族に対する愛着と一体感、日本人としての一体感、すなわちナショナリズムは、自然的・現実的な根拠のある感覚なのである。それ故、戦後日本人の根底にも、ナショナリスティックな感覚は、確実に存在し、五〇年代初頭や六〇年代半ばには、幾分高揚している。

戦後日本のスポーツも、それが、戦後の日本社会を背景に、日本の文化、スポーツ文化の中で行われてきたものである以上、巨視的に見れば、〈敗戦国ナショナリズムの時代〉〈経済成長ナショナリズムの時代〉〈ナショナリズム非在の時代〉〈普通のナショナリズム台頭の時代〉と、戦後日本の社会と文化を反映してきたように思われる。

ところで、最近、日本では、ナショナリズムが高揚している、という。最後に、近年の日本のナショナリズムを考察してみることにしよう。

戦時期日本に対する批判が再開されたのは、七〇年代からである。特に八〇年代以降、歴史教科書問題・靖国神社参拝問題・慰安婦問題をめぐって、日本マスコミと中国・韓国の反日的言説が強まり、九〇年代には、さらにそれが過激化する。それに対して、日本は、九〇年代の〝河野談話〟〝村山談話〟に代表されるように、「謝罪」を繰り返してきた。

マスコミと中韓両国の攻勢に対する反論は、一部の政治家と知識人によって、八〇年代より行われていたが、知識人の反論は、九〇年代後半以後、強化・拡大されていく。その間、日本人は、贖罪意識もあって、ナショナリスティックな発言には、一貫して、抑制的であった。二一世紀に入ると、一部には〝韓流ブーム〟の現象も見られたが、一方では、二〇〇二年のワールドカップ時のように、ナショナルな感情が、発現されるようにもなってきた。この頃から普及したインターネットによって、それまでほとんど報道されなかった情報に、多くの国民が接したこともあるだろう。マスコミの主張する世論と国民世論の乖離が、より明確化してくる。そして、〇九年の政権交代によって誕生した民主党政権下、尖閣諸島・竹島の領有権をめぐって、中国・韓国の反日的行動が激化した。特に、一二年夏の韓国李明博大統領の竹島上陸と天皇侮辱発言は、日本人のナショナリズムを刺激した。後継の朴槿恵大統領は、就任時より、強硬な反日姿勢を継続している。それに対応して、日本人のナショナリズムも、より多くの日本人の間に広まり、〝反中〟〝嫌韓〟感情として、確かに高揚している。しかし、それは、あくまでも反発的・防衛的なナショナリズムであり、ごく一部を除けば、過激化してもいない。国民のナショナリズムは、自然的・現実的な根拠のある感情であり、独善的・排外的なものでない限り、また、国民から乖離した権力による政治的イデオロギーでない限り、不健全なものではない。もっとも、ナショナリズムは、抑制心を失えば、ただちに、そのような陥穽に落ちてしまう感情であることも間違いないが。

戦後七〇年が経過した現在、日本は、周辺の国際環境への対応と国際社会への貢献という、二つの面から、ナショナリズムが問われている。現実を正しく認識した上で、それを、冷静・客観的に評価することが、緊急の課題であろう。スポーツにおいては、二〇一九年にラグビーW杯が、二〇二〇年にはオリンピックが開催される。〝日本らしく〟、素晴らしい大会になることを期待している。

参考文献

井上俊『武道の誕生』吉川弘文館、二〇〇四年
岡村正史編著『力道山と日本人』青弓社、二〇〇二年
後藤健生『日本サッカー史――日本代表の90年（資料編）』双葉社、二〇〇七年
寒川恒夫「日本のスポーツ」『スポーツの歴史［新版］』白水社、一九九三年
高畑好秀『根性を科学する』アスペクト、二〇〇五年
谷川稔『国民国家とナショナリズム』山川出版社、一九九九年

玉木正之『されど球は飛ぶ』河出書房新社、一九九九年
寺沢正晴『日本人の精神構造』晃洋書房、二〇〇二年
レイモン・トマ（蔵持不三也訳）『スポーツの歴史［新版］』白水社、一九九三年
ロバート・ホワイティング（松井みどり訳）『ガイジン力士物語――小錦と高見山』筑摩書房、一九八九年
「ウィキペディア 日本語版」スポーツ関連の多数項目

あとがき

朴順愛先生が何度目かの研究休暇でいつもの通り日本に一年間滞在されたのは二〇一四年春からの一年間だが、今回、初めて京都の国際日本文化研究センター（日文研）を拠点とされた。日文研では、本書の元となった朴先生の「日本大衆文化とナショナリズム」プロジェクトとは別に、二〇一四年度には本書の共編者である山田奨治先生の「マンガ・アニメで日本研究」プロジェクト、筆者が組織していた「昭和戦後期における日本映画史の再構築」プロジェクトが同時に進行し、さらに大塚英志先生の「おたく文化と戦時下・戦後」も並行して運営されるという形で、ポピュラー・カルチャーに関する研究会が四つ同時に走っている状態であった。日文研というと、日本の伝統文化や文学など、比較的堅い分野の研究会が多いというイメージが少なくともかつてはあったわけなので、これは前代未聞の状況だったと言って過言ではない。

もちろん、これは一過性の流行などというものではなく、ポピュラー・カルチャーをアカデミックな研究対象と捉えて、様々な学問的視点から分析していこうという風潮が、多くの研究者たちによって共有され、そうした土壌が一昔前と比べてより一層成熟してきた証と捉えるべきであろう。日文研という研究拠点が、とりわけ海外の日本研究者たちにとって、日本研究の知見を深め、日本の研究者たちとの交流を深める場として位置づけられていることからすれば、日本に関心を持つ海外の研究者の関心の矛先それ自体が、日本のポピュラー・カルチャーにシフトしてきていると言えるのかもしれない。

既に学生レヴェルにおいては、日本へやってくるアジアの国々を中心とする世界からの留学生たちの最も典型的な留学理由が、取りも直さずアニメや漫画などの日本のポピュラー・カルチャーに接した経験から日本に対して興味を持ち、そのメッカとしての日本への留学を志した、というパターンであり、そのパターンが留学生たちの大半を占めている、という現状は、筆者ならずとも、日本の大学で留学生たちの指導を受け持っている教員であれば一様に経験していることであろう。

さて、ポピュラー・カルチャーに特化した日文研での様々な研究会の枠組みの中で、朴先生の「日本大衆文化とナショナリズム」プロジェクトの大きな特徴だったことは、日韓それぞれの国の研究者（地理的・予算的制約により韓国側の研究者の場合は日本在住の研究者に限られはしたものの）がほぼ同数、メンバーとして定期的に行われる研究会に参加し、互いに意見を戦わせる場として機能していた点にある。……一般論で言えば、日本で学位を取り、あるいは職を得て研究活動している朝鮮半島出身の、あるいは在日コリアンの研究者たちというのは、〝日本の文化に関心を持つ研究者〟として、日本の研究コミュニティの中でオルタナティヴ・ポイント・オブ・ヴューを持ちつつその居場所を確保しているのが通例であり、ことさらに自らの出自である朝鮮半島の文化についての研究を志向したりはしないものであろう。つまりはナショナルなアイデンティティを前面に押し出すことは日本で研究活動をしていく上では得策ではない、ということである。朴先生の組織した研究会の面白いところは、そういった日本在住の朝鮮半島出身の、あるいは在日コリアンの研究者たちが、普段の研究コミュニティにおけるような少数派という立場ではなく、人数的には日本側の研究者たちと対等な、またその研究会を組織する班長が韓国・湖南大学の朴先生であるという点ではむしろ、大手を振って何の遠慮もいらない形で「大衆文化とナショナリズム」の関係について自由に議論できる雰囲気が醸成されていたことにある。もちろんそれは、朴先生自身の、包容力があり竹を割ったようなさっぱりした性格によって、参加者の一人一人が自然に胸襟を開き、互いに懐に入って行かれるムードが初めから存在していたということでもある。発表者のテーマが「在日コリアンのメンタリティ」であろうが、「最近の日本の嫌韓本ブーム」であろうが、日韓それぞれの参加者が何の気兼ねもなく自由に意見を交換できたことは、日本のポピュラー・カルチャーを対象とする国際的な研究会の運営の在り方としては見事なものだったと言えよう。

このような、日韓の研究者たちのジョイントによる共同研究会の試みは、二〇〇二年のＦＩＦＡの日韓共催ワールドカップの頃にもいくつか行なわれ、次のような論考集としてまとめられてきた。すなわち、朴順愛・土屋礼子編『日本大衆文化と日韓関係――韓国若者の日本イメージ』(三元社、二〇〇二年)、毛利嘉孝編『日式韓流――『冬のソナタ』と日韓大衆文化の現在』(せりか書房、二〇〇四年)といった成果である。前者は朴先生自身による成果であり、共編者の土屋礼子先生は今回の「日本大衆文化とナショナリズム」プロジェクトにも参加されている(ほかの何名かの参加者と同様に多忙な公務によって論考の提出は叶わなかったが)。

それ以降、竹島の領有権問題や日本の政治家の靖国神社参拝問題、慰安婦問題をめぐる韓国側の外交政策などの政治的イシューの先鋭化によって日韓関係がギクシャクしていた中にあっても、日韓に関係するポピュラー・カルチャーについての研究は、過去数年、単著として日韓双方の研究者たちによる、たとえば次のようなものが発表されてきている。すなわち、ウォン・ヨンソク『「韓流」と「日流」――文化から読み解く日韓新時代』(ＮＨＫブックス、二〇一〇年)、大場吾郎『韓国で日本のテレビ番組はどう見られているのか』(人文書院、二〇一二年)、貴志俊彦『東アジア流行歌アワー――越境するおと 交錯する音楽人』(岩波現代全書、二〇一三年)、山下英愛『女たちの韓流――韓国ドラマを読み解く』(岩波新書、二〇一三年)、金成玟『戦後韓国と日本文化――「倭色」禁止から「韓流」まで』（岩波現代全書、二〇一四年）などである。いずれも示唆に富む、注目すべき研究成果であると言えよう。

もちろん、東アジアにおけるポピュラー・カルチャー研究の対象やその担い手は、何も日本と韓国だけではない。本書の編者三名がこれまでに関わってきた枠組みの中に、香港大学を拠点とするAsian Global Cultural Forum（ＡＧＣＦ）の活動がある。森話社から刊行された最新の成果集である『東アジアのクリエイティヴ産業――文化のポリティクス』を含めて、これまでに日本で六冊の論考集が出版されているこのＡＧＣＦのワークショップもまた、日本・中国・台湾・香港・韓国をはじめとする東アジアのポピュラー・カルチャー研究者たちのある種の〝隣人ネットワーク〟のようなものとして機能している。

政治的イシューによってギクシャクしているのも、何も日韓関係だけではない。日本と中国の間にしても、尖閣諸島の領有権をめぐる問題や、日本の歴史認識問題など、簡単には解決しない問題がいろいろと存在する。――ひとつだけ言えることは、文化交流、学術交流などのチャンネルというものは、双方の関係がギクシャクしているときほど、その存在の重要性が認識されるようになってくるということである。互いに胸襟を開いて、率直な意見交換ができ、互いに相手の立場で物事を考えてみることができることこそが、〝成熟した関係〟の第一歩であり、ポピュラー・カルチャー研究という近年益々裾野の広がってきている分野こそが、その〝成熟した関係〟を構築し、維持し、発展させていく上でのプラットフォームとして重要であるはずだ、と考えたい。

本書の元となった日文研の「日本大衆文化とナショナリズム」プロジェクトや、そこでの発表の中から本書に収められた論考の数々が、そのためのささやかな一石となることを編者一同願う次第である。

谷川建司

市川孝一（いちかわ・こういち）
明治大学文学部教授。社会心理学、メディア文化論
『人気者の社会心理史』（学陽書房、2002年）、『増補新版 流行の社会心理史』（編集工房・球、2014年）

吉田則昭（よしだ・のりあき）
立教大学社会学部兼任講師。社会学、マスメディア史
『戦時統制とジャーナリズム』（昭和堂、2010年）、『緒方竹虎とＣＩＡ』（平凡社、2012年）

尹健次（ユン・コォンチャ）
神奈川大学名誉教授。近代日朝関係史
『「在日」の精神史』全3冊（岩波書店、2015年）

寺沢正晴（てらさわ・まさはる）
神奈川大学人間科学部教授。社会学、社会心理学
『日本人の精神構造——伝統と現在』（晃洋書房、2002年）

＊編者
朴順愛（パク・スンエ）
（韓国）湖南大学校教授。社会学
『日本大衆文化と日韓関係』（共編著、三元社、2002年）、『サブカルで読むナショナリズム』（共著、青弓社、2010年）

谷川建司（たにかわ・たけし）
早稲田大学政治経済学術院客員教授、国際日本文化研究センター客員教授。映画史、大衆文化研究
『アメリカ映画と占領政策』（京都大学学術出版会、2002年）、『戦後「忠臣蔵」映画の全貌』（集英社クリエイティブ、2013年）

山田奨治（やまだ・しょうじ）
国際日本文化研究センター教授、総合研究大学院大学教授。情報学、文化交流史
『東京ブギウギと鈴木大拙』（人文書院、2015年）、『日本の著作権はなぜもっと厳しくなるのか』（人文書院、2016年）

＊執筆者（執筆順）
申昌浩（シン・チャンホウ）
京都精華大学人文学部教授。都市文化コンテンツ論、生活宗教学
「房（バン）文化の系譜」（『都市歴史博覧——都市文化のなりたち・しくみ・たのしみ』共著、笠間書院、2011年）、「整形美人と新儒教精神」（『性欲の研究——エロティック・アジア』共著、平凡社、2013年）

全美星（ジョン・ミソン）
同志社大学グローバル地域文化学部准教授。日本近代文学、日韓比較文学
「転倒された軍国美談——広津柳浪「七騎落」論」（『日本研究』第44集、2011年10月）、「二つの近未来小説——菊池幽芳『己が罪』と趙重桓『双玉涙』比較」（『文芸論叢』第83号、2014年10月）

竹内幸絵（たけうち・ゆきえ）
同志社大学社会学部教授。広告史、デザイン史、歴史社会学
『近代広告の誕生——ポスターがニューメディアだった頃』（青土社、2011年）、『メディア学の現在［新訂第2版］』（共著、渡辺武雄他編、世界思想社、2015年）

須藤遙子（すどう・のりこ）
筑紫女学園大学現代社会学部准教授。文化政治学、メディア学
『自衛隊協力映画——『今日もわれ大空にあり』から『名探偵コナン』まで』（大月書店、2013年）、『東アジアのクリエイティヴ産業——文化のポリティクス』（共編著、森話社、2015年）

＊引用文中に、今日の人権意識に照らして不適切と思われる語句が使用されている箇所があるが、時代背景を考慮し、そのままとした。

大衆文化とナショナリズム

発行日……………………………2016年5月9日・初版第1刷発行

編者………………………………朴順愛・谷川建司・山田奨治
発行者……………………………大石良則
発行所……………………………株式会社森話社
〒101-0064 東京都千代田区猿楽町1-2-3
Tel 03-3292-2636
Fax 03-3292-2638
振替 00130-2-149068
印刷………………………………株式会社厚徳社
製本………………………………榎本製本株式会社

ISBN 978-4-86405-095-1 C1036

東アジアのクリエイティヴ産業——文化のポリティクス

谷川建司・須藤遙子・王向華編　映画やアニメなどのコンテンツ輸出から、観光や建築まで、外貨獲得の手段ともなるクリエイティヴ産業。台湾、香港、中国、日本など、東アジア間の相互関係に目を向けながら、クリエイティヴ産業に内在する政治性を読みとく。A5判352頁／本体4500円＋税

日本映画の海外進出——文化戦略の歴史

岩本憲児編　戦前の西欧に向けた輸出の試み、戦時下の満州や中国での上映の実態、『羅生門』『ゴジラ』など海外に日本映画の存在を知らしめた戦後映画の登場、海外資本との合作の動向など、日本映画の海外進出の歴史をたどる。A5判384頁／本体4600円＋税

日本映画におけるテクスト連関——比較映画史研究

山本喜久男著／奥村賢・佐崎順昭編　小津安二郎、溝口健二、黒澤明、木下恵介、今井正の作品を、綿密なショット分析によって主に外国映画と比較し、他の芸術や芸能との連関にも言及しながら、テクスト間の影響関係や相互作用を明らかにする。A5判664頁／本体9800円＋税

忠臣蔵映画と日本人——〈雪〉と〈桜〉の美学

小松宰著　100年にもわたり日本人の心に映像を刻んできた忠臣蔵映画。その全貌を明らかにし、〈日本人とは何か〉という問いへの答えをさがす。四六判272頁／本体2400円＋税

ステージ・ショウの時代

中野正昭編　20世紀を絢爛豪華に飾った少女歌劇、レヴュー、裸ショウなど多彩な「ステージ・ショウ」の世界。大衆社会の憧れや欲望を反映した舞台の誕生を、宝塚や浅草、丸の内など日本を中心に、ヨーロッパ、アメリカ、東アジアの都市と劇場に見る。A5判400頁／本体4800円＋税

芸能的思考

橋本裕之著　「芸能」とは何か、「芸人」とはどういう存在か。それらを柳田や折口などの言説から原理的に考察する一方で、芸能にたずさわる人々の意識と、それが行なわれる場で紡ぎ出される想像力に接近する。民俗芸能、大衆芸能、ストリップなど、ジャンルを超えて向けられたパフォーマティヴな思考とまなざしの記録。四六判320頁／本体2800円＋税